SCHWARZES MEER
Donau
BULGARIEN
Bosporus
KONSTANTINOPEL
Scutari
Trapezunt
Marmara-Meer
Gallipoli
Samothraki
Dardanellen
Lemnos
ISCHES
MEER
Lesbos
Chios
TÜRKEI
Andros
Tenos
Kykladen
Mykonos
Patmos
Paros
Naxos
Amorgos
Kos
Ios
Santorin
Astipalaia
Rhodos
Karpathos
Suda
Iraklion
Spinalonga
Lassithi
Spili
Kreta
K. St. Andreas
Kyrenia
K. Kormakiti
Kyrenia Geb.
Famagusta
Nikosia
Zypern
Troodos Geb.
Larnaka
Limasol
Beirut
ALEXANDRIA
ÄGYPTEN
Nil

Jan Morris

Großmacht Venedig

Eine Seereise durch die Geschichte

Jan Morris

Großmacht VENEDIG

Eine Seereise durch die Geschichte

R. Piper & Co. Verlag
München Zürich

Für Suki Morys
Übersetzung aus dem Englischen:
Edwin Ortmann

Schutzumschlag:
Venedig. Der Hafen von San Marco am Himmelfahrtstag
Ölgemälde von Canaletto. Das Bild zeigt die Prozession des *duce,* die alljährliche Zeremonie der Hochzeit Venedigs mit der Adria. (National Gallery, London)

Die Originalausgabe erschien unter dem Titel: The Venetian Empire, bei Faber and Faber Ltd, London 1980
Produktion: George Rainbird Ltd, London
Bildbeschaffung: Tom Graves
Design: Martin Bristow
Kartographie: Tom Stalker Miller
Register: Penelope Miller
Photographie: Tim Mercer
Abbildung Seite 1: Der Löwe von San Marco von Vittorio Carpaccio
Frontispiz: Venedig von Santa Maria della Salute aus gesehen

ISBN 3-492-02631-1

Printed in England

Inhalt

Einleitung

Sechs Jahrhunderte lang behauptete sich die Seerepublik Venedig, herrlich in ihrer Lagune im Adriabogen gelegen, als eine imperiale Macht. Wie viele andere mittelalterliche Stadtstaaten weitete die Republik ihren Machtbereich nach und nach aus, bis sie, angelangt an ihrem Glanz- und Höhepunkt, einen Großteil des mittleren und nördlichen Italien beherrschte – Venedigs Arm reichte bis Ancona hinunter und landeinwärts fast bis nach Mailand hinüber. Doch war Venedig nicht nur eine Macht zu Lande, sondern auch und vor allem zur See; im Lauf der Zeit errichtete die Stadt ein Kolonialreich, ein koloniales Imperium, einen *Stato da Mar,* wie die Venezianer selbst dieses Seereich nannten – diese romantische, über die herrlichsten Meere der Welt verstreute Einheit bildet den Gegenstand, das Thema dieses Buches. Es ist ein Reisebuch, geographisch angeordnet, während Raum und Zeit in ihm durcheinandergewürfelt erscheinen. Denn ich bin aufgebrochen aus den Landschaften und Gefühlsempfindungen der Gegenwart, und von hier aus ging meine Reise hinein in die Ereignisse, Anregungen und Realitäten der Vergangenheit.

Ich habe das venezianische Imperium als eine Einheit bezeichnet, obwohl dieses Gebilde häufig eher den Eindruck einer Abstraktion macht. Vom Ende des zwölften Jahrhunderts an – der Zeit also, zu der meine Geschichte einsetzt – bis zum Ende der Republik im späten achtzehnten Jahrhundert haben die Venezianer immer irgendwelche Überseegebiete ihr eigen genannt. Dieses Reich war, wenn wir von Rom einmal absehen, das erste und langlebigste aller europäischen Überseeimperien. Doch zeichnete sich der venezianische Imperialismus durch eine planlose, ja opportunistische Note aus. Zu Reichtum waren die Bewohner der Lagunenstadt zunächst dadurch gelangt, daß sie die Erzeugnisse des Ostens nach Venedig verschifften, und von hier aus gelangten die Waren dann nach ganz Europa. Für Venedig war es wichtig, diesen Handel zu entwickeln und gleichzeitig zu schützen. Bei diesem Unterfangen ging die Seerepublik ungemein pragmatisch vor. Sie paßte sich mit viel Geschick den jeweiligen Umständen an. Die Venezianer exportierten keine Weltanschauung. Sie hatten nicht die Absicht, Tochterstaaten nach dem eigenen Ebenbild zu gründen und zu erhalten. Sie waren von keinem missionarischen Eifer beseelt. Sie waren keine großen Baumeister wie zum Beispiel die Römer. Und Fanatiker wie die Spanier waren sie ebensowenig.

Die Venezianer waren in erster Linie Kauf- und Geldleute – jeder Venezianer, so schrieb Papst Pius II. im fünfzehnten Jahrhundert, sei ein Sklave »schmutziger Handelsgeschäfte«. Und wenn die Venezianer in ihren Abenteuern jenseits des Meeres trotzdem eine gewisse patriotische Erfüllung fanden, dann nur deshalb, weil sie in den Jahren, als die Stadt ihre nationale Blüte erlebte, sehr stolz waren auf die Republik und ihre Institutionen, und dieser Stolz schlug sich als Loyalität in ihrem Handeln nieder. Bei den Venezianern waren Stolz und Profitdenken untrennbar miteinander verbunden. Das veranschaulicht ein Ausspruch der Ruderer einer venezianischen Galeere, die bei der Eroberung Konstantinopels durch die Türken im Jahr 1453 am Goldenen Horn in einen Hinterhalt geraten war: »Wo unsere Waren sind«, so erklärten die Männer, »da sind wir daheim. Wir sind fest entschlossen, auf dieser Galeere zu sterben, denn sie ist unser Zuhause« – und sie griffen zu den Waffen, um unter dem Banner des heiligen Markus, des Schutzpatrons ihrer Heimatstadt, den Feinden entgegenzutreten.

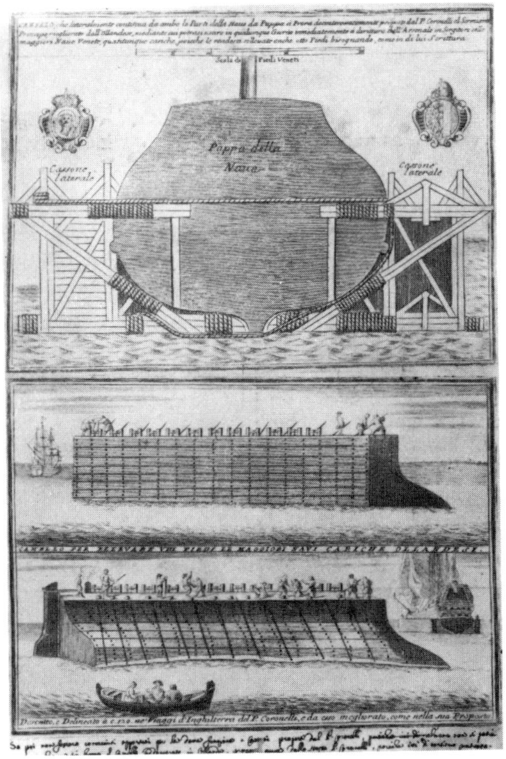

Venezianisches Kriegsschiff, dazu ein Querschnitt, der veranschaulicht, wie selbst die großen Schiffe mit Hilfe von Pontons oder camelli *die seichten Lagunen befahren konnten.*

Das venezianische Imperium bestand aus Küstenstreifen und Inseln, die die Handelswege der Republik in den Orient säumten. Die Bevölkerungszahl der Lagunenstadt überstieg wahrscheinlich niemals vierhunderttausend, und das Imperium selbst war ein buntes Flickwerk, das von der Adria im Westen bis nach Zypern im Osten und nordwärts weit in die Ägäis hinaufreichte. Eine endgültige Form hat dieses Reich nie gekannt. Auch kann man nicht behaupten, daß es je an einen Punkt der Vervollkommnung gelangt wäre. Das venezianische Imperium war in einem ständigen Wandel begriffen, weshalb auch Umfang und Dauer seines Besitzes sowie der von den Venezianern geübte Herrschaftsstil stark variierten.

Bei einigen dieser Besitzungen handelte es sich um isolierte Festungen an fremden Küsten, bei anderen um wichtige Konzentrationspunkte für Schiffsfracht und Seemacht, um Anlaufstellen, wo die Handelsgaleeren Proviant und Wasser an Bord nahmen, Reparaturen vornehmen ließen und wo die Kriegsflotte ihre Wachmannschaften stationieren konnte. Manche unter diesen Besitzungen wurden regelrecht besiedelt: es gab venezianische Familien, die ließen sich auf Kreta und Korfu nieder, und einige Venezianer bekamen ganze ägäische Inseln als Lehen zugesprochen. An manchen Orten behauptete sich Venedig so lange, daß sein Einfluß aus Land, Stadt oder Hafen nicht mehr wegzudenken war, während die Soldaten der Seerepublik andernorts irgendeine Festung genauso schnell erstürmten, wie sie wieder verjagt wurden: ihre Galeeren kamen genauso rasch, wie sie auf dem Meer draußen wieder verschwanden – eine Strafexpedition war ausgeführt worden.

Das an der Westküste des Peloponnes gelegene Koroni zum Beispiel befand sich während dreier historischer Abschnitte in venezianischer Hand; zwischen diesen Perioden herrschten dort französische Ritter, byzantinische Potentaten und osmanische Sultane. Noch komplizierter wird die Sache übrigens dadurch, daß eine ganze Reihe venezianischer Besitzungen im Laufe der Zeit ihre Namen geändert hat – ein Problem, dem ich zu begegnen versuche, indem ich dieses Buch durch ein Namensregister ergänzte. Es soll dem Leser als eine Art »Wo ist was?« dienen.

Dennoch versuchten die Venezianer, etwas wie Ordnung in diesen kunterbunten, zum Teil gar nicht recht greifbaren Haufen an Stütz- und Versorgungspunkten zu bringen. Entgegen dem äußeren Anschein handelte es sich bei unserer Seerepublik um ein zentralgesteuertes Imperium. Alles blickte nach Venedig, nach der Serenissima Signoria; so hatten auch die Handelsflotten, waren ihre Geschäfte einmal getätigt, nur mehr ein großes Ziel vor Augen – die Lagunenstadt. Als dieses Imperium seine höchste Blüte erlebte, war die von Venedig ausgeübte Herrschaft hart und streng. Der gesamte venezianische Handel mußte auf venezianischen Schiffen abgewickelt werden. Alle Gewinne aus den Kolonien hatten nach Venedig zu fließen. Der ganze Adriahandel lief über die Lagunenstadt. Die Verwaltung der wichtigen Kolonien Venedigs wurde von venezianischen Beamten besorgt, die sich durch verschiedene Titel auszeichneten – Statthalter, Magistrate, Präfekten. Die Verteidigung des Reiches war stets Aufgabe von venezianischen Adligen.

Die einheimische Bevölkerung in den Kolonien wurde an Herrschaft und Verwaltung zwar aktiv beteiligt, allerdings immer nur in den niedrigeren Rängen der Hierarchie, das letzte Wort hatte selbstverständlich immer Venedig – weder bekamen die Kolonien irgendwelche tatsächlichen Machtbefugnisse eingeräumt, noch waren sie in der Hauptstadt durch Abgeordnete vertreten. Keiner braucht zu glauben, daß dieses Imperium ein leuchtendes Vorbild der Aufklärung gewesen sei. Den Venezianern lag nichts an irgendwelchen Verbesserungen, und die venezianische Art zu herrschen reichte vom unpersönlich-zweckhaften Regime bis zum unverbesserlich-korrupten. »Wenn Ihr Euch die Treue der Dalmatier erhalten wollt«, riet 1615 der Theologe Paolo Scarpi der Signoria, »dann müßt Ihr sie unwissend und hungrig lassen... Und was Eure griechischen Untertanen anlangt, so sollten sie ihren Anteil an Wein und Bastonaden abbekommen.«

In vielen Kolonien waren die Venezianer sehr unbeliebt. Die orthodoxen Griechen, die einige Generationen venezianisch-katholischer Herrschaft hinter sich hatten, hießen die muselmanischen Türken häufig willkommen, denn zwar hatten diese eine unerquickliche Schwäche für Blutbäder, Brandschatzungen und Bauchaufschlitzereien, aber zumindest behandelten sie die Unterworfenen nicht als vertrottelte Irrgläubige.

Doch andernorts – und das muß hier auch gesagt werden – hat man die Autorität Venedigs wirklich geachtet. Die ferne Serenissima Signoria genoß dann genauso viel Vertrauen wie ihre Vertreter an Ort und Stelle, ja es kam sogar vor, daß die nichtvenezianischen Untertanen – wenn irgendwelche Türken, Genuesen, Piraten oder feindselige Feudalherren wieder einmal die Frechheit besaßen, eine der Kolonien heimzusuchen – die Sache Venedigs entschlossener verteidigten als die Venezianer selbst.

Verglichen mit vielen anderen Imperien fällt einem an der Seerepublik die enge, fast schon einseitige Perspektive auf. Venedig gelangte durch seine Kolonien an sich nicht zu Reichtum, ja wahrscheinlich kostete deren Erhaltung mehr, als sie Einkünfte brachten. Venedigs Kolonien entwickelten sich im Lauf der Jahrhunderte mehr zu einer Bürde, als daß sie einen Aktivposten in der Bilanz dargestellt hätten. Richtig ist zwar, daß der herrschende Adel durch die

Kolonien mit Ämtern ausgestattet und mit neuen Möglichkeiten der Bereicherung versorgt wurde, doch das Imperium war und blieb ein Imperium der verstreuten Besitzungen, und die Abwanderung von Bewohnern der Mutterstadt nach draußen war keineswegs überwältigend.

Dieses Imperium war in erster Linie ein Handelsimperium. Unter den Kanonen der verstreuten Stützpunkte konnten die Kaufleute gelassen ihren Geschäften nachgehen, und da es die Seeleute damals vorzogen, die Nächte an Land zu verbringen, bestand ihre Schiffsreise von der Lagune nach dem Osten aus einer einzigen Kette venezianischer Häfen, deren Glieder folgende Namen trugen: Venedig – Poreč – Split – Durres – Korfu – Methoni – Kithira – Kreta – Zypern – Beirut. So mußte ein venezianisches Schiff, sagen wir im fünfzehnten Jahrhundert, auf seiner Reise von der Lagunenstadt nach den Warenhäusern der Levante keinen fremden Hafen anlaufen.

Doch gab es viele Feinde auf diesem Weg, darunter einen besonders gefährlichen – er versuchte fast von Anfang an, Venedigs Machtpläne zu durchkreuzen. Die osmanischen Türken – ihre Heimat war Anatolien – fingen zu Beginn des zwölften Jahrhunderts an, Geschichte zu machen. Vier Jahrhunderte später hatten sie Konstantinopel erobert, nun waren sie die Herren der arabischen Welt, sie drangen nach Europa ein, marschierten gegen Wien. Die Geschichte Venedigs zeichnet sich vor allem durch den Abwehrkrieg aus, den die Seerepublik dreihundert Jahre lang gegen den osmanischen Koloß führte. Im Verlauf jener langen Fehde zwischen Islam und Christentum war Venedig unter den europäischen Mächten die exponierteste, die verletzbarste; so kam es auch, daß sich die Republik fast ständig im Krieg gegen die Türken befand, und noch bevor die Landnahme der Venezianer die äußerste Grenze erreicht hatte, verlor die Signoria bereits ihre ersten Besitzungen an die Hohe Pforte.

Venedig, von der Riva degli Schiavoni aus gesehen, Gemälde von Canaletto (1697–1768)

Gleichzeitig aber profitierte Venedig vom Handel der Muselmanen. Das Verhältnis der Lagunenstadt zum Islam war stets ambivalent. Einerseits nahmen die Venezianer an mehreren Kreuzzügen teil, andererseits hielten sie beharrlich an ihren Handelsniederlassungen in Syrien und Ägypten fest. Selbst wenn die Republik gegen die Türken Krieg führte, hielt sie ihre Handelsbeziehungen zu türkischen Gebieten aufrecht. Als die Gegnerschaft zwischen den beiden Mächten ihren Höhepunkt erreichte, da gestattete es die Signoria einigen türkischen Kaufleuten dennoch, sich mitten in Venedig am Canal Grande niederzulassen. Wie schlimm die Türken auch mit der Republik umsprangen, sie war immer schnell bereit, sich mit ihnen zu arrangieren. Während sie sich dem Abendland als einsame Vorkämpferin des Christentums präsentierte, trat sie dem Islam gegenüber als eine Art neutraler Dienstleistungsbetrieb auf: als zum Beispiel im Jahr 1464 die militant-christlichen Ritter vom Johanniter-Orden bei Rhodos einige muselmanische Passagiere von einem venezianischen Schiff herunter gefangennahmen, tauchte innerhalb einer Woche eine venezianische Flotte vor der Insel auf, die Venezianer stellten ein Ultimatum, die Ritter gaben nach, die Ungläubigen blieben ungeschoren und wurden nach Alexandria abgeschoben – in der Hoffnung natürlich, daß sich die Muselmanen in irgendeiner Weise erkenntlich zeigen würden.

Das venezianische Imperium war eine Art Parasit am Körper des Islam, und dies war ein Zustand, der sich im Lauf der Jahrhunderte zusehends als heikel und unerquicklich herausstellte. Denn die Venezianer brauchten zwar die Muselmanen, aber die Muselmanen brauchten selten die Venezianer, und so kam es zu vier heftigen Groß- und zahllosen Kleinkriegen, die zur Folge hatten, daß die Muselmanen nach und nach alle östlichen Besitzungen der Republik eroberten. Eine Kolonie nach der anderen mußte sich geschlagen geben, bis der Seerepublik im Jahr 1797, als es mit ihr selbst zu Ende ging, nur mehr die ionischen Inseln vor der griechischen Westküste und einige Stützpunkte an der adriatischen Ostküste geblieben waren – nutzlose Besitzungen jetzt, Erinnerungsstücke an eine glorreiche Vergangenheit.

Primär ist Venedig niemals eine imperiale Macht gewesen, und das starke Interesse, das die Lagunenstadt bei Historikern und Reisenden erweckt hat, läßt sich nur indirekt auf ihren einstigen Status als Imperium zurückführen.

Wenn wir uns jetzt auf die Reise begeben, sollten wir uns hier und da an die wichtigen Ereignisse erinnern, die sich ständig in der fernen Hauptstadt des Imperiums abspielten. Die Stadt gelangte allmählich zum Höhepunkt ihrer Pracht, sie entwickelte sich langsam, aber sicher zur Kapitale des Luxus, wie es sie in Europa nicht ihresgleichen gab – nicht umsonst taufte man sie La Serenissima, die Erhabene, die Allerdurchlauchtigste.

Die venezianische Verfassung sorgte für die Herrschaft einer ebenso gewitzten wie wachsamen Oligarchie, an deren Spitze der Doge stand – ein Wunder unter den Nationen Europas. Der venezianische Beamtenapparat diente dem Dogen als ein mächtiges und verläßliches Instrument. Ein Jahrhundert lang führte die Seerepublik einen gefährlichen Krieg gegen ihren hartnäckigsten Rivalen in ganz Europa – dieser Rivale hieß Genua, und der Krieg gipfelte schließlich in einem dramatischen Sieg Venedigs. Danach festigte die Seerepublik ihren Machteinfluß im Binnenland, der sogenannten *terra firma,* doch ließ sie sich gleichzeitig wiederholt in weitreichende dynastische und kirchliche Konflikte verwickeln.

Mehr als einmal wurde die Republik wegen ihrer ketzerischen Ansichten oder Neigungen vom Papst in Acht und Bann getan. Verschiedene Male hat die Pest die Bevölkerung Venedigs dezimiert. Viele großartige Künstler haben der Stadt Glanz und Ruhm eingebracht. Doch am Ende hat das langsame Versiegen des nationalen Willens zur Schmach des Untergangs der Seerepublik geführt.

Wie alle Staats- oder Herrschaftsstrukturen hat auch Venedig dieses Auf und Ab der Entwicklung gekannt. Den Höhepunkt ihres Ansehens erreichte die Seerepublik vermutlich im fünfzehnten Jahrhundert, und der sich anschließende Niedergang erfolgte sehr langsam. Der robuste, tatkräftige Charakter der Venezianer verweichlichte allmählich. Die Lauterkeit des herrschenden Adels wurde mit der Zeit durch Habgier und Hemmungslosigkeit korrumpiert. Der Aufstieg der beiden Großmächte – im Westen Spaniens und im Osten des Osmanischen Reiches – bewirkte, daß Venedig langsam abgedrängt wurde. Und die Fortschrittlichkeit der holländischen und englischen Seefahrt hatte zur Folge, daß Venedig selbst in seinem ureigensten Element, auf den Meeren nämlich, überrundet wurde. Politische Systeme und neue Ideen und Kräfte machten aus der Republik am Ende einen Anachronismus, bis im Jahr 1797 Napoleon Bonaparte erklärte: »Ich werde dem venezianischen Staat ein Attila sein«, er schickte seine Truppen in die Lagunenstadt und machte der Republik den Garaus – zum Ruhme des Fortschritts und zum Jammer aller romantischen Seelen. Wordsworth sprach in deren Namen, als er, in der Blütezeit der Romantik, folgendes Sonett auf das Ende der Venezianischen Republik schrieb:

Den Osten hielt sie lang in fester Hand,
den Westen schützte sie. So bleibt ihr Wert,
daß sie vom Adel nie sich abgekehrt,
der Freiheitskinder ältestes genannt,
jungfräulich schön, in keinen Dienst gebannt,
nicht von Gewalt und nicht von List versehrt.
Denn niemand hat zum Gatten sie begehrt,
als nur das Meer, das rollt von Land zu Land.
Nun sieht sie, wie der letzte Ruhm verbleicht,
wie solche Macht und solche Kraft verfällt:
Europa, gib ihr Mitleid, daß ihr leicht
des langen Lebens letzter Tag zerschellt!
Wir sind nur Menschen, gramvoll, wenn entweicht,
was einmal groß war, aus der leeren Welt.*

Alle diese Dinge sollten wir im Auge behalten, wenn wir nun über besonnte Meere segeln, an blumenüberwucherten Festungsmauern emporklettern, die Helden des *Stato da Mar* bewundern und seine Schurken beklagen. Um unserer Reise auch eine historische Perspektive zu geben, findet der Leser am Ende dieses Buches eine Zeittafel. Die meerumfluteten Inseln, Kaps und Städte, die wir bereisen werden, waren damals auf die eine oder andere Weise Abbilder eines weit größeren Vorbildes; so scheint es uns recht und billig, daß wir zunächst einmal zu diesen Stätten selbst aufbrechen, um am Ende in das Herz der Stadt aller Städte einzudringen und inmitten des Menschengewühls vor dem glanzvollen Dogenpalast selbst anzulanden.

Trefan Morys, 1980

* Die Übersetzung dieses Sonetts ist Edward Jaimes »Kleine Geschichte Venedigs«, Verlag Heinrich Scheffler, Frankfurt am Main, 1955 entnommen.

1. Kapitel

Vor dem Imperium

Ausblicke von der Piazzetta – Eine seltsame Stadt – Venedig wird mündig – Eine fromme Verpflichtung – In See stechen

Einer der herrlichsten Aussichtspunkte, wo ungeahnter Zufall und erhabener Augenblick auf eine suggestive Weise zusammenwirken, ist die Piazzetta di San Marco, der kleine Markusplatz, unmittelbar am Becken von San Marco gelegen. Hier stehen zwei Marmorsäulen, auf der einen erhebt sich der Geflügelte Löwe des heiligen Markus, des Schutzpatrons der Stadt, auf der anderen Säule entdecken wir den heiligen Theodor, den Vorläufer jenes Markus, in Gesellschaft eines Krokodils: wenn man zwischen diesen beiden Säulen steht, wo man einst die Übeltäter zu hängen pflegte, kommt man sich fast wie ein Teil der Stadt selbst vor, so ansteckend wirkt die Atmosphäre dieser Stätte und so gegenwärtig ist ihre geschichtliche Bedeutung.

Gleich dahinter staut sich das alte Zentrum der Stadt: die sanft rosafarbene Steinmasse des Dogenpalastes, die geheimnisvollen, vergoldeten Kuppeln der Basilika, daneben der alles überragende Campanile mit dem Engel auf seiner Spitze, der Glockenturm, in dem es von Touristen wimmelt. Von hier aus sieht man auch die eleganten Arkaden der Piazza San Marco, Napoleons »feinstem Empfangszimmer in Europa«, aus deren Wandelgängen heraus zur

Die Piazzetta di San Marco, linkerhand die Fassade des Dogenpalastes

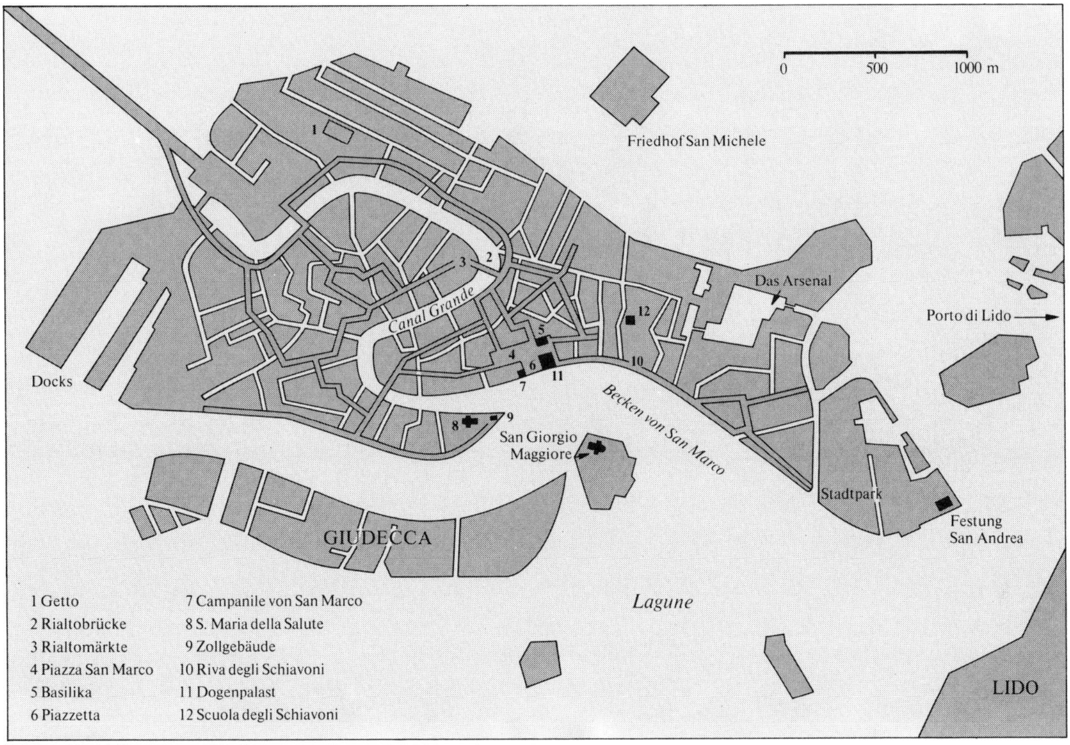

Venedig

richtigen Jahreszeit die sehnsüchtigen Weisen miteinander wetteifernder Café-Orchester erklingen – ein Seufzen und Brummen der Instrumente, das sich mit dem Murmeln der Menschenmenge vermischt. Nach Westen hin, jenseits der goldenen Wetterfahne des Zollamtes – sie wird von einer Fortuna gehalten, die auf einer Kugel steht – strömt der Canal Grande in Richtung Rialto, durch eine Allee von Palästen. Nach Osten hin verschwindet in der Ferne die Riva degli Schiavoni, überbaut mit buckligen Brücken und gesäumt von zahlreichen Hotels, und der Blick schweift fort und weiter, vorbei an den Fährschiffen, Schleppern und Vergnügungsdampfern, bis hinüber zu dem verwischten Grün der öffentlichen Anlagen.

Direkt davor liegt das leuchtende, sich ständig wandelnde Proszenium dieses ganzen Theaters, der Bacino di San Marco, das Markusbecken, seit tausend Jahren der weitläufige Hafen Venedigs. Von unserem Aussichtspunkt aus sieht man die Insel San Giorgio Maggiore, mit ihren Türmen wirkt sie wie der Bestandteil eines gewaltigen Bühnenbildes, bei Niedrigwasser von Schlammbänken umgeben; und mitten in die ausgedehnte Lagune eingerammt sind die massiven hölzernen Dreibeine, welche die tiefe Wasserstraße zum offenen Meer hinaus markieren.

Tag und Nacht fahren hier Schiffe vorbei. Manchmal ist es ein großes Frachtschiff, das, mit seinen Masten, Antennen und Radaranlagen absonderlich unproportioniert wirkend, sich mitten durch die Dächer und Schornsteine hindurchschiebt, den Dockanlagen entgegen. Manchmal paradiert ein stolzes Kreuzfahrtschiff vorbei. Es ist ein ständiges Kommen und Gehen der unverwüstlichen *vaporetti,* der Wasserbusse Venedigs; sie liegen tief im Wasser mit

Gondeln in Venedig

ihren Schiffsladungen voller Touristen, die vom Bahnhof oder von den Parkplätzen kommen. Ab und zu tutet der Chioggiadampfer mit seinem gelben Schornstein, ein leichtes Beben des Schiffskörpers, man löst die Haltetaue, und das Schiff dampft hinaus in die Lagune. Dazwischen schippern träge die Gondeln hin und her, allerdings nur in der Saison, denn heutzutage halten auch sie ihren Winterschlaf; an den Strohhüten der Gondoliere flattern die Bänder, und Flitterwochenpärchen haben die Hände über Bord hängen und lassen sich das Wasser durch die Finger strudeln. Ominöse Amtsbarkassen eilen vom Büro zur Sitzung. Die Schnellboote der Reichen rasen nach dem Lido oder zu Harry's Bar. Eine graue Zollbarkasse legt mit einem Aufheulen von ihrem Liegeplatz gegenüber von San Giorgio ab und jagt irgendwelcher Schmuggelware hinterher (oder zum Mittagessen).

Es ist ein ständiges geschäftiges Treiben. Die Schiffe kennen keine Ruhe, die Touristenmühle funktioniert. Das Wasser selbst kennt zwar weder Brandung noch Brecher, doch wirkt seine Oberfläche häufig wie in tausend kleine Teilchen zerhackt und zersplittert, und auf diese Weise entsteht ein lichtreflektierendes Sprühen, ein prismatisches Tanzen der Wellen auf der ganzen Lagune.

Die Piazzetta hat so gar nichts Statisches, sie ist immer voller Leben, Ruhe herrscht hier nie: das ist nun schon seit dem Mittelalter so, und immer wieder hat sie den Rahmen abgegeben für Schauspiele voll zweckhafter Prachtentfaltung, die seit altersher einen wesentlichen Teil venezianischer Lebensart ausmachten.

Von hier aus sind zum Beispiel die Admirale mit ihren Flotten in See gestochen, um in fernen Gewässern ihre Schlachten zu schlagen. Hier hat man mit großangelegten Gondelwettrennen Festtage und Siege gefeiert. Hier wurden weltliche und kirchliche Potentaten willkommen geheißen. Und im Jahr 1574 landete hier Heinrich III. von Frankreich mit einem von vierhundert Sklaven geruderten Schiff, eskortiert von vierzehn Galeeren sowie von einem Floß

Staatsbesuch von Heinrich III. von Frankreich in Venedig (1374)

mit einem Glasblasofen in Gestalt eines Meeresungeheuers darauf, wo Glasbläser hübsche Dinge fertigten. Er war begleitet von einer ganzen Armada weiterer prächtig dekorierter Flöße. Palladio hatte einen Triumphbogen entworfen, der von Tintoretto und Veronese ausgeschmückt worden war. Im Jahr 1961 traf Königin Elisabeth II. von England auf ihrer königlichen Jacht hier ein, und auf dem Geschützturm des sie begleitenden Zerstörers stand einsam ein schottischer Dudelsackpfeifer, sein Rock flatterte im Wind, und den Kopf wie ein Hahn beim Krähen gereckt, spielte der Mann, stolz zwar, aber unhörbar, irgendeine Highlandweise. Ich selbst habe einen toten Papst hier eintreffen sehen, einen Papst mit goldener Maske, in einem vergoldeten Sarg, aufgebahrt auf dem Achterdeck eines Galaruderschiffes, und zum rhythmischen Schlag der Trommel des Galeerenmeisters rauschten schwer die Ruder durchs Wasser.

Am 8. November 1202, »in der Oktave des heiligen Remigiusfestes«, wurde ebenfalls eines dieser Schauspiele in Szene gesetzt – ein Schauspiel, das den Venezianern unvergeßlich bleiben sollte, denn es läutete die Umwandlung ihres Stadtstaates in ein Seeimperium ein: an diesem herrlichen Tag ging der achtzigjährige und halbblinde Enrico Dandolo, der 41. Doge von Venedig, unter einem zinnoberroten Baldachin an Bord seiner prachtvollen Galeere; bei Trompetenklang und lithurgischem Gesang und unter den Hochrufen der gesamten umliegenden Flotte begann hier, im Becken von San Marco, der Vierte Kreuzzug, aus dem dieser Doge und mit und durch ihn alle seine neunundsiebzig Nachfolger – zumindest dem Namen nach – als die Herren von drei Achteln des Römischen Reiches hervorgehen sollten.

Venedig gab es nun schon seit etwa fünfhundert Jahren. Entstanden aus dem Niedergang Roms, war die Stadt zunächst nur eine Ansammlung wackliger Bauten in der weitläufigen Lagune gewesen. Später machte sie sich als eine Art Vasall des byzantinischen Reiches verdient, dessen Hauptstadt Konstantinopel alias Byzantium (also das heutige Istanbul) war. Dieses Byzanz nun mauserte sich mit der Zeit zum Nachfolger einstiger römischer Herrlichkeit. Die Venezianer wickelten, während die westliche Welt wieder in Barbarei versank, ihre Geschäfte unter dem Schutz der byzantinischen Großmacht ab. Einmal suchten sie bei Byzanz regelrecht um Hilfe nach, ein andermal stellten sie Söldner für Byzanz. So treu ergeben waren sie diesem Souverän, daß einer der byzantinischen Kaiser Venedig sogar als »Byzanzens Lieblingstochter« bezeichnete.

Venedig war im Jahr 1202 in vieler Hinsicht eine wenn auch eigenartige, so doch irgendwie byzantinische Stadt. Der Eindruck, den sie auf Fremde machte, war damals wohl der gleiche wie heute: ja, der wunderbare Anblick einer Stadt, errichtet auf Schlamm und Sand, mit Mauern, die direkt aus der Lagune gen Himmel strebten, könnte den Reisenden damals noch mehr erstaunt haben, wenn er endlich die mühselige Überquerung der Alpen oder die gefahrenvolle Seereise auf dem Mittelmeer hinter sich hatte.

Bei der frühesten Stadtansicht, die uns von Venedig bekannt ist, handelt es sich um ein Miniaturgemälde aus dem 14. Jahrhundert, das sich im Besitz der Bodleian Library in Oxford befindet. Dieses kleine Gemälde erweckt den Eindruck, als sei es von seinem Maler in einem Zustand der Betäubung geschaffen worden: phantastisch kolorierte Kuppeln und Türme krönen die Stadt, weiße sanfte Schwäne gleiten auf dem Wasser dahin, und auf der Piazzetta entdekken wir einen Besucher, der zu dem Löwen in genau der Körperhaltung hinaufschaut, wie wir sie an jedem beliebigen Sommertag auch heute noch sehen, wenn einer der Fototouristen seine Kamera zückt.

Venedig zählte damals etwa achtzigtausend Einwohner und war somit eine der größten Städte Europas. Die Stadt war unterteilt in Bezirke, und jeder Bezirk hatte seinen eigenen ausgeprägten Charakter, seine eigene soziale Hierarchie, es gab weder wirklich arme noch wirklich reiche Viertel. Beinahe alle Bauten waren aus Holz, doch die funktionelle Bauweise war bereits voll entwickelt – diese rationale, technisch fast schon perfekte Art zu bauen, die die Stadtplaner von heute so bewundern. Weil die Stadt von Wasser umgeben war, bedurfte sie im Grunde keiner Befestigungsanlagen. Dennoch schirmten die Baumeister die Stadt zur See hin mit einer Mauer ab. Auch die städtischen Bauten erfüllten eine Verteidigungsaufgabe. Das Stadtbild wirkte ungemein zackig, zerklüftet: nicht nur wegen der zahllosen Kamine, sondern auch wegen der zinnenartigen Befestigungen, denen man überall begegnete, und ganz besonders wegen eines gewissen Typus von Mauerzacken und Schartenbacken, der, leicht orientalisch akzentuiert, an fast allen Gebäuden auffiel und den exotischen Eindruck, den die Stadt sowieso schon machte, noch um einiges verstärkte.

Im Jahr 1202 war vieles von alledem noch neu. Die ersten Steinbrücken hatte man erst vor kurzem gebaut, die Pflasterung der Piazza war noch nicht alt, wie auch die Säulen auf der Piazzetta. Der Plan der Stadt selbst freilich bestand bereits seit unvordenklichen Zeiten, der Canal Grande war die Hauptschlagader, er teilte die Stadt und war gleichzeitig ihre wichtigste Verkehrsstraße. In Form eines riesigen seitenverkehrten S durchzog er Venedig von einem Ende zum anderen, aus jedem Viertel hatte er seine zahllosen Zubringer; diese Wasserzufahrtswege verzweigten sich ihrerseits in alle Stadtteile hinein, Transport und Verkehr wurden in diesem Kanal- und Gassenlabyrinth mit Hilfe von schweren Kähnen und leichteren Booten oder auf dem Rücken von Pferden oder Trägern abgewickelt.

Vendig: eine Gondelwerft

Das Handelszentrum von Venedig war der Rialto, auf halbem Wege den Canal Grande hinunter gelegen. Die Brücke, die dort den Kanal überspannte, war Mittel- und Angelpunkt des Handels selbst. Hier hatten die Bankiers ihre Verschläge, die Kaufleute ihre Kontore, die Sklavenhändler ihren Versteigerungsplatz, und hier machten zu Hunderten die Lastkähne vom Festland fest, um von Hochseeschiffen Frachten zu übernehmen. Aber der Hafen von Venedig war eigentlich überall, denn wenn das Becken von San Marco dem Schaugepränge diente, so gab es in der übrigen Stadt eine Unmenge von Docks und Quais, so daß noch die größten Schiffe erstaunlich weit in die Stadt hineinfahren konnten. Die meisten Paläste am Canal Grande – sie gehörten den erfolgreichen Kaufleuten – hatten ihre eigenen Anlege- und Entladungsstellen und im Erdgeschoß die entsprechenden Lagermöglichkeiten. Dazu gab es in den Seitenkanälen eine Menge Werften, auf den Marktplätzen die zahllosen Krämerläden und zwischen den Glockentürmen die in den Himmel ragenden Schiffsmasten – ja, Hafenatmosphäre war überall in Venedig.

Das Zentrum der militärischen Macht befand sich im Osten der Stadt: seit 1104 hatte Venedig sein berühmtes Arsenal, damals die größte Kriegswerft überhaupt und wahrscheinlich auch das größte Industrieunternehmen von ganz Europa. Als Dante nach Bildern für seinen Abstieg in die Hölle und für das Gedränge und den Tumult im Fegefeuer suchte, hatte er die Eindrücke dieses Arsenals vor Augen. Diese gewaltige Werft regte die Phantasie damals kaum weniger an als die Wunderwerke der venezianischen Architektur: fast jede alte Karte, jeder alte Stich, jede alte Zeichnung weiß vom Arsenal zu berichten – freilich auf eine etwas vage Weise, denn man hatte um dieses Arsenal herum strenge Sicherheitsvorkehrungen getroffen und war gewiß nicht erpicht darauf, irgendwelche Maler auf dem Werftgelände mit ihren Staffeleien herumlaufen zu lassen.

Das Zentrum politischer Macht lag an der Piazza San Marco, diesem Forum mit seinem unverkennbar byzantinischen Einschlag. Diese Piazza hatte bereits damals die Größe und Form von heute, sie war im Fischgrätmuster gepflastert, und zu den Seiten hin war der Platz mit Arkaden eingefaßt; bunt durcheinandergewürfelt standen hier die Buden von Handelsgilden, wo die Leute ihre Abgaben zu entrichten hatten, von Schiffskapitänen, die sich von hier Besatzung und Passagiere an Bord holten, von Kaufleuten, die Souvenirs verkauften. Und dort, wo es in die Merceria, die wichtigste Geschäftsstraße hineinging, stand eine Gruppe alter Bäume, an denen die Bürger ihre Pferde festbanden. In den Gebäuden um die Piazza herum befanden sich die verschiedensten Geschäfte, Büros und Herbergen, überragt wurde das Ganze von dem großen Backsteincampanile, der damals oben abgeflacht war und mehrere Aufgaben erfüllte: er war Leuchtturm, Sturmglocken- und Kirchenglockenturm in einem.

Gleich um die Ecke, auf der noch ungepflasterten Piazzetta, erhob sich der Dogenpalast. Kein großartiger Anblick damals. Er erinnerte eher an den Palast eines afrikanischen Königs oder eines arabischen Scheich – es handelte sich lediglich um eine Ansammlung von zum Teil privaten, zum Teil öffentlichen Gebäuden um einen Innenhof herum, die dazugehörigen Festungstürme bildeten einen Bestandteil der Verteidigungsanlage, die die Riva degli Schiavoni entlanglief. Doch schon damals hatten die Dogen einen herrlichen Ausblick auf das Becken von San Marco; wenn sie dagegen gen Osten schauten, hinweg über die verschlammte Piazzetta, dann fiel ihr Blick auf die öffentlichen Bäckereien und ein Durcheinander von Geldwechslerständen, die sich um den Fuß des Campanile herum drängten.

Oben: Ansicht des Arsenals (Antonio di Natale)
Unten: Venedig im Jahr 1338, aus einem Manuskript der Bodleian Library in Oxford

Das Arsenal

Gleich nebenan lag die Markuskirche. Der Patriarch von Venedig, der gleichzeitig Bischof dieser Gegend war, hatte zwar seinen Sitz außerhalb der Lagunenstadt, in dem Küstenstädtchen Grado. Doch das Glaubenszentrum war diese schon damals bemerkenswerte Kirche, in der man vierhundert Jahre früher die sterblichen Überreste des heiligen Markus beigesetzt hatte. Die dritte Kirche am Platz, damals schon über hundert Jahre alt, war offiziell zwar die Privatkapelle des Dogen – er war ihr *patronus et gubernator* –, doch hatte sie sich schon seit langem zu einer Weihestätte und zu einem Mittelpunkt des Nationalgefühls entwickelt. Ihrem Stil nach war sie rein byzantinisch, eine Nachahmung der Kirche der Heiligen Apostel in Konstantinopel. Ihre Kuppeln waren verhältnismäßig flach, so ganz im byzantinischen Stil, und diese Kargheit verlieh dem Backsteinäußeren eine ausgeprägte Strenge, aufgelockert nur durch einige eingelassene andersfarbige Steine. Rechts vom Haupteingang ragte die Rahnock eines Lateinersegels aus dem Mauerwerk, wohl eine Erinnerung an einen einstigen Sieg zur See.

Das kirchliche Brauchtum der Venezianer hatte einen stark östlichen Einschlag: aus ihrer Art zu singen war das Orientalische herauszuhören, die Priester traten in goldenen Meßgewändern auf und hatten eine ganz eigene Liturgie – so legten sie zum Beispiel bei der Taufe, während sie das Paternoster sangen, den Säugling auf den Boden des Baptisteriums, was symbolisch besagen sollte, daß er nun in den Besitz der Kirche gelangt sei.

Ergänzend zu dieser anders gearteten Liturgie statteten sie die Basilika mit Artefakten aus dem Osten aus: mit Mosaiken, Reliquienschreinen, Marmorsäulen und jener riesigen Altartafel, Pala d'Oro geheißen, die, von byzantinischen Goldschmieden geschaffen und von dortigen Juwelieren reich mit Edelsteinen geschmückt, nun in strahlender Pracht hinter dem Hochalter stand.

Aber auch die Menschen, die in dieser überfüllten Stadt lebten, hatten etwas Exotisches. Zum einen begegnete man ständig Reisenden aus dem Orient, seien es nun Slawen, Griechen, Araber, Perser oder Pilger welcher Nation auch immer, die gerade aus dem Heiligen Land kamen; zum anderen waren da die Venezianer selbst, deren Temperament durch ihren Umgang mit den Ostvölkern ebenfalls einen orientalischen Einschlag bekommen hatte. Die Venezianer standen mit dem Orient auf vertrauterem Fuße als die übrigen Europäer. Sie hatten nun schon seit Generationen mit den vom Halbmond beherrschten Ländern Handel getrieben, sei es nun mit Ägypten, Persien oder mit Byzanz selbst. Sie hatten eine solche Vorliebe für orientalische Dinge entwickelt, daß der Doge Domenico Selvo vor einem Jahrhundert schon Anweisung gegeben hatte, wonach jedes Kaufmannschiff, das aus dem Morgenland heimkehrte, Kunstwerke mitzubringen hatte, die zur Verschönerung der Stadt dienen sollten. So waren auch die beiden Säulen auf der Piazzetta Beutegut aus dem Orient. Der Markuslöwe mit seinen Achataugen stammte aus Syrien. Bei dem Thron des Patriarchen handelte es sich um einen zweckentfremdeten muselmanischen Grabstein.

Auch die orientalische Vorliebe für Pomp und Prachtentfaltung hatten die Venezianer übernommen und mit ihr den Hang zu farbenprächtigen Spektakeln, zu prunkvollen Auftritten auf der Piazza – denn schon damals strebte alles unwillkürlich nach dem Markusplatz, ganz gleich, ob man ein bißchen Luft schnappen, ob man einem Gerücht nachgehen oder irgendeinem Schauspiel beiwohnen wollte, oder ob man lediglich den Wunsch hatte, mal was anderes

Die Kuppeln der San-Marco-Kirche

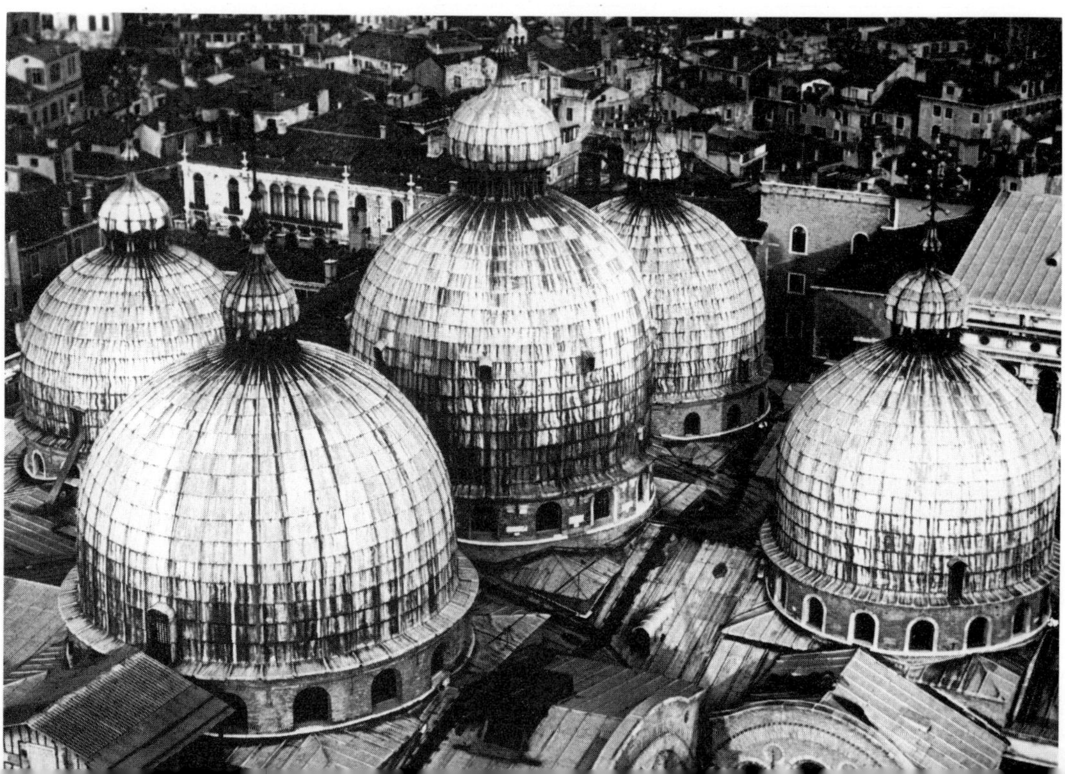

zu sehen, von zu Hause wegzukommen, essen zu gehen oder sich einfach von irgendetwas überraschen zu lassen oder den allerneuesten Klatsch zu verbreiten.

Wenn wir jetzt um die Ecke des Campanile biegen, können wir sie uns vorstellen, diese bunt und prächtig gekleidete Menschenmenge, die hier auf und ab flanierte. Frauen sind wenige darunter, denn entweder wurden sie zu Hause unter Verschluß gehalten wie in einem Serail oder aber sie gingen in einem der zahlreichen Freudenhäuser der Stadt dem ältesten Gewerbe der Welt nach. Aber auch ohne Frauen mangelte es den Männern nicht an Farbenpracht. Diese durcheinanderdrängende Menschenmenge, diese zahllosen Leute mit ihren Kopfbedeckungen aus Hermelin oder Damast, ihren vorne spitz zulaufenden Schuhen, ihren vielfarbigen Heroldsröcken, mit ihren bräunlichen oder schwarzen oder gar gelben Gesichtern, parfümiert mit Moschus oder verschwitzt von der Galeerenarbeit, mit ihrem volltönenden venezianischen Dialekt oder ihrem griechischen, arabischen oder persischen Idiom – diese Menschenmenge ist in ganz Europa einzig, und dasselbe gilt für den Kaufmannsgeist, der sich dahinter verbirgt und dessen Sinnen und Trachten vor allem nach dem Orient geht. Denn dort liegt Asien mit seinen ungeahnten Möglichkeiten, dort liegt Byzanz mit seinem herrlichen Formenreichtum, dort liegen ungeahnte Genüsse und prächtige Gewinne.

Unbemerkt von den meisten Touristen, die geräuschvoll in der Markuskirche ein- und ausgehen und deren Augenmerk meistens auf die Souvenirstände gerichtet ist, befindet sich im Fußboden des Atriums vor dem Haupteingang eine Steinplatte, in deren Mitte eine rote Raute eingraviert ist. Diese Platte gab es schon im Jahr 1202, mit dem Unterschied, daß sie den Venezianern damals wesentlich mehr bedeutete als heute.

Denn diese Raute zeigt die Stelle an, an der sich fünfundzwanzig Jahre früher Kaiser Friedrich Barbarossa, Oberhaupt des »Sacrum Imperium«, und Papst Alexander III. nach einem langen und langwierigen Streit, der das ganze Abendland betroffen machte, endlich wieder versöhnten. Die beiden legten ihre Meinungsverschiedenheiten sozusagen unter der direkten Schirmherrschaft Venedigs bei – was dieser Stadt sehr zugute kam. Denn das war damals der Anlaß, daß Prälaten und Potentaten aus ganz Europa nach Venedig gereist kamen, begleitet von zahllosen Sekretären, Ratgebern, Leibwächtern und Hilfskräften. Als Papst und Kaiser zusammentrafen, um ihre Abmachung zu unterzeichnen, da war es nun wirklich so, als sei die Piazza San Marco – wovon die Venezianer immer schon fest überzeugt waren – der Mittelpunkt der Welt.

Die Venezianer erinnerten sich gerne an die Geschichte dieser Versöhnung, eine Geschichte, die im Lauf der Jahre immer großartiger ausfiel. Erzählt wird uns von dem Riesenthron vor der Basilika, auf dem der Doge und Millionär Sebastiano Ziani saß, neben ihm die Patriarchen von Venedig und Aquileia, die ganze Gruppierung eingerahmt von zwei großen venezianischen Bannern. Erzählt wird, daß der Kaiser dem Papst, als dieser nach der Zeremonie sein Pferd bestieg, in aller Demut den Steigbügel gehalten habe. Es gibt freilich noch ein anderes Protokoll. Danach war die Ergebenheitsgeste für den Kaiser insofern noch demütigender gewesen, als er sich angeblich gezwungen sah, den Fuß des Papstes zu küssen, und grimmig soll er dabei geflüstert haben: »Nicht für Euch, nur für den heiligen Petrus«, worauf seine Heiligkeit *sotto voce* zurückgezischt haben soll: »Für mich *und* den heiligen Petrus.«

Durch dieses außerordentliche Ereignis, das noch generationenlang von venezianischen Malern voller Pathos dargestellt und von venezianischen Chronisten im allerblumigsten Stil beschrieben werden sollte, durch dieses Ereignis also etablierte sich Venedig als Weltmacht. Die Stadt sorgte von nun an häufiger für eine gewisse Ausgewogenheit in der internationalen

Die Versöhnung von Papst Alexander III. und Kaiser Friedrich Barbarossa. Gemälde von Guiseppe Salviati (1520–75) im Vatikan

Politik, und sie war nun des öfteren das Zünglein an der Waage. Sie unterhielt ihre eigenen, besonderen Beziehungen zu den beiden geistigen Mächten, zum Papsttum und zum Islam. Barbarossa würdigte die Einzigartigkeit der Stadt, indem er ihr in seinem ganzen Reichsgebiet Privilegien einräumte. Der Papst gab ihr seinen Segen in Form einer ganzen Sammlung von geweihten Gegenständen, die der Doge zu bestimmten Anlässen benutzen sollte – es waren dies ein Schwert, ein Schemel, eine Kerze, ein Schirm, ein Paar silberne Trompeten und acht prunkvoll bestickte Fahnen. Ein deutscher Kommentator, der Augenzeuge der Großen Versöhnung gewesen war, erklärte, Venedig sei von nun an »nur mehr Gott untertan«.

All diese Dinge bestärkten die Venezianer nur noch in ihrem Selbstbewußtsein. Sie sahen sich selbst oft in der Rolle der eigentlichen Nachfolger der Römer – die Barbaren waren nie bis in ihre Lagunen vorgedrungen, und so glaubten die Venezianer, sie würden die römischen Tu-

MONACHVS
HENRICO DVCI EST TITVLVS
DIMIDIAE TOTIVS IMPERII
QVARTAE PARTIS

RELIGIONIS AMANTISSIMVS
IN GREMIO PATRVM
VNDE VENERAM
IN COELVM
EVOLAVI
BIENNIVM
VIXERIM
MAGNA ANIMORVM PROPENSIONE

RECEPI FERDIN
RESTITVI HINC
BELLO CONFECTO CYPRVM
PRINCIPVM
FORTVNAS
VICTOR
EVASERIM

Münzen des venezianischen Imperiums

genden in ihrer ganzen Reinheit erhalten. Sie zogen gerne Vergleiche zwischen ihren Institutionen und denen des alten Rom. Die dem Großen Rat angehörenden Adligen in ihren wallenden Togen erinnerten die Venezianer an die würdevollen Senatoren des alten Rom. Die Dogen ähnelten in so mancher Hinsicht den Cäsaren.

Ihren Anspruch auf Größe leitete die Stadt von ihrem berühmten Schutzpatron, dem heiligen Evangelisten Markus, her. Verschiedene Legenden vermengten beharrlich die Geschichte dieses Heiligen mit der Geschichte der Lagune, und die Stadt war unglaublich stolz darauf, daß der Heilige in ihrer Mitte begraben lag. Jedermann kannte die berühmte Geschichte, wie die Venezianer in den Besitz dieses Leichnams gelangt waren: unerschrocken, wie sie waren, hatten venezianische Kaufleute den Ungläubigen in Alexandria den toten Heiligen gestohlen und auf ihr Schiff gebracht, wo sie ihn unter einem Haufen Schweinefleisch versteckten – ein Platz, an dem die muselmanischen Zollbeamten gewiß nicht suchen würden. Genauso kannte jedermann die Geschichte von dem großen Feuer in der Basilika damals vor elf Jahren, bei dem der Heilige plötzlich verschwunden war. Doch als der Doge, der Patriarch und die versammelte Bevölkerung ihre Bittgebete gen Himmel sandten, da tat sich – oh Wunder! – eine Säule auf, in der sich der Heilige versteckt hatte. Das Schutzpatronat des heiligen Markus bestärkte die Stadt ganz erheblich in ihrer Überzeugung, daß sie zu Besonderem berufen sei. Noch führten die Venezianer ihren Geflügelten Löwen nicht auf ihren Schiffen mit, das sollten sie erst später tun – zur Verwunderung, aber auch zum Schrecken so mancher Feinde. Doch war das Löwenemblem bereits eine Art Talisman dieses kleinen Staates: man begegnete ihm als Schnitzwerk über Eingängen, als Einlegearbeit, auf Dokumenten und bald auch auf einer der härtesten Währungen jener Zeit, dem venezianischen Dukaten, der Münze des Dogen.

Byzanzens Lieblingstochter stand im Begriff, mündig zu werden. Venedigs offenkundiges Los war es, sich inmitten der Staaten des Abendlandes zu etwas Besonderem zu entwickeln. Die Beziehungen der Lagunenstadt zu Byzanz waren ständigen Schwankungen unterworfen, kommerziell gesehen war Venedig immer noch stark von Byzanz abhängig. Zwar waren die Araber die Herren der Levante, doch wurde ein Großteil des Handels mit dem Osten über Konstantinopel abgewickelt, und wie viele andere europäische Staaten unterhielt auch Venedig in dieser Stadt eine feste Handelskolonie. Aber wie gesagt, seine Beziehungen zu Byzanz waren einem ständigen Auf und Ab unterworfen – mal gab es seitens der Seerepublik Schwüre ewiger Treue, dann wieder regelrechte Kriegserklärungen. Einmal hören wir von einem venezianischen Adligen, der – mit offensichtlicher Billigung von beiden Seiten – die Tochter eines byzantinischen Kaisers ehelichte. Dann wieder hören wir von einem Negersklaven, der, aus-

Links: Einige Dogenporträts aus der Halle des Großen Rates im Dogenpalast. Oben rechts Enrico Dandolo

staffiert mit den kaiserlichen Insignien, auf dem Achterdeck einer venezianischen Galeere thronte, die – es muß der reinste Hohn und Spott gewesen sein – direkt an der byzantinischen Flotte vorbeiparadierte. Einmal sind die venezianischen Kaufleute in Konstantinopel hochgeachtete Gäste, sie gehören bei öffentlichen Veranstaltungen zur Prominenz und werden in Luxusbleiben untergebracht. Ein andermal werden sie brutal niedergemetzelt. Einmal genießen sie die Freiheit, im ganzen byzantinischen Reich Handel zu treiben. Ein andermal hatte man alle ihre Schiffe und Besitzungen beschlagnahmt.

Doch es sollte noch schlimmer kommen. Im Jahr 1054 entstand wegen einer theologischen Meinungsverschiedenheit eine tiefe Entfremdung zwischen Venedig und Konstantinopel. Das Große Schisma hatte zur unwiderruflichen Kirchenspaltung geführt – auf der einen Seite stand nun die römisch-katholische, auf der anderen die griechisch-orthodoxe Kirche, Venedig aber bekannte sich zum Papsttum. Die ohnehin bereits bestehenden Schwierigkeiten verschärften sich dadurch erheblich, es kam zu bösen Spannungen zwischen dem alternden byzantinischen Imperium mit seinem Despotismus einerseits und der regsamen und ehrgeizigen Seerepublik andererseits. Die Venezianer ertrugen nur mehr widerwillig die herablassende Art der byzantinischen Kaiser, die die Dogen nach wie vor beinahe wie Lehenspflichtige behandelten, indem sie ihnen Privilegien willkürlich mal einräumten, dann wieder entzogen. Mit der Zeit hatte Byzanz eine gewisse Abneigung gegen die Venezianer gefaßt, denn allzu stark war deren Konkurrenz, allzu unerquicklich die Arroganz, mit der sie – sogar in Konstantinopel – auftraten, und allzu offenkundig im Zeitalter der Kreuzzüge war ihre Bereitschaft, mit den Ungläubigen Handel zu treiben.

Aber im Jahr 1202 unterhielten die beiden Imperien friedliche Beziehungen zueinander, zumal sie bereits 1187 einen weiteren Kooperationsvertrag unterzeichnet hatten. Die venezianischen Kaufleute nutzten ihre Privilegien im ganzen byzantinischen Reich, so gut es nur ging.

Dogenpalast, Scala dei Giganti

Venezianische Schiffsbauer überholten und modernisierten die byzantinische Flotte. In Konstantinopel war seit Jahren kein Venezianer mehr niedergemacht worden. Doch dieser Friede trog. Alexios III., der damalige Kaiser von Byzanz, war erst vor kurzem auf den Thron gelangt, indem er seinen Bruder, Isaak II., hatte blenden und einkerkern lassen. Der damalige Doge, Enrico Dandolo, hatte früher selbst mehrere Jahre in Konstantinopel gelebt, die Stadt aber nicht geliebt – ja vielleicht war es dort gewesen, wo er durch einen unglückseligen Unfall oder einen bösartigen Anschlag sein Augenlicht eingebüßt hatte.

Dieser große alte Mann sah in seiner herrlichen Republik alles andere als einen Vasallen von Byzanz. Er sah in ihr eine souveräne Großmacht – *La Dominante,* wie sie die Venezianer später nennen sollten.

Venedig war, um es kurz zu sagen, im Begriff, sich zum Imperium zu entwickeln. Sein Antrieb war ein glühender Patriotismus – möglicherweise das erste Gefühl von Nationalstolz in Europa überhaupt. Darüber hinaus stellte die Stadt bereits eine Art Überseemacht dar. Byzanz selbst hatte die Vorherrschaft der Seerepublik in der Adria anerkannt und den Dogen auch noch zum Herzog von Dalmatien gemacht: auf den Land- und Seekarten des Kartographen Abu Abdullah Mohammed al-Idrisi, dem hervorragendsten Kartenmaterial seiner Zeit, erscheint die nördliche Adria als Golf von Venedig. An jedem Himmelfahrtstag fuhr der Doge auf seiner prächtigen, vergoldeten Staatsgaleere *Bucintoro* hinaus aufs offene Meer. Dort wurde ein ausgefallenes Zeremoniell abgehalten: der Doge warf einen Ring ins Meer. Dieser Ritus sollte die venezianische Herrschaft über die Adria symbolisieren, doch hatte sich daraus mit der Zeit eine Art Vermählung mit dem Meer überhaupt entwickelt – das ehrgeizige Streben der Republik nach maritimer Vorherrschaft war unverkennbar.

Venedig spielte nun bereits im ganzen östlichen Mittelmeer eine wichtige Rolle. Die Repräsentanten, die die Lagunenstadt im Nahen Osten sitzen hatte, bildeten einen hervorragenden Geheimdienst. Die venezianischen Kaufleute fühlten sich in der levantinischen Geschäftswelt wie Fische im Wasser. Da sie die östlichen Handelsrouten im byzantinischen wie im muselmanischen Reich genau kannten, wandten sich die anderen westeuropäischen Staaten um einschlägigen Rat fast immer nur an Venedig, ganz gleich, ob es darum ging, die Völker im östlichen Mittelmeer näher kennenzulernen, Reisen dorthin zu unternehmen oder irgendwelche Intrigen zu spinnen. Viele venezianische Bürger hatten ihrer Stadt im Orient hervorragende Dienste geleistet, sei es nun als Diplomaten, Seeleute oder Soldaten, und noch mehr Venezianer hatten Gelder in östliche Unternehmungen investiert. Venedig war eine Handelsstadt, eine Stadt, in der der herrschende Adel sich aus Kaufleuten zusammensetzte: der Handel war Venedigs eigentliches Machtpotential, und dieser Handel bedingte, ging man von Venedigs geopolitischer Lage aus, eine intime Kenntnis des Orients.

Diese intime Kenntnis setzte die Seerepublik auf ihre imperialistische Weise in die Praxis um. Im Jahr 1197 beschloß die französische Ritterschaft, von Papst Innozenz III. ermuntert, einen weiteren Kreuzzug zu unternehmen, um das Heilige Land vom Islam zu befreien. Die Ritter baten Venedig um Unterstützung. Die Venezianer besaßen die Erfahrung und die Mittel, um ein großes Heer von Europa nach dem Orient zu verschiffen. Besonders vertraut waren sie mit Ägypten, das nun schon seit langem ihr Handelspartner war. Gerade auf Ägypten aber hatten die Kreuzfahrer ihr Augenmerk gerichtet. Allerdings waren die Venezianer seit altersher recht zögerliche Kreuzfahrer, denn nur ungern vergraulten sie ihre muselmanischen Handelspartner, und nur ungern sahen sie es, wenn rivalisierende europäische Mächte im Verlauf dieser frommen Feldzüge in der Levante Fuß faßten. Außerdem nimmt man an, daß die Venezianer gerade zu jener Zeit im Begriff standen, mit den Ägyptern noch gewinnträchtigere Handelsabkommen zu schließen.

Doch wie auch immer, sie nahmen den Auftrag der Kreuzfahrer an und verpflichteten sich, eine Flotte auszurüsten, die in der Lage sein sollte, zwanzigtausend Mann von Venedig nach Ägypten zu verschiffen. Für einen Staat, der selbst nur achtzigtausend Seelen zählte, war dies ein gigantisches Unternehmen, doch haben sich die Venezianer von Anfang an sicherlich klar ausgerechnet, daß hier ein hübscher Profit herausschauen müßte. Direkt oder indirekt war nun die ganze Stadt an der Unternehmung beteiligt. Das Abkommen mit den Kreuzfahrern mußte von der Stadtbevölkerung selbst gutgeheißen worden sein, denn die sechs Gesandten der Franken sahen sich aufgefordert, ihr Anliegen dem venezianischen Volk auf dem Markusplatz zu unterbreiten. Die sechs waren in ihrer Heimat angesehene Persönlichkeiten, und nun knieten sie vor der versammelten Volksmenge demütig nieder, vergossen Tränen für das Heilige Land und erbaten im Namen Jesu Christi die Hilfe Venedigs. Als sie aber zu Ende waren mit ihren Reden, da reckten die Venezianer die Arme empor und schrien (wie uns vom Chronisten berichtet wird): »Wir sind dabei! Wir sind dabei!« – »Und so gewaltig waren das Gebrüll und der Tumult, daß es schien, als wolle die Welt selbst in Stücke brechen.«

Bei einer weiteren, zu Herzen gehenden Zeremonie in der Basilika verkündete der Doge, er selbst werde das Kreuz nehmen. »Ich bin ein alter, schwacher Mann ... doch ich sehe, daß niemand euch so befehligen und führen kann wie ich, der ich euer Herr bin.« Er kniete vor dem Hochaltar nieder, und man nähte das Kreuz auf einen großen Baumwollhut, den man ihm aufs Haupt setzte. Von diesem Augenblick an war das Los der Expedition besiegelt.

Denn Enrico Dandolo war zwar alt, aber ein Schurke nichtsdestoweniger. Die Rolle, die er bei diesem Vierten Kreuzzug spielte, ist seit jener Zeit immer wieder Gegenstand heißer Diskussionen gewesen. Aber so schillernd, so zweideutig diese Rolle auch gewesen sein mag, wir dürfen trotzdem davon ausgehen, daß dieser Doge keinesfalls aus rein religiösen Beweggründen handelte. Auch ist es äußerst zweifelhaft, ob Dandolo überhaupt je die Absicht hatte, mit seiner Flotte Ägypten zu überfallen, obgleich die meisten Kreuzfahrer dies annahmen. Der Handel mit Ägypten kam der Seerepublik sehr zugute, und so hat es einige Wissenschaftler gegeben, die sogar behaupteten, Dandolo habe den Sultan von Ägypten über die Pläne der Kreuzfahrer aufgeklärt.

Wie auch immer, es spricht einiges dafür, daß sich Dandolo in dem Augenblick, als man ihm besagten Hut aufsetzte, bereits mit dem Gedanken trug, diesen Kreuzzug einem völlig anderen Ziel entgegenzuführen: nicht der Islam sollte getroffen werden, sondern die größte Stadt der Christenheit – Konstantinopel. Es war an der Zeit, den hochmütigen Kaisern ihren Dünkel auszutreiben und Venedigs Position im Handel mit dem Osten entscheidend auszubauen und zu festigen. Doch zuerst einmal machte der Doge ein typisch venezianisches Geschäft. Dafür, daß Venedig die Flotte ausrüstete und für ihre Reise verantwortlich zeichnete, sollte es die Riesensumme von achtzigtausend Franken erhalten und an jedem von den Kreuzfahrern eroberten Gebiet beteiligt werden.

Von nun an nahm alles einen Verlauf, wie ihn sich Dandolo eigentlich wünschte. Im Winter des Jahres 1201 trafen in Venedig die ersten Kreuzfahrer ein. Die meisten unter ihnen waren Franzosen, doch waren auch Deutsche, Belgier und Italiener darunter. Sie machten Quartier auf dem Lido, genügend weit weg vom Stadtzentrum – denn unter ihnen, darauf wiesen die

Doge Dandolo übernimmt das Kommando über den Vierten Kreuzzug.
Gemälde von Jean Leclerc (1587–1663) und Carlo Saraceni (1585–1620)

Historiker gerne hin, waren zwar viele hervorragende, ehrbare und gottesfürchtige Männer, aber zumindest genauso viele Abenteurer und Schurken. Es fiel den Kreuzfahrern von Anfang an schwer, die vereinbarten Geldsummen aufzutreiben. Um überhaupt eine erste Anzahlung leisten zu können, die das Arsenal in die Lage setzen sollte, die erforderlichen Schiffe zu bauen, nahmen die Führer des Kreuzfahrerheeres bei den Juden Venedigs ein Darlehen über fünftausend Franken auf. Als sich das Heer bereits versammelte und die neue Flotte schon halb gebaut war, da beschloß man, daß die vereinbarten Anzahlungen auch in anderer Form geleistet werden könnten – so wanderten nun zahllose Wertgegenstände in die Schatzkammer des Dogenpalastes, und alles, was an Silber darunter war, wurde dort umgemünzt in eine weitere kostbare venezianische Münze – den silbernen *grosso.*

Fast zur selben Zeit tauchte im Westen ein überzeugender Anwärter auf den kaiserlichen Thron in Konstantinopel auf. Es war Alexios, der Sohn des geblendeten und eingekerkerten Isaak Angelos; er nannte sich auch Alexios Komnenos, wodurch er sich von seinem Onkel, dem Usurpator und derzeitigen Kaiser, unterscheiden wollte. Alexios ließ bekanntgeben, daß er, sollte er jemals den Thron von Byzanz besteigen, nicht nur den Kreuzzügen ein Schirmherr sein, sondern allen Ernstes versuchen würde, die orthodoxe Kirche in den Schoß Roms zurückzuführen.

Für Dandolo bedeutete das alles ein glückliches Zusammentreffen von Umständen. Als sich herausstellte, daß die Kreuzfahrer niemals in der Lage sein würden, ihre Schulden an Venedig zu begleichen, meinte der Doge, sie könnten ihren Verpflichtungen auch dadurch nachkommen, daß sie auf ihrer Reise gen Osten im Namen Venedigs eine gewisse aufmüpfige Stadt an der dalmatischen Küste unterwarfen – gemeint war Zadar, das damalige Zara –, um die venezianische Vorherrschaft in der Adria zu untermauern. Als der Doge nun Wind davon bekam, daß man jenen Alexios Komnenos mit Gewalt in Konstantinopel inthronisieren könnte, um so dem Großen Schisma endlich ein Ende zu machen, da war es sicherlich sogleich der Venezianer selbst, der den Vorschlag machte, diesen Alexios Komnenos auf diesem Vierten Kreuzzug mit nach Konstantinopel zu nehmen.

Auf diese Weise manipulierte Dandolo den Lauf der Geschichte. Er legte die Grundlage für das venezianische Imperium. Dabei handelte er zweifelsohne in Übereinstimmung mit einigen der weniger skrupulösen *seigneurs* des Kreuzfahrerheeres, während die unbedeutenden Ritter und das kreuzfahrende Fußvolk von all diesen Intrigen so gut wie gar nichts erfuhren, sondern in dem Glauben gehalten wurden, man bereite sich immer noch auf die Erstürmung von Alexandria vor. Im Herbst des Jahres 1202 war es dann so weit. Das Heer hatte sich vom Lido aus eingeschifft, die ganze Flotte lag nun in der Lagune. Die Piazzetta erlebte eines der größten Spektakel ihrer Geschichte – beinahe fünfhundert Schiffe drängten sich auf der riesigen Wasserbühne, die vom San Marco-Becken bis zur Küste des Lido hinüberreichte. »Niemals noch«, so schrieb Geoffrey de Villehardouin, »brach eine großartigere Flotte von irgendeinem Hafen auf ... Unsere Streitkräfte könnten die Eroberung der Welt unternehmen!« Die Armada bestand aus fünfzig Kriegsgaleeren, deren hervorragendste die *Paradiso, Aquila* und *Pellegrina* waren, damals vermutlich die seetüchtigsten Schiffe überhaupt: wendige und flach im Wasser liegende Fahrzeuge, deren lange Ruder an Insektenbeine erinnerten, und auf den pompösen Heckaufbauten stolzierten die Kapitäne in voller Rüstung würdevoll hin und her. Die Flotte bestand aus weiteren zweihundertvierzig Truppentransportschiffen, die schwerer und massiver im Wasser lagen und mit viereckigen Segeln bestückt waren. Dazu kamen noch siebzig Versorgungsschiffe und hundertundzwanzig flachkielige Transportschiffe, speziell für den Seekrieg konstruiert, das sah man schon an den breiten Ausfallpforten für die Pferde. Überall auf den Schiffen die Wappenschilde der Ritter in voller Rüstung, die Lagune war übersät von Farbtupfen mit den herausragenden Emblemen so berühmter Männer wie Bonifaz von Montferrat, Balduin von Flandern, Richard von Dampierre, Guy von Conflans, Graf Berthold von Katzenellenbogen, dem Schloßvogt von Brügge und Seneschall von Champagne.

Dann waren da noch die zahllosen kleineren Seefahrzeuge, von denen es im Umkreis der Flotte nur so wimmelte, die Pinassen der Admiräle und Generäle, die von Schiff zu Schiff und von Schiff an Land eilten, dazu natürlich die Boote der schaulustigen Venezianer und die üblichen Fischerboote der Lagune, auf denen die Fischer gelassen ihrer Arbeit nachgingen, nicht zu vergessen die Gondeln und die gewohnten schmalen Ruderboote, und die Marktboote und ein oder zwei Kauffahrteischiffe vielleicht, die sich ihren Weg durch die Lidoeinfahrt herein bahnten und unvermutet auf diese staunenswerte Armada stießen.

Trompeten erklangen, Becken dröhnten, und da – erwartet von venezianischen Senatoren und Schiffskapitänen, von Grafen und anderen Anführern der fränkischen Ritterschaft, von Geistlichen, Adjutanten und Schiffsärzten – trat er heraus aus seinem Palast, der blinde Doge, man geleitete ihn, hindurch zwischen den beiden Säulen der Piazzetta, zu seiner Galeere am Quai. Auf den Schiffen wurden die Trommeln gerührt. Signalhörner schickten die Nachricht von Admiralsschiff zu Admiralsschiff. Vom Ufer her ertönten Hymnen. Schiff um Schiff folgte nun dem Flaggschiff des Dogen, das jetzt das Becken von San Marco verließ und an Geschwindigkeit zulegte, je mehr der Tag voranschritt, bis schließlich die ganze Armada um den östlichsten Punkt der Lagunenstadt herum verschwand und auf die offene See hinaussteuerte.

Bei Einbruch der Nacht befand sich die Flotte des Vierten Kreuzzuges bereits mitten auf der Adria – auf ihrem Weg (obgleich nur wenige Soldaten davon wußten) nach Konstantinopel. Dorthin werden wir ihr folgen, dabei einige Ereignisse auf dieser Reise übergehend, sei es nun den peinlichen Überfall auf Zadar, diese blutrünstige Affäre, oder auch den Zank, der ausbrach, als das gemeine Heer der Kreuzfahrer erfahren mußte, daß es längst nicht mehr darum ging, die heiligen Stätten von den Ungläubigen zurückzuerobern.

Unsere Reise führt uns nun direkt in die Stadt der Städte.

2. Kapitel

Oh Stadt, Stadt!

Eine Stadt mit großer Gegenwart – Die Kreuzfahrer kommen hereingesegelt – Der Überfall – »Der Zorn des Herrn« – Ein Imperium mit einem Handstreich – Ein Hauch von Venedig

»Oh Stadt, Stadt, du Auge aller Städte!« So begeisterte sich Nicetas Choniates, ein griechischer Chronist von damals, für die Stadt Byzanz, auf die nun der Vierte Kreuzzug Kurs hielt. Dieser Ausruf soll uns wie ein Echo in den Ohren klingen, wenn wir nun, im Kielwasser der gewaltigen Dandoloflotte, aus dem Marmarameer herauskommen und uns, wie einst die Kreuzfahrer, der Stadt Konstantinopel nähern.

Oh Stadt, Stadt! Nirgendwo auf dieser Erde ist eine Stadt herrlicher gelegen, nirgendwo begrüßt eine Stadt den Seereisenden auf eine so beeindruckende Weise – selbst Manhattan nicht, wenn sich, jenseits der Narrows, seine massive Silhouette gen Himmel türmt, auch die Stadt London nicht, wenn man zum erstenmal die Türme von Westminster erblickt, schwer und gewichtig, jenseits der Brücken. Konstantinopel erhebt sich auf einer hohen, schmalen Halbinsel, auf der einen Seite liegt das Marmarameer, auf der anderen das Goldene Horn, ein tief eingeschnittener Meeresarm. Die Stadt beherrscht die Meerenge des Bosporus, dessen Gewässer zwischen den Hügeln dem Schwarzen Meer entgegenstreben. So überwältigend ist die Lage dieser Stadt, genau an der Grenze zwischen Europa und Asien, wo ein kaltes und ein warmes Meer einander begegnen, daß man sich von der am Gegenufer des Bosporus gelegenen alten Siedlung Chalzedon erzählt, man habe sie einst die Stadt der Blinden genannt, da ihre Gründer schon mehr als kurzsichtig gewesen sein müßten, als sie sich an so unverkennbar falschem Ort niederließen.

Heute heißt Konstantinopel Istanbul. Schon der erste Eindruck, den man von der Stadt aus der Ferne gewinnt, ist irreführend. Sie nimmt sich zunächst aus wie eine weitere Falte in den Hügeln, ziemlich unansehnlich angesichts der schneebemützten anatolischen Berge, die von Osten her übers Wasser herüberschauen. Doch wenn das Schiff näherkommt, spürt man eine unerklärliche Erregung. Der Verkehr zu Wasser wird dichter, es herrscht Hektik, und plötzlich wird klar, was diese Halbinsel ist: man entdeckt, daß es sich nicht bloß um eine Landzunge handelt, sondern um die mächtig komprimierte Masse einer Stadt. Die Silhouette dieser Stadt wird heute beherrscht von den Spitztürmen und Kuppeln ihrer Moscheen, die auf dem Bergrücken herausragen – dazu die gewaltige Verkrustung dort oben, bestehend aus unförmigen Gebäudemassen, an allen Ecken und Enden schalenförmig überkuppelt und befestigt, ihre zerbrechlichen Minarette stoßen wie zahllose Strahlen in den Himmel. Darunter ergießt sich die Stadt in einem wilden Durcheinander die Berghänge hinunter, bis zur Küste, wo sie auf die Trümmerreste einer Stadtmauer stößt, die zum Teil noch bezinnt ist. An der Spitze dieser Halbinsel liegen die Türme und Gärten eines großen Palastes; wenn das Schiff nun unterhalb seiner Mauern vorbeifährt, vorbei auch an der kleinen Festung, die sich auf ihrer Insel erhebt und wie ein Puppenhaus aussieht, entdeckt man plötzlich linkerhand das Goldene Horn, das sich auf der anderen Seite dieses Vorgebirges über zehn Kilometer hinstreckt, ein Wasserarm voller Schiffe und überspannt von zwei Brücken, auf denen es vom Verkehr nur so wimmelt.

Moschee Yeni Cami

Schiffe – wo man hinsieht: Schiffe. »Du bist an die Gondeln gewöhnt, die zwischen den Palästen des heiligen Markus dahingleiten«, schrieb Alexander Kinglake in den vierziger Jahren des letzten Jahrhunderts, »doch hier in Istanbul begegnest du auf der Wasserstraße plötzlich einem mit hundertzwanzig Kanonen bestückten Schiff ... die stürmische Braut des Dogen ist die sich verneigende Sklavin des Sultans.« In gewisser Hinsicht stimmt das immer noch. Fährschiffe drängen sich auf dem Wasser, manövrieren wie verrückt aneinander vorbei, durcheinander hindurch, lassen ihre Sirenen und Signalpfeifen aufheulen, ihre Schiffsschrauben wühlen im Wasser, während sich das Schiff selbst, wenn seine Passagiere von Bord eilen, gefährlich zur Seite neigt. Kaikis kommen das Horn heruntergetuckert, sie haben, um die Brücken passieren zu können, ihre Masten umgelegt. An der Mole selbst ankert immer eine Reihe großer Passagierdampfer, und weiter draußen ziehen ständig Hochseefrachter den Bosporus hinauf und hinunter. Und jetzt, da das eigene Schiff anlegt, ist die Luft von einem unaufhörlichen Getöse erfüllt. Wo immer man hinschaut, strömen die Menschen über Brücken und Kreuzungen, drängen sich auf den Quais, mühen sich die steilen Abhänge der Halbinsel hinauf, ergießt sich ihr Gewühl auf der anderen Seite der Halbinsel die kopfsteingepflasterten Straßen wieder hinunter – wo immer man hinschaut, da sind die Türken unterwegs, emsig, unzählig, ein Grau in Grau.

Sowie man auf die Mole hinaustritt, ist man mittendrin in diesem Tumult. Von den Restaurants bei der Galatabrücke weht der Geruch von gebackenem Fisch herüber, die Wasserverkäufer vor dem Ägyptischen Basar klingeln mit ihren Messingglöckchen, schmutzfarbene Tauben umflattern die Moschee Yeni Cami, und wenn man sich nun seinen Weg durch die

Menschenmenge bahnt, dann spürt man gleich, daß sich selbst in dieser ohnmächtigen Gegenwart noch die alte Majestät entfaltet.

Wenn die Ankunft in Istanbul heute ein solches Erlebnis ist, welche Sinneseindrücke müssen die Kreuzfahrer erst gehabt haben, als sie an diesem 24. Juni 1203 aus dem Marmarameer herausgesegelt kamen! Das Istanbul von heute ist nicht einmal mehr die Hauptstadt der Türkei – Konstantinopel hingegen war die Hauptstadt der halben Welt. Und es war eine der überragendsten Städte der Christenheit überhaupt. Zwar war die Spaltung zwischen römischer und orthodoxer Kirche unüberbrückbar, doch war Konstantinopel nach wie vor eine Stadt, die auch bei den Katholiken in hohem Ansehen stand. »Ich kann Ihnen versichern«, meint Villehardouin, »daß diejenigen, die Konstantinopel niemals zuvor gesehen hatten, voller Eifer die Stadt betrachteten, denn niemals hatten sie sich vorgestellt, daß es auf der ganzen Welt einen derart herrlichen Ort geben könnte.«

Unübersehbar war die historische Tragweite, war die Schönheit dieses Augenblicks. »Es war etwas so Schönes, daß man sich sein ganzes Leben daran erinnern würde.« Die Flotte sah aus, so meinte Villehardouin, »als stehe sie in voller Blüte«. Sie lag hingebreitet in wunderbarer Anordnung auf dem Marmarameer, unter einem wolkenlosen Himmel: zuerst kamen die furchteinflößenden Kriegsgaleeren, vorangetrieben mit rhythmischem Ruderschlag, dann folgte das Gros der Transportschiffe, und dahinter, wie eine Wolke, so weit das Auge sehen konnte, die zahllosen kleineren Schiffe, die sich der Flotte angeschlossen hatten. Das waren die herumzigeunernden Beutejäger, die erwartungsvollen Glücksritter, Schurken und Strolche, die sich der Kreuzfahrerarmada auf ihrem Weg gen Osten angeschlossen hatten.

Für die Soldaten aus Frankreich, Belgien und Deutschland war Konstantinopel mehr als nur eine Stadt – es war ein Mythos, ein Mysterium. Die Russen nannten die Stadt Zarigrad, die Stadt des Zaren, die Wikinger Mickle Garth, die Mächtige Stadt, und schon seit langem hatte diese Stadt ihren Platz in den Legenden des Abendlandes. Die jungen Männer wuchsen heran, alle mit einer Vorstellung von dieser Stadt auf den Sieben Hügeln: der gewaltige Sammelplatz klassischen Kulturguts, die großartigste unter allen Städten, eine Stadt von schier unvorstellbarem Reichtum, übervoll von alten und neuen Schätzen. Die Blüten einstiger Gelehrsamkeit in großartigen Bibliotheken wurden hier gehegt und gepflegt. Die herrliche Hagia Sophia, auch Kirche zur Heiligen Weisheit genannt, wirkte mehr wie ein Wunder als ein Werk von Menschenhand. In Hunderten von Schreinen wurden ungezählte heilige Reliquien aufbewahrt. Der Kaiser von ganz Byzanz kleidete sich hier in Gewänder aus Gold und Silber und umgab sich mit den großartigsten Kunstwerken im Bucoleon – das war damals der herrlichste aller Paläste, den die Welt kannte. *Konstantinopel war die Stadt der Sehnsucht dieser Welt. Es war die Gottbehütete Stadt. Es war die Stadt des Nizäischen Glaubensbekenntnisses* – des Glaubens an den »Schöpfer von Himmel und Erde und aller sichtbaren und unsichtbaren Dinge.«

Den weltläufigen Venezianern vermittelte der Anblick dieser Stadt wahrscheinlich eine ganz andere Art von *frissons*. Ihnen war sie nicht ganz so fremd. Viele unter den Seeleuten waren schon einmal hier gewesen. Und viele unter den Venezianern besaßen Verwandte, die hier Handel getrieben oder auf den Werften gearbeitet hatten. Auch gab es zu jener Zeit eine ansehnliche venezianische Kolonie in der Stadt. Für die Venezianer und ganz besonders für

Die Eroberung von Konstantinopel, von Palma Giovane (1544–1628)

IC
XC

den alten Dogen Dandolo war es nicht der Anblick der Stadt Konstantinopel, der ihnen das Herz höher schlagen ließ, sondern es waren die Umstände, unter denen sie dieses Mal byzantinisches Land sichteten. Denn noch nie zuvor hatte sich eine venezianische Flotte dieses Umfangs der Stadt genähert – eine Flotte mit einem Heer, bestehend aus den härtesten, grimmigsten und fanatischsten Soldaten Europas, eine Flotte auch, die des Dogen Lieblingspüppchen mit sich führte – den jungen Alexios, den Anwärter auf den Kaiserthron, der mit den Zukunftsplänen, die der Doge für ihn ausgeheckt hatte, nur zu gern einverstanden war und sich demzufolge in Zadar der Kreuzfahrerflotte angeschlossen hatte.

Obgleich Kreuzfahrer, die sich einer christlichen Stadt näherten, machten sie keine Anstalten, dies in friedlicher Weise zu tun. Kreuzten ein paar Fischerboote ihren Wasserweg, so griffen sie diese auf der Stelle an. Und als die Flotte, so wie wir es taten, ganz nah an der Stadtmauer vorbeifuhr, da hockten die Soldaten an Deck und putzten bereits ihre Waffen für den Kampf. Es war der Feiertag von Johannes dem Täufer, dessen Haupt zu den kostbarsten Reliquien der Stadt Byzanz gehörte: die Schiffe hatten zu Ehren des Heiligen geflaggt, und die Adligen hatten ihre geschmückten Schilde über das Schanzkleid gehängt.

Die Einwohner von Konstantinopel strömten zu Tausenden auf die Festungswälle hinaus, um die Flotte hereinfahren zu sehen. Die Soldaten warfen einen respektvollen Blick zurück auf die Befestigungsanlagen, die mächtig ihre Schiffe überragten. Da war keine Stadt auf der Welt, die vollkommener befestigt gewesen wäre. Weiter landeinwärts befanden sich die berühmten Wälle, die Theodosius II. im fünften Jahrhundert erbaut hatte und die die Halbinsel gegen das thrakische Hinterland abschirmten: sie erstreckten sich über sieben Kilometer und bestanden aus vier kunstvollen Verteidigungsringen – zuerst kam ein Burggraben, dann folgten die Wälle. Die Küste der gesamten Halbinsel entlang zog sich ein weiterer Befestigungswall, der die Stadt vor Angriffen vom Meer her schützte. Etwa vierhundert Türme überragten diese Verteidigungsanlagen. Die Wasser- und Kornspeicher und die zahllosen Windmühlen dahinter setzten die Stadt in die Lage, sich sogar während einer monatelangen Belagerung selbst zu versorgen. Eine Riesenkette, die mit Hilfe einer Winde oben auf dem Hügel bedient wurde, versperrte die Einfahrt zum Goldenen Horn. Das kaiserliche Heer lag in der Stadt, seinen Kern bildete eine Prätorianergarde, die sogenannte Warägergarde, die sich aus dänischen und englischen Söldnern zusammensetzte.

Noch nie waren diese Befestigungsanlagen erstürmt worden. Seit nunmehr tausend Jahren hatten sie die Stadt vor den Barbaren bewahrt. Sechsmal waren die Angriffe der Muselmanen erfolgreich zurückgeschlagen worden, und das gleiche geschah den Goten, Hunnen, Ungarn, Bulgaren, Serben. Kein Wunder also, daß die Kreuzritter all diese Wälle und Türme, an denen sie nun vorbeifuhren, recht nachdenklich betrachteten. »Es hat in der Tat keinen Mann gegeben«, erklärt Villehardouin überzeugend, »der so kühn und mutig gewesen wäre, daß ihm bei diesem Anblick nicht das Fleisch schauderte...«

Die Flotte ging auf der anderen Seite des Bosporus, an der asiatischen Küste, vor Anker. Das Heer bezog Lager in Skutari, dem heutigen Usküdar, wo sechs Jahrhunderte später Florence Nightingale ihre Kranken pflegen sollte, und wo sich heute, direkt am Meer, der türmchenbesetzte Bahnhof befindet, von dem aus die Züge nach Anatolien, Aleppo, Bagdad und Teheran abgehen. Die Soldaten plünderten in der Umgegend, was an Lebensmitteln und Souvenirs zu

Christusmosaik in der Hagia Sophia (Istanbul)

Befestigungsanlagen des Theodosius in Konstantinopel

plündern war, während sich die Heerführer in einem der Landschlösser des byzantinischen Kaisers einrichteten.

Von den Befestigungswällen Konstantinopels aus war dies ein unheilverkündendes Schauspiel. Der Blick von der Stadt zur asiatischen Küste hinüber ist kein Problem, und so kann man sich gut vorstellen, wie die Byzantiner ein eisiger Schrecken durchfuhr, als sie jenseits des Bosporus dieses riesige Heerlager entdeckten, tagsüber mit den vielen Rauchfahnen darüber, nachts mit den mannigfachen Lichtern, und davor, auf dem Wasser, der ungeheure Wald aus Schiffsmasten. Was führten diese seltsamen Gäste im Schilde? Waren sie lediglich auf der Durchreise, oder trugen sie sich vielleicht – unter dem Zeichen des Kreuzes, man stelle sich das vor! – mit der Absicht, diese alte Festung, dieses alte Bollwerk des Herrn Jesus Christus anzugreifen?

Der Kaiser bemühte sich gar nicht erst darum, dies herauszufinden. Zwar war seine Flotte, wie sie da altersschwach im Goldenen Horn lag, nicht imstande, es mit der Kreuzfahrerarmada aufzunehmen, doch hinderte ihn das nicht, schon nach wenigen Tagen ein Bataillon Kavallerie nach dem Skutarilager zu entsenden, das unverzüglich in die Flucht geschlagen wurde. Zwei Tage später verkündeten die Kreuzfahrer ihre Absicht. Sie setzten den Prinzen Alexios auf das Deck eines ihrer Kriegsschiffe, und so fuhren sie nun vor den Stadtwällen auf und nieder. Sie seien gekommen, so riefen sie hinüber, um diesen Mann auf den Thron zu setzen, denn er sei der rechtmäßige Kaiser, der wahre Herr von Byzanz. »Der Mann, dem ihr jetzt als eurem Herrn gehorcht, herrscht über euch, ohne daß er ein gutes oder einwandfreies Recht hätte, euer Kaiser zu sein, ja ganz im Gegenteil, er herrscht über euch in Mißachtung des Rechtes und Gottes selbst. Hier aber seht ihr euren rechtmäßigen Herrn und Kaiser. Wenn ihr auf seine Seite euch stellt und euch um ihn schart, dann handelt ihr, wie ihr rechtens handeln solltet, doch wenn ihr das nicht tut, dann tun wir euch so Schlimmes an, wie wir nur können.«

Das waren etwas dürftige Argumente (und langatmige dazu, zumal sie vom Deck der Galeere hinübergerufen werden mußten), und so bestand die Reaktion der Leute, als sie sich diesen Alexios Komnenos anschauten, vor allem darin, daß sie sagten: »Nie gehört von dem!« Dazu kam noch, daß die Thronräuberei mittels Staatsstreich oder Palastrevolte immer schon ein Wesenszug des byzantinischen Kaisertums gewesen war. Die Bevölkerung war es gewohnt, mal diesem, mal jenem Herrscher die Treue zu schwören, ganz egal, auf welch blutige oder grausame Weise sie an die Macht gelangt waren. So deutete nun wirklich nichts darauf hin, daß die Bevölkerung von Konstantinopel in ihrem Kaiser einen Thronräuber erblickte. Da war vermutlich kein einziger Untertan, der die kaiserliche Sache nun im Stich ließ und zu diesem neuen Thronanwärter überlief; genauso wenig dachte man in Konstantinopel daran, den alten verkrüppelten Vater Isaak aus seinem Kerker zu holen, in dem dieser schon so lange gefangen saß.

So wurde nun Gewalt unvermeidlich. Am 5. Juli 1203 querten die ersten Angriffsschiffe den Bosporus, und jede dieser Galeeren hatte ein Frachtschiff im Schlepptau – sie hielten alle Kurs auf das Goldene Horn. Die Angriffe, die Konstantinopel zuletzt erlebt hatte, waren vom Festland aus erfolgt, die Angreifer hatten vergeblich versucht, die Theodosiuswälle zu erstürmen. Dandolo aber wußte, daß die schwächste Stelle der Verteidigungsanlagen der Seewall war, der sich am Goldenen Horn hinzog. Das Horn hatte damals noch keine Brücken, und an seinem Nordufer, also Konstantinopel direkt gegenüber, lag das Fremdenviertel Galata. Hier befanden sich die Kolonien der ausländischen Kaufleute, hier lebten auch die Gesandten fremder Mächte. Auf halber Höhe den Hügel hinauf erhob sich der massive Galataturm, und hier war jene Kette verankert, die die Einfahrt zum Goldenen Horn versperrte: sie war etwa vierhundertfünfzig Meter lang, und jedes ihrer Glieder hatte die Länge eines Unterarmes. Die Kette selbst lief etwa einen halben Meter über dem Wasser durch den Kanal.

War diese Kette einmal gesprengt, befanden sich die Kreuzfahrer sozusagen im Windschatten der Stadt, das war deren Schwachpunkt. Die Befestigungsanlagen an der Nordküste waren – verglichen mit den anderen Fortifikationen – etwas dürftig: sie hatten weder Burggraben noch Umwallung. Auch war ihre Verteidigung insofern schwierig, als die Straßen und Gassen gleich dahinter steil bergauf gingen. Dandolo, der taktische Planer des Angriffes, gab Befehl, zunächst einmal am Galataufer zu landen. Und siehe da – die Kreuzfahrer stießen nicht auf den geringsten Widerstand. Als die in Galata stationierten griechischen Streitkräfte die normannischen Ritter auf ihren gepanzerten Pferden erblickten, wie sie da von ihren Reitknechten aus den Ausfalltoren der Angriffsschiffe herausgeführt wurden, da ergriffen sie sofort entsetzt die Flucht, und schon hatten die Kreuzfahrer ihren ersten Brückenkopf erobert. Am nächsten Tag nahmen sie, diesmal nach hartem Kampf, den Galataturm ein und kurbelten die Kette, die sich übers Horn spannte, herunter. Herein schäumten nun die Kriegsschiffe, angeführt von der machtvollen *Aquila,* und hinein ging es in den mit Seefahrzeugen vollgestopften Meeresarm, gleich wurde geentert und gebrandschatzt. Eine Flanke der Stadt war offen zur Erstürmung.

Von der Mitte der Atatürkbrücke aus – das ist die höhere der beiden Brücken, die heute über das Goldene Horn führen – hat man ungefähr den gleichen Blick wie damals die Soldaten, als sie sich an Deck ihrer Kriegsschiffe auf den Angriff vorbereiteten. Hier lag ganz offensichtlich der Schwachpunkt der Stadt, hier hatte die Stadt nichts Aufgetürmtes, nichts Phalanxartiges – der Anblick war ein ganz anderer als der vom Marmarameer her. Stattdessen ein Basar mit durcheinandergewürfelten Geschäften, durchsetzt mit vielen kleinen Moscheen, und hier und da einige Flecken von Grün – ein eher dürftiger Anblick, möchte man sagen, zumal sich die Riesenbauten, die vom Meer aus so einschüchternd wirken, von dieser Stelle aus beinahe mickrig ausnehmen.

Am Ufer kann man noch die Überreste der Befestigungsanlage ausmachen. Die Gegend wirkt heute heruntergekommen, ein einziger Slum, bestehend aus unansehnlichen Lagerhäusern und Fabriken, Wohnhäusern, Gerbereien, Reifendepots und winzigen Bootswerften, wo Kaikis kalfatert werden. Hier gehen keine prächtigen Schiffe, sondern nur die schäbigen Küstenfahrzeuge von den anatolischen Inseln vor Anker, Schiffe mit umgelegten Masten, mit Seeleuten darauf, die Baumwollmützen tragen und aus ihren Brotbeuteln heraus Fischsandwiches essen. Doch noch nicht ganz ausgelöscht und gerade noch erkennbar inmitten dieses Gewimmels von Menschen in den Straßen sind die Türme und Stadttore. Im Jahr 1203 war der Stadtwall noch heil, und er vereinigte sich mit den Theodosiuswällen am oberen Ende des Goldenen Horns. Die Wachttürme am Ufer entlang waren alle bemannt, sie zu umgehen war unmöglich. Dennoch war dies die Stelle, wo sich der Befestigungsgürtel Konstantinopels noch am ehesten aufbrechen ließ – freilich nicht durch die Kraft der Soldaten, denen es immer wieder mißlungen war, diese Stadt einzunehmen, sondern durch die Geschicklichkeit von Seeleuten, die sich noch nie an der Erstürmung dieser Befestigungswälle versucht hatten.

Es waren die Venezianer selbst, die am 17. Juli 1203 an dieser Stelle zum Angriff übergingen. Die Franzosen hingegen beschlossen, am Nordufer des Goldenen Horns entlang bis zu dessen oberem Ende zu marschieren und den Sturm auf die Stadt dort zu wagen, wo die Theodosiuswälle mit dem Seewall zusammentrafen. Die Venezianer dagegen setzten einfach übers Horn und griffen vom Wasser her an – typisch Dandolo, möchte man sagen. Der Angriffspunkt, den sie wählten, läßt sich auch heute noch ausmachen: ein verrottetes Stück Mauerwerk, auch heute noch Petriontor genannt, das direkt unter der bescheidenen Residenz des griechisch-orthodoxen Patriarchen liegt, des Papstes der östlichen Christenheit, der nach wie vor unter etwas heiklen Umständen in dieser muselmanischen und alles andere als philhellenischen Stadt lebt. Wenn man nun den Blick die Ufergebäude entlanggleiten läßt, kann man ziemlich genau die Stelle der ersten Landung erkennen: einen kleinen schmutzigen Platz mit zwei, drei kränklichen Bäumen, der sich nahe bei der in Trümmern liegenden Toreinfahrt an der Küste befindet.

Jeden Tag zu früher Morgenstunde wird die Atatürkbrücke geöffnet, um die Schiffe durchzulassen. Wenn nun die Lichter aufblitzen, die Schiffe zu stampfen beginnen und sich im Dunkeln langsam ihren Weg die Wasserstraße hinab suchen, dann kann man sie sich so richtig vorstellen, die Venezianer, wie sie sich im Morgengrauen vor der Schlacht auf ihren Angriff vorbereiteten. Der Raum für die Schiffe zum Manövrieren war sehr gering. Das Goldene Horn ist an dieser Stelle kaum einen Kilometer breit, der Gezeitenwechsel vollzieht sich rasch, und doch galt es, eine ganze Menge Schiffe gleichzeitig durch diesen schmalen Kanal zu steuern. Die Wasserstraße war ein einziges Durcheinander aus schlagenden Rudern und knarrenden Schiffsrümpfen. Spätere venezianische Künstler, die diesen großartigen Anblick wiederzugeben versuchten, taten dies in der für sie typischen Weise – sie idealisierten die ganze Geschichte. Ich habe vor mir eine aufregende Darstellung liegen, auf der das Goldene Horn aus einer einzigen kompakten Masse von Kriegsschiffen, Takelwerk, Masten, Spieren, Rudern und Leitern besteht, und zu den Befestigungsanlagen von Konstantinopel hinüber blickt man durch einen Vorhang aus Pfeilen und anderen hin und her schwirrenden Geschossen. Seeleute klammern sich an Rahnocks, Pfeile zischen in Ritterschilde hinein, Axtmänner hacken aufeinander los, und andere Soldaten stürzen in das bißchen Wasser, das auf dem Bild zu sehen ist.

Die überragende Gestalt des ganzen Geschehens ist der alte blinde Dandolo, der in voller Kriegsmontur auf dem Vorderdeck seines Flaggschiffes steht, in der einen Faust das venezia-

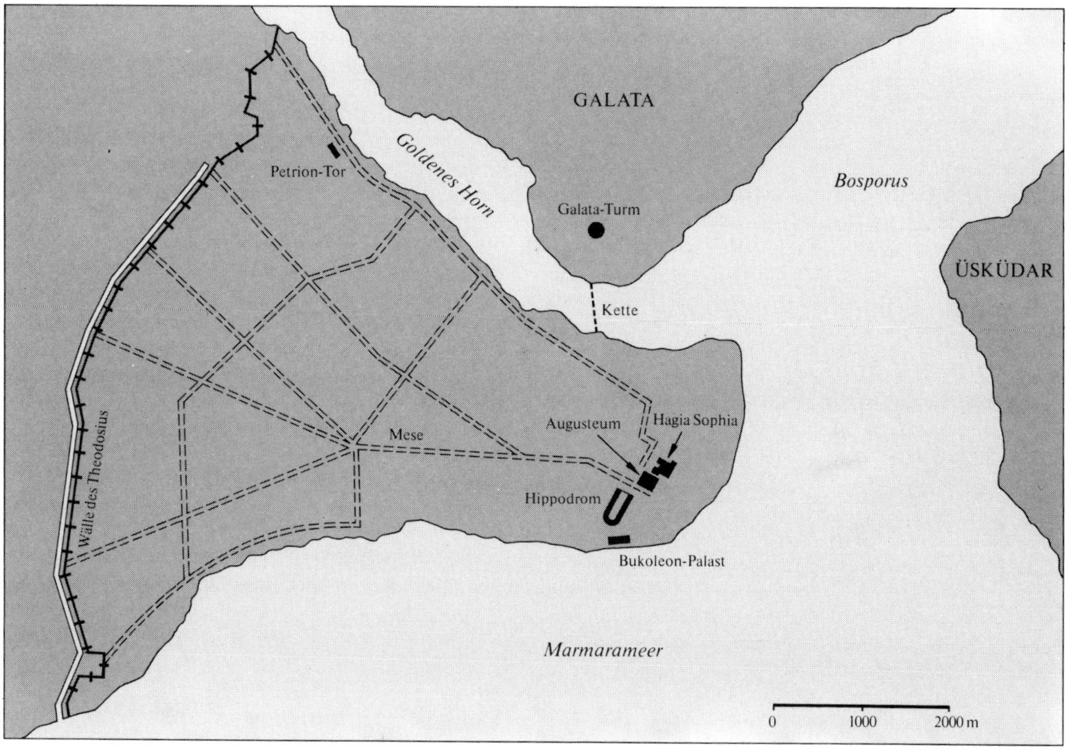

Konstantinopel im Jahr 1203

nische Banner, während er mit der anderen Hand entschlossen auf die Hagia Sophia zeigt. Diese Darstellung scheint authentisch zu sein, denn offenbar hat der Doge den Angriff tatsächlich geleitet. Und wenn er die Festungswälle auch nicht sehen konnte, so hatte er sie doch wohl vor seinem inneren Auge. Auch hatte er eine ganz bestimmte Taktik entwickelt, die es seinen Landsleuten ermöglichen sollte, die hohen Befestigungstürme vom Wasser her anzugreifen. Sie benutzten nämlich die Rahen ihrer Schiffe als eine Art Laufplanke, die sie vom Bug aus an den Befestigungswall anlegten und die sie nach oben hin mit Hilfe von Tierfellen gegen Feuer und Geschosse abgeschirmt hatten. Diese Rahen benutzten sie nun als Gangway hinauf zum Stadtwall, wobei diese Gangway durch das Schiff selbst hart an die Mauer gedrückt wurde.

Inmitten eines wahren Hagels aus Pfeilen und Steinen, doch immerhin mit einer Art Rükkendeckung, bestehend aus zweihundertfünfzig Schleudermaschinen, die von den Schiffen aus bedient wurden, kletterten nun die Angreifer diese heiklen Enterbrücken hinauf, und schon war der erste Turm in venezianischer Hand. Sogleich ließ der siegreiche Sturmtrupp Strickleitern am Stadtwall hinab, massenweise kam nun das Hauptkontingent des Heeres den Befestigungswall hochgeklettert. Der Kampf dauerte nicht lange. Angefeuert von ihrem Dogen, der – zerbrechlich und wild zugleich – mit gezogenem Schwert unten am Ufer stand, so erstürmten die Venezianer einen Turm nach dem anderen – nach einer Stunde Handgemenge waren bereits fünfundzwanzig Türme eingenommen. Als die Zeit über Mittag hinausging, sah

Das Goldene Tor: der südliche Zugang nach Konstantinopel

es so aus, als sei die Stadt bereits erobert. Diese Neuigkeit, so wird uns erzählt, gelangte auf schnellstem Wege nach Venedig – überbracht von einer Brieftaube, die flugs den Balkan überquerte.

»Oh Stadt, Stadt!« Für die empfindsameren Gemüter unter den Venezianern muß dieser Sturm auf Konstantinopel eine traumatische Erfahrung gewesen sein, schließlich war dies eine heilige Stadt. Konstantin, ihr Gründer, hatte an dieser Stelle seine Hauptstadt errichtet, nachdem er auf den Hügeln außerhalb Roms jene Vision gehabt hatte, die ihn zum Christentum bekehrte; so war für ihn Konstantinopel von Anfang an eine gottgewollte Stadt. Befragt, wie weit er gehen wolle, als er die künftigen Stadtgrenzen abschritt, soll er geantwortet haben: »Bis Er, der vor mir einhergeht, mir stehenzubleiben gebietet.« Auch sein Nachfolger Justinian lebte, als er das unvergleichliche Heiligtum der Hagia Sophia errichtete, in der Überzeugung, ein gottgewolltes Werk auszuführen. »Nun endlich habe ich«, so soll er gesagt haben, als er zum ersten Mal das riesige Kirchenschiff betrat, »nun endlich habe ich mit diesem Bau selbst Salomon übertroffen.«

Sogar der Glanz der Lagunenstadt verblaßte angesichts dieses Juwels von einer Stadt. Die Struktur Konstantinopels war eine rein funktionale. Durch die von Theodosius errichteten Stadtwälle führten zwei Straßen in die Stadt hinein – die eine im Westen durch das Adrianopeltor, die andere im Süden durch das Goldene Tor. Diese beiden Straßen trafen sich auf dem Rücken des Bergkamms, und von hier aus bildeten sie zusammen jene Triumphstraße namens Mese, die durch eine Reihe von Foren hindurchführte, jedes Forum der Stolz eines anderen Kaisers, bis diese Straße schließlich den Komplex aus Amtsgebäuden, Denkmälern und Plätzen erreichte, die das Herz der Stadt bildeten.

Die Stadt beherbergte einen Schatz überwältigender Statuen. Der Schöpfer des gewaltigen Herkules aus Bronze, dessen Daumen allein schon den Umfang einer Männertaille hatte, soll der Bildhauer Lysippos gewesen sein. Phidias hatte seine Athena Promachos geschaffen, die von der Akropolis in Athen hierhergebracht worden war. Zur Gründung der Stadt hatte man von Rom die Bronzegruppe »Romulus, Remus mit ihrer Wölfin« kommen lassen. Von der Holzstatue der Athena erzählte man sich, Äneas habe sie von Troja als Kriegsbeute mitgebracht. Die herrliche Statue der Hera aber stammte von der Insel Samos. Der Bellerophon, auf dem Pegasos reitend, war eine so riesige Plastik, daß zwischen Kruppe und Pferdekopf zehn Reiher ihr Nest gebaut hatten. Ein gewaltiger bronzener Ochsenkopf aus Pergamon verlieh dem Ochsenforum seinen Namen, und Nicetas beschrieb die Statue der Helena von Troja mit folgenden Worten: »Lieblicher denn die Abendluft, ein Kleid, so schön wie Tausende von Sternen ... ganz und gar Harmonie, Grazie und Eleganz.«

Konstantinopel war auch eine Stadt der Säulen. So gab es dort eine Säule, deren Fries einem, wenn man es richtig entzifferte, angeblich die Zukunft vorhersagte. Auf einer anderen Säule lebten einige Eremiten. Eine dritte Säule war mit Klapptüren versehen, die, um die Tageszeit anzuzeigen, allstündlich aufsprangen. Von einer weiteren Säule weiß man zu berichten, daß in ihrem Fundament die Kreuze der beiden Schächer, die zusammen mit Jesus Christus gekreuzigt worden waren, vergraben lägen, dazu der Alabasterkrug der Maria Magdalena und der Korb des Wunders von der Brotvermehrung. Es gab eine Säule mit der Statue des berittenen Justinian darauf, eine andere mit der Kaiserin Helena und eine dritte mit einer Frau aus Bronze, der Dienerin der Winde, die sich tatsächlich im Wind drehte. Auch die Konstantinsäule konnte man dort sehen, ganz in Kupfer gefaßt. Und einen ägyptischen Obelisken gab es. Dazu ein herrlich-unheimliches Kunstwerk, die Säule der drei Schlangen, die ursprünglich ein Requisit des Orakels in Delphi gewesen war.

Konstantinopel war auch eine Stadt der Kirchen, die über alle Viertel verstreut waren. Über hundert Gotteshäuser hatte man der Heiligen Jungfrau geweiht und fünfunddreißig Jo-

Das Hippodrom heute: übriggeblieben sind zwei Obelisken und eine kaputte Säule

hannes dem Täufer. Das eine Extrem war die Hagia Sophia, diese Kirche, von der man den Eindruck hatte, sie sei vom Himmel selbst herabgestiegen. In ihr waren sechshundert Geistliche tätig. Während der Nacht war sie von zahllosen Lichtern beleuchtet, so daß sie weit draußen auf dem Meer noch wie eine Vision wirkte. Das Gegenextrem waren die zahllosen winzigen Heiligtümer und Einsiedeleien, die sich in den hintersten Gassen versteckten, im Schatten der Paläste oder im Gewimmel der Basare; oder auch die vielen Mönchs- und Nonnenklöster, die sich bescheiden in den Falten der Stadt verbargen.

Die Kirchen von Konstantinopel zeichneten sich durch ihre angenehm symmetrische Bauweise aus – ein zugleich schlichter und gebieterischer Eindruck. Dieses wesentliche Merkmal der byzantinischen Architektur sollte sich später auch im Abendland, in der romanischen Kunst nämlich, durchsetzen. Die Kirchen waren ausgeschmückt mit Mosaiken, Fresken und Holzarbeiten, wie sie nur byzantinische Künstler schaffen konnten. Sie waren vollgestopft mit Reliquien: Splitter vom wahren Kreuz Christi, Fetzen vom Schleier der Jungfrau, die Köpfe des heiligen Stephan und Johannes des Täufers, die Lanze, die des Erlösers Brust durchbohrte, der Zweiflerfinger des heiligen Thomas, Arme und Beine heiliggesprochener Märtyrer, und am innigsten verehrte man die wunderwirkende Madonna Nikopeia, die der heilige Lukas selber gemalt hatte. Sie war auch die Ikone des Sieges, die bei imperialen Heeresparaden mitgeführt wurde und deren Verhüllung sich jeden Freitagvormittag als Beweis höchster göttlicher Gunstbezeigung von allein öffnete.

Dann gab es die kaleidoskopartigen Basare der Stadt, die selbst den Rialto in den Schatten

Der Große Basar in Konstantinopel

stellten. Diese Basare lagen in einem Gassenlabyrinth, sie waren nach Warengattung und Handelszweig angeordnet, hier begegneten einander Kulturen und Kontinente. Man traf Käufer aus Griechenland und Italien, genauso gut wie Verkäufer aus Persien, Afghanistan, Indien, Rußland. Es waren Slawen, Armenier, Syrer, Neger und Juden, die hier die kleinen Geschäfte, die Stände und Buden frequentierten; man konnte hier sibirische Felle und Häute kaufen, aber auch Honig aus Turkestan, Bernstein aus dem fernen Baltikum, Baumwollstoffe und Zucker aus der Levante, Elfenbeinschnitzereien, Seide, Spezereien, Teppiche und *objets d'art* aus Indien, Tibet und China. Konstantinopel kannte keine Einfuhrbeschränkungen: die Stadt war der Basar der ganzen Welt.

Im Herzen all dieser Wunder lag das Augusteum, der riesige Platz vor der Hagia Sophia, der den Mittelpunkt dieser Kapitale bildete. Hier lag auch das Hippodrom, die gewaltige Arena, die nicht nur das Sportzentrum des Imperiums darstellte, sondern auch seine offizielle Versammlungsstätte: hier wurden Verbrecher hingerichtet, Siege gefeiert, und hier trugen die beiden alteingesessenen politischen Gruppierungen, die Blauen und die Grünen, ihre Meinungsverschiedenheiten aus. Hier riefen sie auch ihre Kaiser aus. Ganze Dynastien waren in diesem Hippodrom herangewachsen, hatten hier ihren Niedergang oder ihr plötzliches Ende erlebt. Mitten in dem Hippodrom befand sich auch die Schlangensäule, der ägyptische Obelisk, dazu eine Reihe sonderbarer Steinblöcke, Säulen und pyramidenförmiger Sockel; und in der weiteren Umgebung entdeckte man die heroischen Bronzegestalten berühmter Wagenlenker, zusammen mit ihren Gespannen, von den selbstherrlichen Helden entweder persön-

Kupferstich vom Hippodrom und Zirkus des Christlichen Konstantinopel

lich oder aber von ihren Anhängern als eine Art Tribut an den Champion in Auftrag gegeben. Auf der Loge des Kaisers, am oberen Ende des Stadions, standen in ihrer ganzen Pracht und Herrlichkeit die vier Goldenen Pferde von Konstantinopel, großartiger als die Natur selbst noch, die berühmtesten Tierplastiken, die jemals von Menschenhand geschaffen worden waren – bebende Nüstern, das Vorderbein kraftvoll und verspielt zugleich angehoben. Das Material, aus dem diese Pferdeleiber gemacht waren, war eine Legierung, die keiner zu analysieren vermochte, deren Herkunft niemand kannte und die von einem Genie geschaffen worden war, dessen Namen man längst vergessen hatte.

Gleich neben dem Hippodrom, direkt gegenüber von der Hagia Sophia, stand das Bucoleon, der Große Palast, ähnlich wie sich in Venedig der Dogenpalast gleich an der Piazza und der Basilika erhob (die Kirche für Gott, so pflegte man damals zu sagen, der Palast für den Kaiser und die Arena fürs Volk). Dieser ganze Komplex war beinahe eine Stadt für sich, die den Hügel in Form von Seitentrakten, Innenhöfen, Kirchen, Kasernen und Gärten hinunterstieg, bis zum Wassertor, das zum Marmarameer hinausführte. Das also war der Palast der Paläste, voller staunenswerter Sehenswürdigkeiten. Die Kaiserliche Seidenspinnerei nahm nur wenig Platz ein; in der Kaiserlichen Kapelle waren sogar die Nägel und Türangeln aus Silber gefertigt; der Palastleuchtturm diente gleichzeitig als Signalstation, und mit Leuchtturmzeichen unterhielt der Kaiser Verbindung zu seinen Beamten noch im hintersten Kleinasien. Die enorme Verschachtelung des Palastes – da führte ein Wandelgang in eine Säulenhalle, die ihrerseits lediglich in ein Vor- oder Wartezimmer führte – war dazu angetan, die Fürsten und Gesandten geringerer Mächte in ehrfürchtiges Staunen zu versetzen, und der Kern, der Mittelpunkt des Ganzen, das Audienzzimmer des Kaisers selbst, kam dem Besucher geradezu magisch vor. Er wurde gleich am Eingang empfangen von mechanischen Vögeln, die auf emaillierten Zweigen vor sich hinzwitscherten. Und künstliche Löwen brüllten und peitschten den Boden mit ihrem Schwanz. Die mächtigen blonden Waräger – sie erinnern an Wesen von einem anderen Planeten – standen mit ihren Streitäxten Wache. Wer schließlich zum Kaiser selbst gelangte, der sah ihn dort sitzen auf seinem goldenen, herrlich mit Diamanten geschmückten Thron, angetan mit einem vielfarbenen Gewand, doch noch ehe der Besucher etwas sagen und dem Kaiser huldigen konnte, ertönte ein gewaltiges Orgelspiel, der Herrscher erhob sich in die Lüfte, um wenig später in einem völlig anderen, noch großartigeren Kostüm wieder auf seinen Thron herabzusteigen.

Das also war die Stadt: Kunst zum Teil, zum Teil Mystik, ein Zauberkunststück auch, ein wahrhaft orientalisches Kaleidoskop, das die Venezianer an diesem Vormittag erwartete. Für Tausende von Griechen, die heute über die ganzen östlichen Mittelmeerländer verstreut leben, ist dies auch heute noch DIE STADT, denn ein Teil von ihr hat bis in die Gegenwart überlebt. Dieses Konstantinopel von damals lag genau dort, wo heute der Stadtteil Stambul liegt, und so kann man im Geiste auch heute noch dem Triumphzug folgen, der auf dem Hügelrücken dahinzog, der bei den Theodosiuswällen seinen Anfang nahm und bis zum Forum des Konstantin führte. Heute fährt man diesen Weg allerdings eingeklemmt in ein unsägliches Verkehrsgewühl, in dem es von Kleinbussen, die als Sammeltaxi dienen, nur so wimmelt. Diese Busse sind vollgepackt bis obenhin, an ihren Türen hängen die Schaffner und rufen mit rauher Stimme die Haltestellen aus – wahrhaftige Nachfolger der streitbaren Wagenlenker von einst. Man kann den Stumpf der Schlangensäule mitten im Hippodrom noch sehen, er nimmt sich sonderbar, fast unheimlich dort aus. Aus der Hagia Sophia hat man später dann eine Moschee gemacht, heute ist sie ein Museum. Unten an der Küste, hinter einem Autoparkplatz, entdeckt man das verfallene Seetor des Großen Palastes. Die fünf Türme der Heiligen Irenenkirche überragen immer noch die Bäume des Topkapipalastes. An der Stelle, wo

Kreuzfahrer erstürmen Konstantinopel, Gemälde von Delacroix (1798–1863)

einst die Kirche zu den Heiligen Aposteln stand, dieses Vorbild für den Bau des Markusdoms, erhebt sich heute die mächtige Fatehmoschee. Einige allerletzte Mosaike aus der christlichen Vergangenheit lächeln hier zu uns herab. Hier eine Säule und dort ein Obelisk sind die letzten Erinnerungsstücke an den Stolz und die Großartigkeit der Kaiser von einst.

Doch das Leben des alten Byzanz ist entschwunden – begraben und verschüttet unter allzu vielen historischen Schichten.

Übrigens war das damals noch nicht der Untergang Konstantinopels – noch nicht. Die Venezianer waren gezwungen, sich wieder zurückzuziehen, da es den Franzosen, die sich mit den kampferprobten Warägern angelegt hatten, nicht gelungen war, den Verteidigungsgürtel zu durchbrechen. Doch in derselben Nacht noch ergriff Alexios III. die Flucht und setzte sich nach Thrakien ab. So konnten nun die Kreuzfahrer ohne Blutvergießen ihren Anwärter auf den Thron setzen. Nachdem sie den armen geblendeten Isaak aus seinem Kerkerloch befreit hatten und dieser zitternd und völlig verstört ans Tageslicht tauchte, setzten sie Vater und Sohn als gemeinsame Herrscher ein. Dann zogen sie sich mit ihrem Heer wieder an die Galataküste zurück.

Ein echter Erfolg war das nicht, das hat Dandolo vermutlich damals schon erkannt. Der alte Kaiser war senil, sein Sohn unverschämt, und keiner war zufrieden. Der junge Alexios unterließ es, Schwächling, der er war, seinen Verpflichtungen gegenüber den Kreuzfahrern nachzukommen. »Du dummer junger Kerl«, soll Dandolo zu ihm gesagt haben, »wir haben dich aus dem Dreck gezogen, und dahin werden wir dich baldigst wieder zurückstoßen« – es dauerte nicht lange und ein weiterer Thronanwärter erschien auf der Bildfläche. Es war der Großkämmerer Alexios Ducas, auch Murtzuphlos, »der mit den buschigen Augenbrauen« geheissen, denn seine Brauen waren tatsächlich in der Mitte zusammengewachsen. Die Bevölkerung entschied sich unter seiner Führung plötzlich gegen den jungen Alexios. Ein Chaos brach über Konstantinopel herein. Der Mob zerstörte wutentbrannt die Athenaplastik des Phidias, denn sie habe mit ihrem Schild, so behauptete man, der Kreuzfahrerflotte draußen Blinkzeichen gegeben, erst dadurch sei es zur Katastrophe gekommen. Betrunkene Soldaten steckten ganze Stadtviertel in Brand. Kämpfe zwischen den verschiedensten Parteien brachen aus. Murtzuphlos ließ sich in der Hagia Sophia krönen und tat das Gewand des Kaisers an. Dann preschte er auf einem Schimmel durch die Stadt. Der arme alte Isaak segnete endlich das Zeitliche. Ende 1203 fand man den jungen Alexios in seinem Palast – erwürgt. Im Frühjahr 1204 sahen sich die Kreuzfahrer, wie immer angestachelt von den Venezianern, gezwungen, Konstantinopel aufs neue zu erstürmen.

Dieses Mal war es eine Strafexpedition. Wer wo stand, wer der Feind war, das war jetzt klar, und so galten nun die mitleidlosen Gesetze des Krieges. Der Pöbel unter den Kreuzfahrern konnte sich endlich, was seine Blut- und Beutegier anlangte, gehen lassen. Die Venezianer konnten sich für alle Demütigungen, die sie bis dato hatten einstecken müssen, rächen. Zwar war gerade Karwoche, aber das machte den Christuskriegern nichts aus. Drei Wahnsinnstage voller Gewalt, Plünderung, Barbarei, und Byzanz war ein für allemal zerstört, sein altüberkommenes Erbe an Heiligtümern, Glanz und Pracht fast zunichte. Die Beute sollte zwar unter den Armeen gerecht aufgeteilt werden, doch als der Zeitpunkt kam, waren die Soldaten nicht mehr zu halten.

Byzantinischer Kelch, heute in der Schatzkammer von San Marco in Venedig

Sie schlugen alles kaputt, raubten, wo immer es ging, verwüsteten die Stadt nach Lust und Laune. Keine Frau auf der Straße war ihres Lebens mehr sicher, und keine Kirche war heilig genug, um nicht ausgeraubt zu werden. Die größten Kunstschätze aus dem Altertum wurden böswillig und rücksichtslos zerstört. Der Herkules des Lysippos wurde seiner Bronze wegen eingeschmolzen, und das gleiche Los ereilte den Bellerophon auf seinem geflügelten Pferd; die Dienerin der Winde hat man von ihrer Säule gestürzt; und die Konstantinsäule wurde ihres ganzen Kupferkleides beraubt. Die Wölfin von Rom und der Ochsenkopf aus Pergamon wanderten wegen ihres Metallwertes in den Schmelztiegel, und Nicetas' Helena von Troja, dieses göttliche Werk aus einem goldenen Zeitalter, ward nie mehr gesehen.

Die zahllosen Schreine der Stadt wurden rücksichtslos ihrer Reliquien beraubt, die auf diese Weise nach Europa in mannigfache Kirchen, Klöster und Schlösser gelangten. Das mechanische Spielzeug im Großen Palast wurde ebenfalls zerstört. Die kostbaren griechischen Manuskripte der Bibliotheken landeten wie Abfallpapier im Feuer. Die kaiserlichen Gräber hat man plündernd durchgekämmt. Die Mosaikarbeiten, Teppiche und Reliquiare in der Hagia Sophia hat man von den Wänden oder aus ihren Halterungen gerissen, den goldenen Altar in Stücke gehackt. Auf den Thron des Patriarchen, der mitten im Hauptschiff stand, hatten die betrunkenen Soldaten eine angemalte Hure gesetzt – es war wie auf einem Gemälde von Hieronymus Bosch, wie die Dirne da auf ihrem Thron sich zeigte und vor Lachen schier zerplatzen wollte, während die Horde besoffener Soldaten mit schweren Stiefeln im Kirchschiff tanzte, Flaschen und Schwerter schwingend, aber auch Kelche, Ikonen und Fetzen kostbarer Seide – alles obszöne Requisiten ihrer barbarischen Lust.

»Seit Anbeginn der Welt«, schrieb der Marschall von Champagne, »hat man keine solchen Schätze in einer einzigen Stadt versammelt gesehen.« Es gab mehr Reichtum in Konstantinopel, berichtete sein Mitstreiter, der Baron von Flandern, als im ganzen übrigen Europa. Die großen Barone von Frankreich erwiesen sich in bezug auf die Beute, die sie machten, als die raffgierigsten – Ludwig IX. sollte später in Paris die Sainte Chapelle errichten, einzig und allein, um dort die Dornenkrone aufzubewahren. Die Venezianer hingegen waren die bestorganisierten Beutemacher. Sie hielten in ihrem Heer eiserne Disziplin und plünderten im Auftrag – plünderten systematisch im Namen ihres Volkes.

Die Venezianer wußten genau, was sie wollten. Sie erbeuteten das Haupt des heiligen Stephan, das Gegenstück sozusagen zum Fuß des Märtyrers, den sie bereits daheim im Kloster San Giorgio aufbewahrten. Dazu eine Unmenge weniger kostbarer Reliquien, zusammen mit den großartigen goldenen, silbernen oder emaillierten Reliquienschreinen, welche die byzantinischen Kunsthandwerker – sicherlich ohne es zu wollen – für sie geschaffen hatten: Verteilt auf die Kirchen Venedigs, sollten sie den Ruf dieser Stadt als Pilgerstätte noch festigen. Sie entwendeten eine Reihe herrlich emaillierter Kameen aus dem Pantokratorkloster, um ihre Pala d'Oro, ihre Altartafel im Dom zu San Marco, auszuschmücken, auch zwei riesige, mit Schnitzarbeiten geschmückte Türen, mit deren Hilfe sie den Basilikaeingang in der Heimatstadt noch beeindruckender gestalteten.

Sie nahmen zwei reich verzierte Marmorsäulen mit, um damit ihre Piazzetta zu verschönern. Sie erbeuteten eine Vierergruppe kleiner Ritter aus Porphyr, vermutlich römische Tetrarchen darstellend, die kamen einer Ecke des Markusdomes zugute. Und sie schleppten aus allen Stadtteilen Konstantinopels Steine und Paneele zusammen, klassische Bruchstücke, Sockelblöcke von verlorengegangenen Statuen und gemaserte Platten aus Alabaster, die sie ebenfalls auf ihren Schiffen nach Hause verfrachteten, um sie dort in die Textur Venedigs einzubetten.

Aber unter dem Beutegut hatten sie es vor allem auf zwei Kostbarkeiten abgesehen, die später als Symbole für Venedigs Macht und Zukunft stehen sollten. Bei der ersten Kostbarkeit handelte es sich um die wunder-, die siegwirkende Ikone der Nikopeia. Diese Ikone entführten sie aus der Kirche der heiligen Jungfrau, wo sie sich den Gläubigen allwöchentlich offenbart hatte, und verschifften sie nach Hause, wo sie in einer neuen Kapelle innerhalb der Basilika in einem Schrein verwahrt und immer dann hervorgeholt wurde, wenn es darum ging, ein Unheil abzuwenden oder einen Sieg zu feiern. Die zweite Kostbarkeit war jene großartige Quadriga, jenes herrliche Vierergespann von der Kaiserloge im Hippodrom. Diese Pferde befreiten sie von ihrem Zaumzeug, und sie bildeten nun durch die Jahrhunderte hindurch ein Sinnbild für die Unabhängigkeit Venedigs nicht nur von Konstantinopel, sondern auch von allen übrigen Großmächten, von den kleinen gar nicht zu reden – nie wieder sollte der Stadt ein Zaum angelegt werden – was tatsächlich bis zum Ende der Republik nicht geschah.

Dort standen sie nun, die Pferde von San Marco, schauten auf die Piazza hinaus – in der Abenddämmerung leise vor sich hinwiehernd, wie phantasievolle Besucher gelegentlich meinten. Die Art, wie diese Pferde ihren edlen Kopf nach oben werfen, die Art des Muskelspiels ihrer Körper spiegelte unverkennbar diesen stolzen Freiheitswillen wider, der auch der Freiheitswille der Seerepublik war.

Von diesem Tag an war Venedig die wichtigste Schatzkammer byzantinischer Kunst, byzantinischen Kunsthandwerks. Konstantinopel aber war seiner ganzen Herrlichkeiten beraubt. »Oh Stadt, Stadt, Auge aller Städte«, wehklagte Nicetas. »Du hast bis zur Neige den Kelch des Zornes Unseres Herrn getrunken.«

Selbst der tapfere Murtzuphlos ergriff vor diesen Greueln die Flucht, und dieses Mal beschlossen die Anführer des Vierten Kreuzzuges, das byzantinische Imperium selbst in Besitz zu nehmen. Graf Balduin von Flandern wurde in der Hagia Sophia zum ersten Lateinischen Kaiser von Byzanz gekrönt. Dandolo hatte diese Ehre abgelehnt, doch um ein gewisses Gleichgewicht der Kräfte zu erhalten, machte man einen Venezianer aus bester Familia, Tommaso Morosini, zum Lateinischen Patriarchen von Konstantinopel. Von nun an sollten alle Patriarchen Venezianer sein. Morosini war zu jener Zeit lediglich Subdiakon, doch ließ sich das rasch ändern: man weihte ihn auf der Stelle zum Diakon, zwei Wochen später zum Priester, am darauffolgenden Tag zum Bischof, und zum Patriarchen, sowie er in Konstantinopel anlangte).

Alles in allem waren es die Venezianer, die aus der Eroberung Konstantinopels den größten Profit schlugen. Als man sich daran machte, die Gebiete des byzantinischen Reiches unter sich aufzuteilen, da verschaffte sich die Seerepublik auf einen Schlag ein ganzes Imperium. Dandolo interessierte sich allerdings nicht für ein gewaltiges Binnenlandreich – so willigte er in den Vorschlag ein, Griechenland unter die verschiedenen fränkischen Barone aufzuteilen. Dafür lag ihm sehr an der Forderung eines uneingeschränkten Handelsmonopols für Venedig. Die Konkurrenz sollte so wenig Rechte wie möglich eingeräumt bekommen, denn entlang der Handelsrouten errichtete Venedig sein Seeimperium.

Dandolo forderte für seine Stadt gleich den besten Teil von Konstantinopel: den Bezirk um die Hagia Sophia herum, das war der Sitz des Patriarchen, bis hinab zum Goldenen Horn. Darüber hinaus forderte er eine Reihe von Inseln, Festungen und Küstenstreifen, angefangen bei den Dardanellen bis hinüber zur Adria – eine Landnahme, die den venezianischen Seehandel absicherte und überdies bequemer gestaltete. Unter den Landnehmern waren es einzig die Venezianer, die sich in diesen Gewässern wirklich auskannten; sie suchten sich die Gebiete, die sie forderten, sehr sorgfältig aus. Als das Imperium aufgeteilt, der Handel abgeschlossen war, besaß Venedig die meisten ägäischen Inseln, eine Menge Stützpunkte an der griechi-

Hagia Sophia

schen Festlandküste, die ionischen Inseln am südlichen Ausgang der Adria, und die Insel Kreta, von der aus sich die Handelswege nach der Levante kontrollieren ließen. Beinahe alle hervorragenden Häfen des byzantinischen Reiches wurden venezianisch.

Der Rest dieses Reiches geriet zum Zankapfel der verschiedenen Feudalherren und Eroberer. Die Bulgaren nahmen sich einen Teil davon, die exilierten griechischen Kaiser etablierten sich in einem anderen Teil. Die fränkischen Kreuzzugbarone zerstückelten Griechenland – hier das Herzogtum Achaia, dort das Herzogtum von Athen, hier Burgunder, dort Normannen, aber auch (etwas später) Italiener und wieder Griechen und Katalanen aus Spanien ebenfalls, bis am Ende die türkischen Eroberer im Laufe des Mittelalters, immer weiter und weiter vorrückend, diese ganze Kleinstaaterei vom Tisch gewischt und all diese Gebiete ins islamische Reich eingegliedert hatten.

Da die Venezianer mit ihren bescheidenen Mitteln nicht in der Lage waren, all diese neuen Gebiete selbst zu verwalten, ließen sie den Anspruch auf einige Besitztitel zunächst einmal offen, während sie andere Gebiete venezianischen Adligen zu Lehen gaben. Doch vom Rückgrat ihres neuen Seereiches – die Kette von Stützpunkten, die von der Levante bis zur Lagune reichte – ergriffen sie entschlossen selber Besitz. Die Republik entwickelte sich zu einem Imperium, und der Doge ergänzte seine Titel durch den allerklangvollsten, der da lautete »Herr über ein Viertel und ein halbes Viertel des Römischen Reiches«, das heißt – um es weniger kompliziert auszudrücken – über drei Achtel des einstigen byzantinischen Imperiums.

Das war Dandolos Augenblick der Erfüllung. Wahrscheinlich war es gar nicht unwichtig, daß der Herrscher Venedigs in diesen für die Seerepublik so zukunftsträchtigen Tagen an Ort und Stelle war: so nutzte nun er diese Gelegenheit weidlich. Er eignete sich noch einen weiteren Titel an, den des Despoten, und er humpelte, wie wir erfahren, in der Stadt herum, trug dabei die scharlachroten Stiefel eines Kaisers. Er war der wahre Held der Stunde, der Stratege des Feldzuges, der Inspirator des Angriffes, der Beuteverteiler – *Blinder alter Dandolo!* wie Byron ihn apostrophieren sollte, *Oberhaupt in den Achtzigern, Byzanzens erobernder Widersacher!*

Aber nun, achtundachtzig Jahre alt und auf der Höhe seines Triumphes, starb der Mann – wir schreiben das Jahr 1205. Er starb, ohne nach Venedig heimzukehren, und dennoch ist dieser Doge bis heute der berühmteste von allen geblieben – ein überragender Verfechter der venezianischen Sache, ein überragender Schurke in den Augen aller Philhellenen. Man hat ihn, wo auch sonst, in der Hagia Sophia begraben – in einem säulengeschmückten Sarkophag auf dem Südbalkon. Niemand kann genau sagen, was zwei Jahrhunderte später, als Konstantinopel in die Hände der Türken fiel und die Hagia Sophia in eine Moschee umgewandelt wurde, mit den sterblichen Überresten des Alten geschah. Manche behaupten, man habe sie den Hunden vorgeworfen, andere sagen, der venezianische Maler Gentile Bellini habe vom Sultan der Türkei, für den er 1479 einen Auftrag ausführte, die Erlaubnis erhalten, die Gebeine des alten Kriegers, zusammen mit seinem Schwert und seinem Helm, mit nach Venedig heimzunehmen.

Wie dem auch sei, sein Grabstein befindet sich immer noch in der Hagia Sophia, es ist eine glatte, schmucklose, rechteckige Platte, in die man damals mit grober Hand seinen Namen eingraviert hatte. Einmal erwähnte ich einem Bekannten, einem Byzantinisten gegenüber den Dogen, und wie es doch seltsam sei, daß heutzutage niemand auf seinem Kirchenrundgang in der Hagia Sophia diese Grabplatte beachte. Der gelehrte Mann fauchte mich an: »Ich werde sie beachten!« sagte er, »darauf spucken werde ich!«

Es ist richtig, daß Dandolo mit seinen Venezianern mehr als alle anderen zur Zerstörung der byzantinischen Kultur beigetragen hat. Das Lateinische Imperium war freilich nicht von Dauer. Obgleich Murtzuphlos als geblendeter Gefangener nach Konstantinopel zurückkam, wo man ihn sich von einer Säule zu Tode stürzen ließ (»weil man meinte, daß ein so bemerkenswerter Akt der Gerechtigkeit der ganzen Welt vor Augen geführt werden sollte«), war es doch so, daß innerhalb eines halben Jahrhunderts die nächsten griechischen Kaiser auf den Thron gelangten und eine späte Renaissance des byzantinischen Geistes förderten. Aber die Stadt und das Reich wurden nie wieder, was sie einst gewesen waren. Das Feuer war erloschen, das Erbe in alle Winde zerstreut, und als die Türken die Kapitale im fünfzehnten Jahrhundert eroberten, fanden sie sie immer noch halb zerstört vor.

Die Griechen, wo und wann immer sie lebten, haben den Venezianern diese Tragödie, für deren Anstifter sie sie hielten, niemals verziehen. Die Venezianer ihrerseits erwogen sogar,

Das Goldene Horn und Konstantinopel. Alter Stich aus dem 19. Jahrhundert

ihre Kapitale nach Konstantinopel zu verlegen, denn diese Stadt sei »wahrhaft unsere Stadt«, wie es in einem amtlichen Dokument aus der damaligen Zeit hieß; doch sie büßten ihre Oberherrschaft und auch das ihnen zugesprochene Patriarchat ein, als die griechischen Kaiser im Jahr 1261 zurückkehrten. Freilich waren sie deshalb mit der Stadt noch nicht fertig. Zwei weitere Jahrhunderte lang unterhielten sie dort ihre Handelskolonie, und bis zum siebzehnten Jahrhundert bekämpften sie mal diesen, mal jenen Gegner in den umliegenden Gewässern.

Trotzdem haben sie keine Spuren hinterlassen auf der Halbinsel oberhalb des Goldenen Horns. Von dem Venezianerviertel, das Dandolo in Besitz nahm, ist nichts mehr zu sehen. Der überdeckte Basar, der heute Ägyptischer Markt oder Gewürzmarkt heißt, befindet sich genau an der Stelle des ehemaligen Venezianischen Marktes, doch kein Hinweis, kein Anhauch, der einem bedeuten könnte: hier sind sie gewesen, die Venezianer.

Nur manchmal – ist es das Wetter, eine gewisse Assoziationslust oder eine bestimmte Alchemie der Atmosphäre? – nur manchmal, sage ich, liegt in diesem Istanbul von heute ein Hauch von Venedig in der Luft. Vor allem früh morgens, wenn ein leichter Nebel über dem Goldenen Horn hängt und die Schiffe sich durch den Dunst zum Bosporus vorantasten, wenn der Lärm der Kaikis und der Fährschiffe eben anfängt, übers Wasser herüberzudringen, wenn die Basare mit Kaffeeduft und Lastwagengepolter zu neuem Leben erwachen und wenn die Sonne die Spitzen der Minaretts auf dem Hügelrücken von Stambul erfaßt – dann, so meine ich, erhasche ich einen Blick auf jene andere Stadt, in jene andere Zeit hinüber, als es noch die Goldenen Pferde im Hippodrom gab und als im Hintergrund der Basilika noch das kleine Licht brannte – die Gestalt der siegeswirkenden Ikone der Nikopeia beleuchtend.

3. Kapitel

Ägäische Geschichten

Im Archipel – Die Insel des Herzogs – Unruhige Lehensherren – Eine Sehenswürdigkeit – Leben in der Kolonie – Der Verlust Euböas – Über Admiräle – Langsamer Rückzug – Ein allerletzter Stützpunkt – Kapitulation

Bucklig und gesprenkelt, üppig bewachsen oder kahl und steinig, schwer und massig oder leicht und luftig, das sind die Inseln der Ägäis, eine Welt aus vielen kleinen Welten, hingestreut zwischen den Dardanellen und dem Kretischen Meer. Wenn der Bug eines Schiffes die Ägäis durchpflügt, dieses blaue, graue oder abends goldene Meer, dann hat man immer zumindest einige dieser Inseln im Blickfeld – wenn Patmos achtern im Dunst verschwindet, taucht am Horizont schon Amorgos auf, und so geht es immer weiter, ein Mythos schließt sich dem anderen an und im Geiste bevölkert man diese Felsen mit den Göttern, Nymphen, Helden und Seekönigen der ägäischen Sagenwelt.

Die Venezianer nannten diese Inseln ganz allgemein den Archipel, für die märchenhaften Echos aus heidnischer Zeit hatten sie nur wenig übrig. Für die Seerepublik erfüllten diese Inseln einen rein militärischen Zweck – sie dienten als Stützpunkte und Zufluchtsorte entlang den Handelsrouten. Venezianische Kaufleute hatten diese Gewässer nun schon seit Jahrhunderten mit ihren Schiffen befahren, in der Regel lediglich als Durchreisende, doch gelegentlich auch als Handelspartner, indem sie Obst, Salz oder Süßwein an Bord nahmen. Aber riskant waren diese Seereisen immer schon gewesen. In Kriegszeiten konnte sich praktisch jede dieser Inseln in einen feindlichen Stützpunkt verwandeln, aber auch in Friedenszeiten barg die Ägäis eine ganze Menge Gefahren. Dieses Meer war ein wahres Seeräuberparadies. Aus den fast völlig von Land eingeschlossenen Buchten der Insel Lesbos, aus dem hervorragenden, weitläufigen Ankerplatz von Kos, aus versteckten Buchten von unbewohnten Inseln, aus Tausenden von unzugänglichen Schlupfwinkeln tauchten sie plötzlich auf, die Piraten, erpicht auf die Schätze der Kauffahrtei – manchmal unter dem fadenscheinigen Vorwand, einer nationalen oder religiösen Sache zu dienen, meistens aber ganz unverblümt aus reiner Besitzgier.

Byzanz war auch in diesen Breiten der Souverän gewesen, und da die Venezianer zuerst und vor allem Kaufleute zur See waren, die Handelswege nach den Dardanellen also eine enorme Bedeutung für sie besaßen, ging es ihnen nun ganz entscheidend darum, die Seeräuberei in der Ägäis, wenn irgend möglich, zu unterbinden und die Seefahrt in dieser Gegend überhaupt sicherer zu gestalten. Was ihnen freilich niemals gelang. Ihre Rivalen, die Genuesen, bekamen das vor der türkischen Küste gelegene Chios, das sie zum großen Handelsplatz und zum Marinestützpunkt ausbauten. Die Johanniter erhielten Rhodos, viele andere Inseln wechselten durch die Jahre von Besitzer zu Besitzer, vom flüchtig auftauchenden Piraten zum Admiral auf Durchreise. Die griechischen Inselbewohner haßten die Venezianer, denn den Vierten Kreuzzug konnten sie nun doch nicht vergessen. So arbeiteten sie den Feinden Venedigs häufig in die Hand. Und die Türken mit ihren Stützpunkten in Kleinasien brachten die Venezianer im Lauf der Zeit mehr und mehr in Bedrängnis.

Trotzdem gelang es den Venezianern, in zwei Gegenden eine dauerhafte Oberherrschaft zu errichten – zum einen auf Euböa, der größten, in Küstennähe gelegenen Insel in der Ägäis, und zum anderen auf den weit verstreuten Kykladeninseln, die wie Trittsteine von Euböa fort und zum Südeingang der Ägäis führen. Von diesen Inseln flossen wenige Einkünfte nach Venedig, während die Seerepublik ein Vermögen ausgab, um sie zu halten. Sie schaffte das mit Hilfe ihrer Flottenstützpunkte auf Kreta und an der griechischen Festlandküste – fünf Jahrhunderte lang hielten die Venezianer stand, dann, es war im Jahr 1715, wurde in der Inselfestung Exomburgo auf Tinos das letzte Markusbanner eingeholt.

Die Aufteilung des byzantinischen Imperiums unter den Kreuzfahrern erfolgte zunächst nur auf dem Papier. In vielen Teilen des alten Reiches hatten nach wie vor byzantinische Beamte das Sagen. Im Jahr 1205 ging es den Venezianern um die Frage, wie mit ihrem Anteil an der Beute des letzten Kreuzzuges zu verfahren sei, und nun beschloß der neue Doge Pietro Ziani, die Kykladen sozusagen der freien Marktwirtschaft zur Verfügung zu stellen. Jeder venezianische Bürger mit genügend Schiffen, Männern und Kühnheit konnte eine oder mehrere dieser Inseln als Lehen übernehmen, immer vorausgesetzt natürlich, daß die Lehensherren sich auch weiter für die Sache Venedigs einsetzten. Es war vielleicht kein Zufall, daß der erste, der diese Herausforderung annahm, Marin Sanudo war, ein Neffe des verstorbenen Dandolo, der seinem Onkel auf dem Kreuzzug nach Konstantinopel gefolgt war. Dort hatte er zunächst ein Richteramt bei einem der venezianischen Gerichte angenommen. Doch gab er diesen Posten nun sofort auf, musterte ein kleines Abenteurerheer an, rüstete acht Kriegsgaleeren aus, segelte durch die Dardanellen hinüber ins ägäische Meer, besetzte die Kykladen und ließ sich selbst zum Herzog ausrufen.

Theoretisch gesehen war sein Herzogtum ein Lehen des Lateinerreiches in Konstantinopel, doch im Grunde war es venezianisch, das stand von Anfang an außer Zweifel, und so gingen aus diesem Lehen im Lauf der Jahre zahlreiche Regierungsbeamte und Gouverneure des Ostens hervor. Diese Herzöge, die von den Venezianern als die frühesten Herzöge der Christenheit bezeichnet wurden, blieben venezianische Bürger. Im Herzogtum galt das veneziani-

Naxos

sche Recht, und die venezianische Abart des Italienischen war die Amtssprache. Sanudo gab einige seiner zweihundert Inseln seinen Kameraden als Unterlehen, es entstand die Verbindung zwischen den Kykladen und einigen Vertretern berühmtester venezianischer Familien. Enrico Dandolo hatte noch einen anderen Neffen, der nun zum Herrn auf Andros wurde. Ein Foscolo nahm Anafi in Besitz, ein Barozzi ergatterte Thira oder Santorin, Stampalia ging an einen Angehörigen der Querinis, die Brüder Ghisi eigneten sich Tinos und Mykonos an und ein Giustinian machte sich auf Kea breit. Diese Namen sollten in den Annalen der Republik immer wieder auftauchen. Die ferne, südlich vom Peloponnes gelegene Insel Kithira ging an Marco Venier, nur wegen dessen Namen – denn Kithira war der Geburtsort der Venus, und die Veniers hatten, sich auf ihren Namen berufend, immer schon behauptet, sie stammten in direkter Linie von dieser Göttin ab.

Sanudo wählte als seinen Hauptsitz die Insel Naxos. Das war der Ort, wo einst Theseus und Ariadne landeten, nachdem Ariadne Theseus auf Kreta vor dem Minotauros errettet hatte. Das war auch der Ort, wo Theseus seine Ariadne sitzenließ; und der Ort, wo Dionysos, der Gott des Weines, das Licht der Welt erblickte und wo er besagte Ariadne zur Frau nahm. Naxos ist eine der grünsten, eine der lieblichsten Inseln der ganzen Ägäis. Es war kein Leichtes für Sanudo und seine Halsabschneider, diese Insel in Besitz zu nehmen, denn als sie im Jahr 1207 mit ihren Galeeren aus dem Paroskanal heraus vor der kleinen Hauptstadt auftauchten und an dem großen Apollotempel auf seinem Inselchen vorbeirauschten, um danach in einer der Buchten vor Anker zu gehen, da mußten sie doch leider entdecken, daß die Genuesen schon vor ihnen gekommen waren. Diese setzten sich nun tatsächlich so heftig zur Wehr, daß Sanudo zu einem Trick griff, dem wir in den Seefahrtchroniken des öfteren begegnen: um die Hasenherzen in seinen eigenen Reihen zu einer gewissen Kühnheit anzufeuern, ließ er einfach die eigenen Galeeren verbrennen. Wider Willen tollkühn geworden, stürmten die Burschen die Verschanzungen der Genuesen; danach riefen sie Sanudo zum Herzog Marco I. des Archipels aus. Der Papst schickte prompt einen katholischen Erzbischof auf die Insel, und der Tempel des Apollo diente als Steinbruch für den Bau einer zwölftürmigen Zitadelle, des künftigen Sitzes der herzoglichen Herrschaft.

Die Überreste dieses Stützpunktes sind das erste, was uns auffällt, wenn wir – im Kielwasser jener Galeeren sozusagen – in den Hafen der Inselkapitale (sie heißt auf griechisch Chora) hineinfahren. Man hat einen Teil der Gebäude in jüngster Zeit restauriert, und aus einiger Entfernung hat die Zitadelle, wie sie mitten in der Stadt auf ihrem Hügel sich erhebt, etwas Steiles, Unbezwingbares und Massives an sich – sie wirkt ein wenig wie eine Miniaturausgabe des Potala-Palastes in Lhasa. Doch wenn wir an Land gehen und den Hügel hinaufsteigen, dann entdecken wir, daß die Festung etwas eingeigelt erscheint. Die Venezianer blieben, obgleich sie Naxos jahrhundertelang besetzt hielten, Fremde auf der Insel, und sei es nur, weil sie die katholischen Herren einer griechisch-orthodoxen Bevölkerung waren. Das dürfte wohl einer der Gründe dafür sein, daß diese Festung im Herzen der Inselhauptstadt auf eine seltsame Weise nach außen isoliert und nach innen gewandt wirkt.

Wir nähern uns durch ein Labyrinth aus steilen und krummen Straßen, in denen einst, zu venezianischen Zeiten, die griechischen Geschäftsleute, Fischer, Seeleute und Handwerker daheim waren, die sich an den Abhängen der Zitadelle angesiedelt hatten. Es geht hinauf und hinauf, und wir lassen ihn unter uns, den Hafen mit seinem Leben, mit seinem vielsprachigen Stimmengewirr vor den Cafés, wo sich die Rucksackreisenden ein Stelldichein geben, wo die gemieteten Mopeds knattern, das hereinfahrende Fährschiff tutet, Hifi-Musik aus der Discobar an der Ecke heraus dröhnt – weiter hinauf geht es durch blumengeschmückte und von Katzen frequentierte Gäßchen, bis wir, beinahe auf dem Hügel angelangt, ein düster wirkendes, befestigtes Tor, eine eisenbeschlagene Tür, einen dunkelschattigen Torbogen passieren und uns plötzlich im Kastro selbst wiederfinden, dem Herzen des einstigen Herzogtums.

Diese kleine Stadt ist selbst heute noch, da die Sanudos und ihre Nachfolger längst das Zeitliche gesegnet haben, eine katholische Enklave inmitten des griechisch-orthodoxen Glaubens. Still und leer sind die Wege innerhalb der Festungswälle, und hochmütig ragt nach wie vor das venezianische Wappen über verschiedenen Toreingängen. Auf dem Hauptplatz des Kastro begegnen wir den Überresten des herzoglichen Palastes, und in der kleinen katholischen Kathedrale gleich nebenan trifft man an Sonntagvormittagen sogar heute noch gelegentlich späte Nachkommen jener venezianischen Feudalherren, die, gebückt und schwarz gekleidet, dem Gottesdienst im altüberkommenen Stil beiwohnen. Sie leben in Häusern, die man in die Festungswälle der Zitadelle hineingebaut hat. Beneidenswert, wer dort oben auf einer der Dachterrassen sitzt, vor seinem Omelett mit griechischem Salat vielleicht oder vielleicht vor einem Glas mit dem für die Insel typischen Likör – er heißt Kitron, wird aus den Blättern und Früchten des Citrusbaumes gebrannt und steht wahrhaftig in der dionysischen Tradition dieser Insel – zu beneiden also ist, wer sich in einem dieser Adlerhorste der Eroberer niederlassen kann, um von hier aus auf die Gassen hinunterzuschauen, auf die Cafés und Fischerboote der Griechen und auf den gewaltigen, einsam dastehenden Torbogen, das einzige Überbleibsel von Apollos Tempel: wer in den Genuß dieses Ausblicks kommt, der bekommt auch heute noch einen Eindruck von der Hybris des venezianischen Imperiums.

Natürlich haben die Griechen die Arroganz der Venezianer niemals vergessen. Denn war es nicht so, daß sie schon zu Zeiten Homers, als es überhaupt noch kein Venedig gab, hier lebten? Und war es nicht so, daß sie bislang alle Fremdherrschaften überdauert hatten, daß sie am Ende griechischer denn je waren? Bis zur Zeit der Landreformen, die in Griechenland nach dem Zweiten Weltkrieg durchgeführt wurden, setzte sich die Gutsherrenschicht auf Naxos in erster Linie aus den katholischen Nachkommen der Venezianer und ihren latinisierten einheimischen Verbündeten zusammen. Es gab Griechen auf Naxos, die verbittert behaupteten, der Krieg sei erst dann gewonnen worden, als man die Katholiken vom Kastro enteignete. Noch siebeneinhalb Jahrhunderte nach der Ankunft Sanudos und seiner jungen Männer konnte man auf der Insel einem Lebensstil begegnen, der eine klare Zweiteilung zwischen Eroberern und Eroberten erkennen ließ: noch in den fünfziger Jahren lebte auf dem Kastro mindestens eine Familie, deren Angehörige jedes Frühjahr – zusammen mit ihren Hausangestellten, ihren Haustieren und mit Maultieren, die mit dem nötigen Komfort beladen waren – nach ihrem Sommersitz im Inselinneren aufbrachen und in diesem hochherrschaftlichen Aufzug durch die verstaubte Stadt zogen. Diese Besitzungen der Kastrofamilie aber datierten aus der Zeit, als die Galeeren des heiligen Markus hier auftauchten.

Eine turbulente Schar von Duodezfürsten regierte die venezianische Ägäis, stets unter dem wachsamen, zuweilen erstaunten und manchmal erzürnten Blick der Serenissima. Die Chroniken des Archipels sind verworren und überaus blutig, und der einzige rote Faden, der sich durch die Lehensgeschichte und die Geschichte der Dynastien hindurchzieht, ist die wenn auch schattenhafte, so doch ständige Präsenz der Seerepublik, das Bewußtsein, daß ihre Kriegsgaleeren jederzeit am Horizont auftauchen konnten und damit die strenge, wenn auch nicht immer wirksame Herrschaft, die vom Dogen und vom Großen Rat geübt wurde. Manchmal wurde das Eingreifen Venedigs nur mit großem Widerwillen geduldet, ein andermal dann wieder erleichtert begrüßt: »Sie schauen zu unserem Admiral empor«, weiß ein venezianischer Diplomat aus einer besonders schlimm heimgesuchten Kolonie zu berichten, »wie zu einem Messias.«

Der Doge mit seinem Großen Rat. Gemälde aus dem 17. Jahrhundert von Joseph Heinz

Sanudo, seine Kameraden und Nachfolger führten sich manchmal ganz schrecklich auf. Zuweilen glänzten sie auch durch ihre permanente Abwesenheit – so regierte zum Beispiel der Herr auf Andros sein Lehen von seinem Palast in Venedig aus –, doch meistens nahmen sie das Leben als eine Art Spiel in ihren sonnendurchfluteten und sturmgepeitschten Inselreichen. Alle hatten sie ihre Inseln mit Festungen versehen, und häufig führten sie Krieg untereinander: dann gingen ihre winzigen Flotten zwischen den Kaps und Landzungen aufeinander los, und ihre kleinen Armeen versuchten, die Festung des jeweiligen Gegners zu stürmen. Ein Herzog von Naxos hat einmal die Herrin von Mykonos entführt, ein Krieg entbrannte zwischen Syros und Tinos wegen eines Esels, um den man sich stritt.

Der Signoria ging die venezianische Lehensherrschaft in der Ägäis sicher manchmal auf die Nerven, vor allem dann, wenn Nach- oder Erbfolgeprobleme zu lösen waren und Venedigs Urteil eingeholt wurde. Als zum Beispiel im Jahr 1361 der Herzog von Naxos starb, ohne einen Erben zu hinterlassen, mußte die Seerepublik dafür sorgen, daß die Tochter des Herzogs, die noch dazu jung und schön war, nur einen solchen Mann ehelichte, der auch die Interessen Venedigs wahren würde. Aber so unkooperativ war die Dame, und so ungeeignet waren die Heiratskandidaten, daß die Venezianer am Ende eine Kommandotruppe losschickten, die die Tochter auf Naxos kidnappte. Man schaffte sie nach Kreta, dort stellte man ihr einen Verlobten nach venezianischem Gusto vor, einen tapferen und wackeren Militär, in den sich das Mädchen, wie uns versichert wird, sogleich verliebte. Die beiden feierten eine großartige Hochzeit in Venedig und lebten danach glücklich und zufrieden auf ihrer Burg.

Oder zum Beispiel die Schwierigkeiten, die Herzog Niccolò III. der Serenissima bereitete. Dieser Mann war ein so undankbarer Vasall, daß er der Republik doch tatsächlich die Insel

Euböa abzwacken wollte. Er machte sich die venezianischen Herren im selben Maße zum Feinde, wie er seine griechischen Untertanen unterdrückte. Er wurde schließlich von Francesco Crespi, einem Rivalen, der ebenfalls Anspruch auf den Herzogtitel erhob, ins Jenseits befördert. Crespi nahm das Kastro in Besitz und nannte sich von da an Francesco I. Die Venezianer aber, die kriminelle Neigungen und Regierungstalent nicht unbedingt als Widerspruch auffaßten, waren rasch und gerne bereit, den neuen Herzog anzuerkennen.

Dann war da noch dieser Giovanni III., der gegen Ende des fünfzehnten Jahrhunderts lebte. Dieser Mann war nun wirklich bei allen verhaßt. Er ermunterte Piraten, Naxos als Stützpunkt zu benutzen. Er erlegte seinem Völkchen die schlimmsten Steuern auf. Er forderte die Türken unnötig heraus und nahm von den Venezianern nicht die geringste Notiz. Der Erzbischof von Naxos bat die Serenissima um die Absetzung dieses Mannes, doch glücklicherweise wurde den Venezianern ein Eingreifen erspart, da die Naxioten den Burschen selbst ums Leben brachten.

Dann gab es noch diesen Niccolò Adoldo, den Herrn auf Serifos. Dieser Tyrann lebte gewöhnlich in Venedig, doch da er meinte, seine Untertanen würden ihm zuwenig Steuern bezahlen, brach er im Jahr 1397 mit einer Bande kretischer Banditen zu seiner Insel auf, wo er sogleich eine Reihe von Standespersonen gefangennahm und in seine Festung sperrte. Dort ließ er sie foltern, damit sie ihm sagten, wo sie ihr Geld versteckten, doch da aus ihnen nichts herauszukriegen war (vielleicht hatten sie gar kein Geld), stürzte man sie vom Festungswall hinunter in den Tod. Das war dann selbst für die pragmatische Republik zuviel. Adoldo wanderte für zwei Jahre ins Gefängnis, man nahm ihm seine Insel fort und verbot ihm, diese jemals wieder zu betreten. (Was freilich nicht hinderte, daß der Mann erst in hohem Alter starb und mit allen Ehren in der Kirche Santi Simeone e Giuda beigesetzt wurde, denn die hatte eine ansehnliche Schenkung von ihm bekommen.)

Und schließlich war da noch dieser Francesco III., auch der Wahnsinnige Herzog vom Archipel geheißen. Er war ein richtiger Schützling der Signoria, doch entpuppte er sich leider als ein fanatischer Meuchelmörder. Seine Gemahlin erstach er, indem er ihr ein Schwert in den Bauch jagte. Dann versuchte er, seinen elfjährigen Sohn umzubringen. Später fiel er über seine Tante, die Herrin auf Nio, her. Die Venezianer holten ihn nach Kreta, wo sie ihn in Gewahrsam nahmen und wo er dann auch starb. Doch sein Sohn und Nachfolger erwies sich als beinahe genauso schwierig, denn der ließ sich von den Türken gefangennehmen, und später besetzte er doch tatsächlich – gegen den Willen Venedigs – die Insel Paros. Das war nicht allzu schlimm, es dauerte nur noch ein halbes Jahrhundert, bis diese herzogliche Dynastie ausgestorben war. Allerdings besaß jetzt nicht mehr Venedig, sondern ein anderer dieses Herzogtum; der neue Besitzer hieß Josef Nasi, war ein jüdischer Finanzmann und unterstand dem Schutz des Osmanischen Sultans Selim, auch der Säufer geheißen.

Das also war der Lauf der Geschichte in der Ägäis zur Zeit der *Pax Venetica.* Nur wenige Inseln gab es, die kein einziges Mal unter den Machteinfluß des Geflügelten Löwen gerieten. So eng war die Bindung Venedigs an die Ägäis, daß sie sich sogar im Sprachgebrauch niederschlug: der Schwamm, der beinahe schon als ein Symbol für die Ägäis stehen könnte, so weit verbreitet ist er in diesen Gewässern, hieß viele Jahre lang im Griechischen *enetikos,* der Venezianische. Die feudalen Freibeuter oder freibeuterischen Feudalherren hatten sehr bald schon das ganze Gebiet zwischen Tenedos und Karpathos an sich gerissen. Dabei war ihnen jede Schufterei, jede Heirat und jede Schmeichelei recht. So aber konnten die Kaufleute nun von einem venezianischen Hafen zum anderen schippern. Und gelegentlich kamen in einen dieser dürftigen Häfen die Kriegsgaleeren hereingerauscht, mit gewaltigen Ruderschlägen und einem einschüchternden Gepränge, wie bei einem Staatsbesuch von ganz oben. Manchmal nahm die Republik eine Insel auf friedliche Weise unter ihre Fittiche, in anderen Fällen kam es zu heftigen kriegerischen Auseinandersetzungen; aber wie auch immer, sie waren so erfolgreich, daß man bis auf den heutigen Tag in diesen weindunklen Gewässern überall auf Spuren Venedigs stößt.

Selbst auf den Dardanellen erheben sich noch venezianische Festungen an der Küste, und die paar weißen Häuser, die man auf der tief im Süden gelegenen Insel Thira oder Santorin oben auf dem Vulkankamm entdeckt, kann man sich als eine venezianische Stadt ausmalen – eine Stadt, die im neunzehnten Jahrhundert durch ein Erdbeben vernichtet wurde. Auf Syros, dem Mittelpunkt der Kykladen, erhebt sich die venezianische Zitadelle starr und mit einer Kathedrale bekrönt auf einem konischen Berg, während die griechisch-orthodoxe Kirche etwas darunter liegt. Verfallene kleine Burgen auf Andros und Paros, Hafenmolen und dekorative Taubenhäuser, ein katholisches Bistum, das hier, ein protzenhaftes Ritual, das dort überlebte, wappenverzierte Toreinfahrten und spitze Mauerzinnen – das alles sind venezianische Spuren; die wunderbare, kleine Häuserzeile direkt am Hafen in Mykonos – vielleicht die berühmteste und zugleich vertrauteste architektonische Struktur in der ganzen Ägäis – trägt sogar heute noch den Namen Enetika.

Die größte venezianische Besitzung war Euböa, das die Griechen heute Evia nennen und das bei den Venezianern damals Negroponte (Schwarze Brücke) hieß. Evia ist gerade noch eine Insel. Etwa hundertsiebzig Kilometer lang und sechs bis dreißig Kilometer breit, liegt Evia so nahe am griechisch-böotischen Festland, daß der Evripos, der es von diesem trennt, an seiner schmalsten Stelle nur vierzig Meter breit ist. Die erste Brücke über den Evripos wurde bereits 410 v. Chr. gebaut.

An dieser Stelle stand und steht auch heute noch eine Stadt; sie hieß damals ebenfalls Negroponte und trägt heute den Namen Chalkis. Diese Stadt war für die Seerepublik sehr wichtig. Sie war nicht nur ein nützlicher Umschlagplatz für die Waren, die für das griechische Binnenland bestimmt waren, sondern auch eine hervorragende Zwischenstation auf dem Weg zu den Dardanellen. Und sie war ein Flottenstützpunkt, von dem aus die Venezianer die ganze Ägäis beherrschen konnten. Chalkis selbst fiel den Venezianern als ein Teil ihrer Beute nach dem Vierten Kreuzzug zu; später eroberte die Seerepublik den Rest der Insel, und sie baute sie zu einem Bollwerk ihrer Seeherrschaft aus, errichtete an allen strategisch wichtigen Punkten ihre Festungen und setzte einen Magistrat ein, der der wichtigste Vertreter Venedigs in der ganzen Ägäis war. In den Amtsstuben und Gerichtshöfen Euböas liefen die Beschwerden und Rechtsstreitigkeiten von den anderen Inseln ein, und von hier aus brachen die venezianischen Galeeren auf, wenn es darum ging, die wirrköpfigen Vasallen zur Raison zu bringen. Als die griechischen Kaiser im Jahr 1261 nach Konstantinopel zurückkehrten und dem Lateinerreich ein Ende machten, verlegte der Katholische Patriarch seinen Sitz nach Chalkis, so daß nun diese Stadt auch eine Art geistliches Prokonsulat beherbergte.

Chalkis war für die Venezianer in der Ägäis eine Art Aushängeschild. Auf alten Drucken strotzt die Stadt nur so von Türmen und Türmchen, sie ist teils durch einen Burggraben, teils durch einen Seewall rundum befestigt, und man hat sie direkt ans Wasser gebaut. Die Lage der Stadt ist nach wie vor einzigartig. Der Evripos ist eines der Geheimnisse dieser Welt, denn hier wechseln die Strömungen zuweilen bis zu vierzehnmal am Tag die Richtung – ein unheimliches, ein verrücktes Schauspiel. Der Kanal ist hier so eng, daß man das Gefühl hat, die ganze Ägäis werde hier hindurchgepumpt, und so wild drängt sich das Wasser durch den Evripos, daß man sich an einen Sturzbach erinnert fühlt. Selbst heute kann niemand so recht sagen,

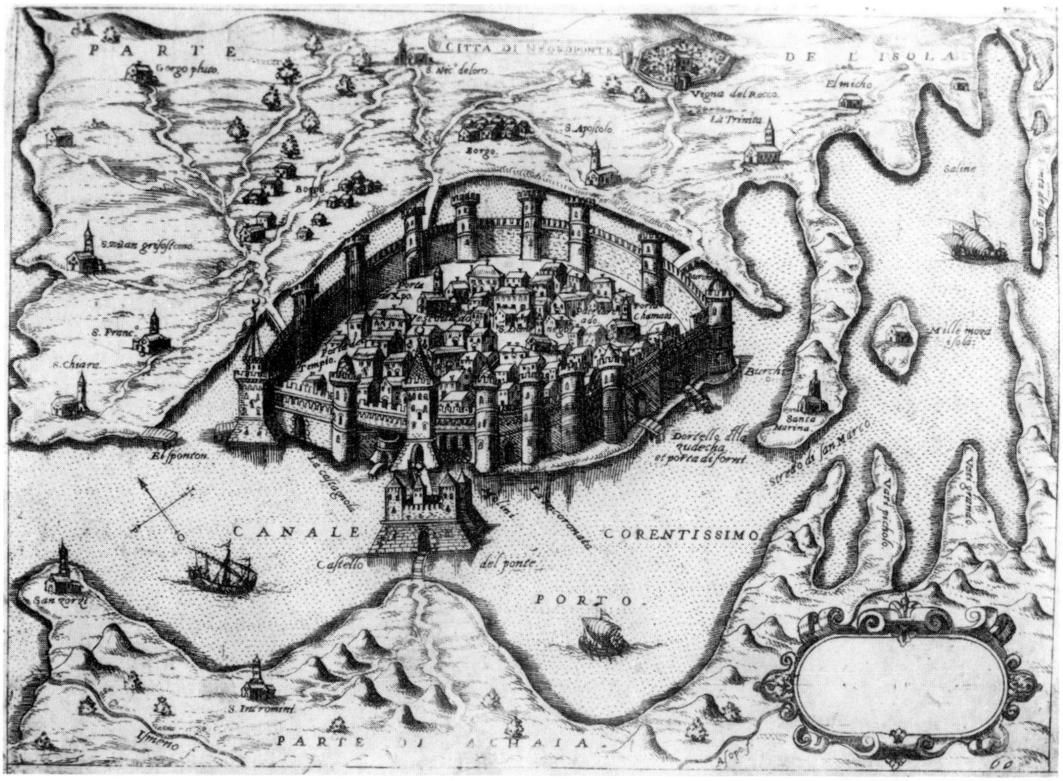

Negroponte, das heutige Chalkis, auf Euböa

weshalb dem so ist. Die Legende erzählt, Aristoteles habe sich, da er das Geheimnis des Evripos nicht zu lüften vermochte, an dieser Stelle ertränkt. Die Venezianer errichteten mitten auf einer doppelten Zugbrücke einen Festungsturm, der zugleich die Grenze ihrer Kolonie markierte. Nach den alten Bildern zu schließen muß dieses Bauwerk recht romantisch ausgesehen haben, und so ungewöhnlich war die Stätte, so faszinierend das Brausen der Strömung, daß sich schon bald Geschichten um sie herum rankten – man erzählte sich von einer verzauberten Festung, bewacht zum Wohl der Venezianer von Feen oder Dämonen.

Jenseits der Brücke, des Brückenturms blühte die Stadt. Neben den venezianischen Herren und der griechischen Bevölkerung beherbergte die Stadt Kolonien von Italienern, Albanern und Juden, und vor dem Stadtwall hatte sich ein Zigeunerclan niedergelassen. Das Bankhaus Andrea Ferro war von Venedig hierherverlegt worden und machte nun prächtige Geldgeschäfte im ganzen fränkischen Griechenland. Die jüdischen Bankiers von Chalkis dienten den leichtlebigen Baronen und verschwendungssüchtigen Duodezfürsten von Theben bis Thira als Rat- und Kreditgeber. Der Patriarch war ein großer Mann in Chalkis, mit riesigen Besitzungen im Inselinneren und Hunderten von Leibeigenen. Die Sankt-Markus-Kathedrale der Stadt war eine der reichsten, üppig beschenkt von der Klosterkirche San Giorgio Maggiore daheim in der Lagunenstadt. Chalkis wurde auf Kosten der Juden stark befestigt und besaß nun zwei Hochseehäfen, auf jeder Seite des Evripos einen.

Im dreizehnten, vierzehnten und fünfzehnten Jahrhundert taucht Euböa immer wieder in den Annalen der Seerepublik auf. Das Amt des Magistrats wurde von herausragenden venezianischen Persönlichkeiten bekleidet, und die Fahne der Kolonie Euböa gehörte zu denjenigen, die bei offiziellen Anlässen an den bronzenen Fahnenmasten vor der Basilika des heiligen Markus in Venedig flatterten. Die Stadt blühte fort und fort, doch als nun das venezianische Seeimperium eine Art Apogäum erreichte, da wendete sich das Glück der Stadt. Die osmanischen Türken waren jetzt bereits tief in Europa eingedrungen und hatten dabei die griechische Nordflanke umgangen. Im Jahr 1453 eroberten sie Konstantinopel, bald danach drängten sie auch nach Griechenland herein, wobei sie eines der wackligen fränkischen Königstümer nach dem anderen zerstörten. Es war nur eine Frage der Zeit, bis sie ihr Augenmerk auf Euböa richteten. Die osmanischen Seeräuber hatten bereits die Frechheit, die Insel selbst heimzusuchen – sie waren auf der Jagd nach Sklaven, nach Beute. Das Leben in den entlegeneren Teilen der Insel wurde so gefährlich, daß einige Inselbewohner eine Petition an den Magistrat richteten, in der sie um die Erlaubnis baten, sich auf die türkische Seite schlagen zu dürfen.

Im Jahr 1458 schickte der Sultan der Türkei – zu der Zeit war es der ebenso großartige wie raubgierige Mohammed II. – dem Magistrat von Chalkis ein Schreiben, in dem er die Bitte äußerte, die Stadt besuchen zu dürfen. Eine ominöse Ankündigung. Die Venezianer waren recht nervös, als dieser Besuch unmittelbar bevorstand. Der Sultan kam, wahrhaftig als Sultan: mit gewaltigem Gefolge und tausend Berittenen erschien er auf dem hohen Bergrücken drüben auf dem Festland und schickte eine höfliche Botschaft in die Stadt hinunter, seine Ankunft stehe unmittelbar bevor. Doch zunächst verbrachte er eine Viertelstunde dort oben auf dem Bergrücken, um sich die Lage genau einzuprägen.

Man hat einen großartigen Ausblick von da oben. Euböa ist eine wilde, eine gebirgige Insel, doch die Bezeichnung Insel stimmt nicht ganz, irgendwie hat diese Landschaft, wie sie sich da zum Horizont hin ausbreitet, Festlandcharakter; die Art und Weise, wie sich der Evripos dort unten bis zum Geht-nicht-mehr verengt, hat fast schon etwas Lächerliches. Obwohl Chalkis keine bedeutende Hafenstadt mehr ist, liegen auf seiner südlichen Reede zahllose Schrottkähne, ausrangierte Frachter und Tanker, man hat den Eindruck, hier sei schon vieles geschehen in der Vergangenheit. Dieser Eindruck wird noch lebendiger, wenn man die Augen zukneift und sich an die Stelle Mohammeds II. versetzt – plötzlich sieht man sie, die Kriegsflotte der Venezianer direkt unter den mächtigen Befestigungswällen, die Rauchwölkchen über der geschäftigen Stadt, die Turmspitzen, Kuppeln und Zinnen, die Schiffe der Kaufleute, die mit geblähten Segeln im Kanal herein und herausfahren.

Die Venezianer eilten dem Sultan entgegen und geleiteten ihn beflissen und überhöflich über die Brücke. Er blieb nicht lange, verabschiedete sich am selben Tag noch, bedankte sich auf weltmännische Art. Vor allem aber benutzte er die Gelegenheit, um die Befestigungsanlagen zu inspizieren. Zwölf Jahre später sollte er Chalkis einen zweiten Besuch abstatten.

Ein Gewitter braute sich zusammen, was die Venezianer freilich nicht hinderte, in ihren verstreuten Lehen und Kolonien ein angenehmes Leben zu führen. Admiräle und Gesandte wurden, wenn sie die Inseln bereisten, mit Bällen und anderen Festivitäten empfangen, »bei denen kein Mangel war an eleganten und anmutigen Damen«. Als die Türken nun von Osten her zur Ägäis hereindrängten, war das für die Kolonialherren noch kein ausreichender Grund, ihren Lebensstil zu ändern.

Kehren wir nach Naxos zurück und folgen jenen Familien vom Kastro auf dem Weg zu ihren Sommersitzen. Auf Naxos läßt sich noch am ehesten nachvollziehen, wie die Venezianer und ihre Untertanen damals, zur Blütezeit ihres ägäischen Reiches, lebten. Naxos hat einen stark tropischen Einschlag, es liegt etwa auf der Höhe von Algier, hat etwas Koloniales. Man sieht Palmen und Feigendisteln. Die Bambusmatten, die die Felder und Weideflächen in Küstennähe vor dem Wind schützen sollen, erinnern einen sonderbar an Sklavenhandel und Zuckerrohrplantagen. In dem üppigen Tal, Tragea geheißen, entpuppt sich die Insel als eine echte Oase, die Hänge sind dicht bestanden mit Olivenhainen, und die alten Turmhäuser in dieser Landschaft erinnern an Festungen in Oman oder Aden. Hie und da bemerkt man einen Weiler, der in diesem Grün beinahe völlig untergeht. Auf dem hohen Berg dort drüben erhebt sich in wachsamer Verlassenheit die venezianische Festung Apano Kastro – seewärts hält sie Ausschau nach Türken und Piraten, landwärts nach Revolten und Rebellionen.

Überresten aus venezianischer Zeit begegnet man überall in dieser idyllischen Landschaft. Am beeindruckendsten sind, so meine ich, die befestigten Klöster, es sind ihrer sechs; sie bezeugen, daß hier nicht nur ein Imperium, sondern auch ein Glaube unter Waffen stand. Eines dieser Klöster liegt an einem Steilhang gleich hinter Chora, es ist weißgetüncht und wird von einigen Nonnen bewohnt. Erstaunlicherweise sieht der Bau fast so aus wie ein trotziger Grenzstützpunkt östlich von Suez. An der Ostküste, ganz oben in einem Tal liegt noch so ein Kloster, eine Ruinenstätte heute, aber immer noch mit einer Atmosphäre, in der man sie förmlich spürt – die Kriegslust der lateinischen Mönche in dieser orthodoxen Landschaft. Dieses Kloster blockiert mit seinem Verteidigungswall den oberen Eingang zu dieser Schlucht. Wer hier heraufkam, der wurde, man kann es sich vorstellen, auf der Stelle mit einem Pfeilhagel und mit siedendem Öl empfangen.

Doch am erinnerungsträchtigsten erschienen uns die Landhäuser, auch sie befestigt, wobei es sich meistens um Turmhäuser (die Griechen nennen sie *pirgoi*) handelte: mit ihren soliden, dicken Mauern und ihren vielen Zinnen im venezianischen Stil stehen sie mitten in ihren Olivenhainen. Trotz ihres wehrhaften Äußeren machen viele unter ihnen einen heiteren, kultivierten Eindruck, und sie erzählen auf eine reizvolle Weise von vergangenen lustvollen Tagen und zügellosen Nächten, wie sie damals im Herzogtum gang und gäbe waren.

Eines dieser Landhäuser liegt, umgeben von den dazugehörigen Ländereien, inmitten der Hügel im Binnenland hinter der Stadt Naxos. Es gibt keinen schöneren Ort in der ganzen Ägäis, um sich für ein paar Stunden fortzuträumen in einem Beifußfeld am Hang oder an dem mit Schilf und Ried gesäumten Wasserlauf, der sich auf dem Talgrund dahinzieht; so könnte man sich die venezianischen Imperialisten in ihren Mußestunden vorstellen.

Hinter dem Haus erhebt sich das Apano Kastro auf einem Felssockel, hinter dem Kastro wiederum ragt der massige, an die tausend Meter hohe Ziaberg in den Himmel, der höchste Berg auf den Kykladen. Vor diesem beeindruckenden Hintergrund bietet unser Haus in seiner Niederung einen friedlichen Anblick, auch wenn es heute nur mehr eine Ruine ist, in der nur noch ein paar Stück Vieh und einige scharrende Hühner hausen, doch seine gelassene Heiterkeit hat es sich bewahrt. Das Haus besteht aus grob behauenem Stein und ist, wenn man so sagen darf, von meisterhafter und zugleich bukolischer Hand entworfen – ein einfaches Haus, geschmackvoll wie ein guter Landwein. Sein Turm ist niedrig, er hat, obwohl in der üblichen Weise bezinnt, nichts Streitbares, die kleine Terrasse, die fast wie eine private Piazzetta wirkt, verleiht dem Haupteingang eine zugleich förmliche und anheimelnde Note. Über der Tür das Relikt eines Wappens, sein Sinn ist heute nicht mehr zu entziffern. Das Innere des Hauses hat nach wie vor eine gewisse feudale Note, und durch die zerstörten Fenster wandert der Blick über den schmutzigen Hof hinaus auf die einstigen Ländereien.

Obstgärten sind um dieses glückliche Haus herum versammelt – Zitronen, Orangen, Mandeln, Äpfel. Knorrige Feigenbäume ringen mit den Gartenmauern. Eidechsen huschen hin und her. Jenseits der Niederung sieht man einige Tauben, die um ihr altes Taubenhaus herum-

Landhaus auf Naxos

fliegen. Hinter dem Haus entdeckt man auf einem Hügelkamm eine kleine Privatkapelle, da blättert der Putz ab, die Mauern sind schief, drinnen ein flackerndes ewiges Licht, ein Flämmchen, jahrein, jahraus am Leben erhalten von den Nachkommen der ehemaligen Leibeigenen.

Doch während das Mauerwerk dieser *pirgoi* im Sonnenschein mürbe wurde, kehrte Mohammed nach Chalkis zurück, dieses Mal freilich mit einer hunderttausend Mann starken Armee und einundzwanzig Kanonen und einer Flotte, die so riesig war, daß ein venezianischer Galeerenkapitän dachte: »Wie ein Wald voller Bäume mitten auf dem Meer.« Was folgte, war eine große venezianische Tragödie – zweihundertfünfzig Jahre nach dem Vierten Kreuzzug: die bösen Vorzeichen mehrten sich.

Was der Verlust von Singapur für die Briten im Jahr 1941 war, war der Verlust von Euböa für die Venezianer im Jahr 1470 – das erste böse Warnsignal, daß kein Imperium ewig dauert. Euböa war der Eckstein des ägäischen Reiches der Seerepublik, und es war eine Schande für die ganze Christenheit, als diese Insel an die Muselmanen fiel. Trotzdem, der Fall dieser Insel, dieser Stadt, scheint vorausbestimmt und unvermeidbar gewesen zu sein. Jeder wußte, was geschehen würde. Der Sultan hatte seine Erkundung längst durchgeführt. Die gewaltige türkische Flotte wurde in Konstantinopel seeklar gemacht, das osmanische Heer eingeschifft. Die Tragödie nahm ihren langsamen, unerbittlichen Verlauf; da war niemand, der zu Hilfe geeilt wäre. »Die Fürsten der Christenheit schauten zu«, so heißt es in einer der Quellen, »als säßen sie im Theater.«

Am 15. Juni 1470 tauchte die türkische Flotte vor Chalkis auf, eine Armee ging an Land, nahe der Stadt. Drei Tage später stieß zu dieser Truppe eine zweite Streitkraft, die über die Festlandberge kam und vom Sultan selbst angeführt wurde – auf gewundenen Wegen stiegen die Soldaten die Berge herunter und strebten dem Ufer des Evripos entgegen. Mohammed wagte es nicht, die Festung über den Kanal und die Zugbrücke hinweg zu erstürmen. Stattdessen leg-

Porträt Mohammed II. (1432–81)

te er im Norden und im Süden je eine Bootsbrücke über die Meerenge, so brachte er seine ganzen Streitkräfte auf die Insel. Chalkis war eingeschlossen. In der Stadt selbst saßen zweitausendfünfhundert Menschen, aber mindestens hunderttausend kampierten vor der Stadtmauer. Doch als der Sultan die Stadt aufforderte, sich zu ergeben, und den Einwohnern Steuerfreiheit für zehn Jahre versprach, da bekam er eine unmißverständliche Abfuhr. Paolo Erizzo und der Magistrat erwiderten, sie würden die türkische Flotte verbrennen und die türkischen Zelte dem Erdboden gleichmachen. Die Männer der Garnison ließen den Sultan wissen, er solle verschwinden und sich doch lieber an Schweinefleisch versuchen. Die Bombardierung setzte noch am gleichen Nachmittag ein, und in der Umgebung hatten die Türken mittlerweile bereits dreitausend Griechen zusammengetrieben, die metzelten sie jetzt unmittelbar vor dem Stadtwall nieder – *pour encourager les autres,* um, wie sie ironisch meinten, die anderen zu ermutigen.

Die Venezianer waren, was ihren Widerstand anlangt, nicht weniger grausam. Als sie in der Stadt einen Verräter aufspürten, einen Kapitän der Artillerie, der den Türken Informationen hatte zukommen lassen, da hängten sie diesen Mann auf der Piazza an einem Bein auf und schnitten seinen Körper in Stücke, die sie mit Hilfe ihrer Kanonen ins Türkenlager hinüberfeuerten. Die Informationen, die die Türken seinerzeit erhalten hatten, wurden jetzt gewissermaßen umgedreht, indem man sie in besonders starke Verteidigungsabschnitte hineinlockte, wo sie erbarmungslos niedergemacht wurden. Eine Reihe türkischer Angriffe schlug man erfolgreich zurück, die Kampfmoral der Verteidiger war hervorragend. Am 11. Juli jubelte man schon, die Stadt sei gerettet – die Wachtposten meldeten eine Flotte von einundsiebzig venezianischen Kriegsschiffen, die von Norden her auf den Evriposkanal zusteuerten.

Es war die Flotte des Admirals Niccolò da Canale, der von Kreta kam. Als der Sultan diese Neuigkeit erfuhr, soll er vor Wut und Enttäuschung in Tränen ausgebrochen sein. Wenn Canale die Bootsbrücken zerstörte, war die Türkenarmee auf der Insel abgeschnitten. Doch unverständlicherweise ging Canale mit seinen Schiffen sechs Meilen nördlich vom Evripos vor Anker. Dort blieb er, ignorierte alle Signale, die man ihm von der Garnison aus zuschickte. Den Vorschlag seiner Offiziere, die Brücken zu rammen, lehnte er ab. Vielleicht beunruhigten ihn die stark wechselnden Strömungen und Gezeiten des Kanals, vielleicht war er auch nur zu feige oder unentschlossen. Wie auch immer, er zögerte zu lange, am Tag darauf eroberten die Türken, sie konnten es selbst kaum glauben, die Stadt Chalkis.

Den Burggraben füllten sie mit Abfällen und Leichen, über diesen stinkenden Damm hinweg stürmten sie gegen die Festung an. Die Garnison setzte sich verzweifelt zur Wehr. Man errichtete Barrikaden in den Straßen. Von den Dächern bombardierten Frauen die Eindringlinge mit Töpfen, Pfannen und kochendem Wasser. Doch drangen die Türken immer weiter in die Stadt vor, bis sie schließlich auf die Piazza gelangten: am 12. Juli mittags war der Kampf zu Ende. Canale sah, wie über den Mauern die türkische Flagge gehißt wurde und fuhr mit seiner Flotte aufs Meer hinaus. Alles, was unter den Stadtbewohnern männlich und über acht Jahre alt war, wurde niedergemetzelt. Die Frauen und Kinder hatten die Sklaverei vor sich. Der Sultan selbst ritt durch die Straßen, das Schwert in der Faust, auf der Suche nach Feiglingen. Die Köpfe der Garnisonsoldaten stapelte man in einem riesigen blutigen Haufen vor dem Palast des Patriarchen.

Erizzo, dem Magistrat und einer Gruppe Frauen und Kinder war es gelungen, durch einen Tunnel aus der Stadt zu fliehen, und nun saßen sie im Turm der Evriposbrücke, hoffend, Canale würde ihnen ein Schiff schicken, auf dem sie fliehen könnten. Doch das Versteck war bald entdeckt, die Türken zwangen ihn, den Turm zu verlassen. Frauen und Kinder wurden auf der Stelle hingerichtet. Ihm selbst hatten die Türken versprochen, daß sie sein Haupt verschonen würden, sie hielten ihr Versprechen: sie banden ihn auf Brettern fest und sägten ihn entzwei. Die rauchende Stadt lag verwüstet am Ufer des Evripos, der Sultan beließ eine Garnison in Chalkis und kehrte nach Konstantinopel zurück. Auch die Türkenflotte, beladen mit Beutegut und Gefangenen, machte sich bald auf den Weg zu den Dardanellen. Canales Schiffe unternahmen auch jetzt nichts, sondern begleiteten die Türkenflotte in allen Ehren, wie ein türkischer Admiral sarkastisch anmerkte, auf ihrem Heimweg. »Sie können dem Dogen ausrichten«, sagte der Großwesir in Konstantinopel zum Gesandten Venedigs, »daß er diese Hochzeit mit dem Meer aufgeben kann. Jetzt sind wir an der Reihe.«

Vom venezianischen Chalkis ist nicht viel übrig geblieben. Den Brückenturm hat man im neunzehnten Jahrhundert, als man dort eine Drehbrücke baute, rücksichtslos zerstört. Nur der untere Teil ist erhalten, darauf montiert eine große Gezeitenskala. Die berühmten Stadtwälle, die der Sultan damals von dem Höhenrücken aus erblickte, standen im Viktorianischen Zeitalter noch. Damals berichtete John Murray in seinem *Handbook to Greece,* die Straßen und Gassen hinter den Wällen seien übersät gewesen mit Kanonenkugeln, die noch von jener Belagerung her datierten, doch im Lauf der Jahre verfiel die Befestigungsanlage oder sie wurde niedergerissen. Die Geflügelten Löwenembleme, mit denen die Wälle geschmückt waren, zerbröckelten nach und nach, als die venezianische Herrschaft der türkischen, die türkische schließlich der griechischen wich, und so wurde, immer unkenntlicher werdend, die einstige Stadt Negroponte ein Stück Vergangenheit.

Im Jahr 1940 schließlich bombardierten die Deutschen im Tiefflug die Schiffe im Hafen, genau den Platz, wo einst die venezianischen Kriegsgaleeren ankerten; die Deutschen trieben die britischen Truppen zum Evriposufer hinaus, so wie die Türken damals ihre Gefangenen zu den Galeeren getrieben hatten, und sie zerstörten, was von den alten Befestigungsanlagen noch geblieben war – endgültig ausradiert war nun die Stadt Negroponte, es blieb nur noch bittere Erinnerung.

Venedig war entsetzt, als es diese Neuigkeiten aus Chalkis erfuhr, es war das schlimmste Unheil, das der Seerepublik bis dahin zugestoßen war. »Unsere Größe war herabgewürdigt«, schrieb ein zeitgenössischer Historiker, »unser Stolz war ausgelöscht.« Der Admiral zur See wurde in Ketten gelegt und nach Venedig geschickt, um sich hier für seine Feigheit vor Gericht zu verantworten: er wurde für immer aus Venedig verbannt, seinen ausstehenden Sold behielt man ein – mit seiner Hilfe hat man einige der bedeutenderen Gefangenen, die nach Konstantinopel verschleppt worden waren, freigekauft.

Armer Canale! Er war zwar kein zweiter Nelson, aber doch ein kultivierter, gebildeter Mann, ein Gelehrter, ein erfahrener Diplomat. Solche Eigenschaften waren unter den Admirälen der venezianischen Flotte nicht ungewöhnlich. Venedigs oligarchisches Herrschaftssystem beförderte zwar immer Adlige zu Seeadmirälen der Republik, die aber nicht unbedingt immer professionelle Seeleute waren. Dieses Prinzip brachte zwar manche Demütigung und Niederlage; aber es sorgte auch dafür, daß die Seerepublik im Lauf der Jahrhunderte einige glänzende Admiräle hervorbrachte. Wenden wir uns doch, um uns von den Greueln in Chalkis zu erholen und den armen, auf seinen Brettern entzweigesägten Erizzo zu vergessen, einigen dieser großen Männer zu.

Ein hervorragender Dilettant zur See war der Admiral Antonio Grimani. Er lebte im fünfzehnten Jahrhundert. Grimani war ein überaus erfolgreicher Finanzmann, ein geschickter Unterhändler, der Vater eines Kardinals, überhaupt eine hochangesehene Persönlichkeit in Venedig. Doch wie Canale, so besaß auch er nicht das Talent für einen guten Admiral. Da er eine Schlacht gegen die Türken verloren hatte, schickte man auch ihn in Ketten nach Hause (es war schon eine besondere Gunst, daß sein eigener Sohn eine der Ketten an sein Bein schließen durfte). Venedig hieß ihn als Verräter willkommen, und volkstümliche Balladen schmähten ihn als »den Ruin der Christenheit«. Er wurde zu lebenslänglicher Verbannung auf der dalmatischen Insel Kres verurteilt, doch stellte er sich am Ende geschickter an als Canale. Er floh nach Rom, und von dort aus setzte er seine Versöhnung mit Venedig auf eine so schlaue Weise ins Werk, daß er im Jahr 1521, er war nun fünfundachtzig, zum Dogen gewählt wurde. So viele Jahre nach seinem schmachvollen Versagen auf See galt er nun offiziell als klarsichtige, überragende, tugendhafte und wertvolle Persönlichkeit, als eine große Hoffnung für die Erhaltung und das Wohl der Seerepublik.

Vettore Pisani hingegen war ein echter Seebär, ein hervorragender Admiral. Seine Männer liebten ihn, er achtete jegliche Autorität gering und scheute vor keinem Gefecht, keiner Schlacht zurück. Admiral Pisani tat sich in den Kriegen gegen Genua hervor, im vierzehnten Jahrhundert. Er war »der Herr und Vater aller Seeleute Venedigs«. Nach einer Niederlage bei Pola in Istrien im Jahr 1379 wurde er verhaftet und vor Gericht gestellt. Er saß bereits sechs Monate lang im Kerker, als die Genuesen das am Südrand der Lagune gelegene Chioggia eroberten und danach Venedig selbst bedrohten. Die venezianischen Seeleute weigerten sich, ohne ihren Admiral zu kämpfen, vierhundert Mann aus den Lagunenstädten, die extra gekommen waren, um unter seiner Führung zu kämpfen, schmissen ihre Fahnen hin und gingen wieder nach Hause – sie protestierten, so schreibt der Chronist, mit gar schrecklichen Worten, so schrecklich, daß sich ihre Niederschrift verbiete. Man ließ also Pisani frei. Als er aus dem Gefängnis trat, brüllte die Menschenmenge hingerissen: »Viva Messer Vettor!« Pisani brachte sie zum Schweigen: »Genug jetzt, meine Söhne«, sagte er, »ruft lieber ›es lebe der Gütige Evangelist San Marco!‹« – so ging er wieder zur See, versammelte die Flotte um sich, schlug die Genuesen, rettete Venedig und starb im Kampf als der Held, der er war.

Ihm gleichwertig und einer seiner Zeitgenossen war Carlo Zeno, ein Mann von ganz anderer Wesensart allerdings. Als Gelehrter, Staatsmann, Soldat, kenntnisreicher Wissenschaftler, Liebhaber der klassischen Künste, Freibeuter und Mann von Welt spielte Carlo Zeno mannigfache Rollen in einem aufregenden Leben. Wir erleben ihn als Theologiestudenten in Padua, als jungen Geistlichen im griechischen Patras, als Kaufmann am Goldenen Horn, als Magistrat von Euböa. Wir erleben ihn als einen der großartigsten Galeerenkapitäne überhaupt: er brandschatzt genuesische Schiffe im ganzen östlichen Mittelmeerraum, schickt ganze Schiffe mit Beutegut nach Kreta zur Versteigerung und erbeutet im Hafen von Rhodos den Schatz aller Schätze – die *Richignona,* das größte genuesische Schiff überhaupt, mit einer Schiffsladung im Wert von einer halben Million Dukaten und einem zusätzlichen Posten von hundertsechzig reichen und lösegeldschweren Kaufleuten.

Und schließlich erleben wir ihn, wie er – auf jene theatralische Weise, die er so liebte – mit seiner Flotte gerade noch rechtzeitig vor Chioggia auftauchte, um zusammen mit Pisani Venedig vor den Genuesen zu retten. Carlo Zeno wanderte einmal wegen einer Verschwörung ins Gefängnis, und einmal fehlten ihm nur einige Stimmen, dann wäre er Doge der Seerepublik geworden. Von seinen zahllosen Seeschlachten trug er Narben am ganzen Körper, aber das Augenlicht blieb ihm bis an sein Lebensende, er mußte niemals Augengläser tragen. Man bestattete ihn, wie es sich gehörte, nicht unweit vom Arsenal, wo man seine Schiffe gebaut hatte, und dort, unter irgendeinem neuen Werftgebäude, vermodern nun die Gebeine dieses großen alten Mannes.

Vittore Cappello aus dem fünfzehnten Jahrhundert zeigte sich wegen der venezianischen Niederlagen in den griechischen Gewässern so verstört, daß ihn fünf Monate lang niemand lächeln sah, und schließlich starb er an gebrochenem Herzen. Benedetto Pesaro hielt sich stän-

Links: Azor Kheyr-ed Din, »Barbarossa« (ca. 1482–1546), der türkische Seeräuber
Rechts: Francesco Morosini (1618–94), venezianischer Admiral

dig eine Mätresse an Bord seines Flaggschiffes, selbst dann noch, als er bereits über siebzig war, auch hatte er die Gewohnheit, widersetzliche Offiziere seiner Flotte auf der Stelle köpfen zu lassen. Der mit ihm verwandte Jacopo Pesaro war nicht bloß Admiral, sondern auch Bischof von Paphos. Cristofero da Canale verfaßte ein Buch über die Marineadministration in Form eines genau ausgearbeiteten, imaginären Dialogs. Seinen vierjährigen Sohn nahm er mit zur See, und später behauptete er von ihm, er habe ihn mit Hilfe von Schiffsbiskuits entwöhnt. Francesco Morosini, dem wir später noch einmal begegnen werden, ging immer von oben bis unten in Rot gekleidet, und er zog in keine Seeschlacht, wenn auf dem Achterdeck nicht seine Katze bei ihm war.

Das waren schon bemerkenswerte Persönlichkeiten, die da die Flotten Venedigs befehligten. Sie verloren annähernd so viele Schlachten wie sie gewannen, sie handelten manchmal verzagt, manchmal wirklich heroisch, sie waren genauso häufig korrupt, wie sie hochherzig waren. Wenige unter ihnen waren offenbar gewöhnliches Mittelmaß, und dem Augenzeugen von damals hat das Herz sicher etwas höher geschlagen und die Geschichte war ihm etwas nähergerückt, wenn er in dem bescheidenen Hafen von Mykonos oder Kea plötzlich einen dieser großen Herren erlebte, wie er unter seinem goldbestickten Banner hereingerauscht kam und an Land schritt.

Doch selbst die Generäle konnten die Ägäis für Venedig nicht halten. Der Verlust Euböas bedeutete zwar nicht gleich den Verlust des ganzen Imperiums, das von den Kykladen bis nach Istrien reichte, doch sah sich die Seerepublik plötzlich ihres Hauptstützpunktes in der Ägäis beraubt, und die anderen Inseln fielen nun ebenfalls eine nach der anderen an die Türken.

Es war ein langsamer und bitterer Prozeß, der sich über zweihundert Jahre hinzog. Manchmal ging es »nur« um schmutzige Erpressung, dann trieben türkische Schiffskapitäne Insel um Insel unerbittlich die sogenannten Schutzgelder ein. Häufiger freilich waren die verübten Greuel. Durch die Generationen hindurch terrorisierten die türkischen Plünderer die Ägäis: sie legten Häfen in Schutt und Asche, verschleppten Inselbewohner zu Tausenden als Sklaven oder Konkubinen, und ganze Bevölkerungen mußten sich Nacht für Nacht hinter Festungswälle flüchten. Der fürchterliche Seeräuber Azor Kheyr-ed-Din (»Barbarossa«) brachte, wenn er eine Insel heimsuchte, zuerst einmal alle Katholiken um. Dann machte er alle Griechen nieder, die jungen Männer machte er zu Galeerensklaven, die Knaben schaffte er nach Konstantinopel. Die Frauen ließ er am Ende vor sich tanzen: er suchte sich die Bestaussehende für seinen Harem aus, die restlichen Frauen verteilte er unter seine Offiziere, und der Häßlichsten und Ältesten, die dann noch übrigblieben, nahm sich das gemeine Fußvolk an.

Die ägäischen Inseln waren, was das Vordringen des Islams nach Europa betrifft, die ungeschütztesten Vorposten des Christentums. Vom sechzehnten Jahrhundert an war Venedig offensichtlich nicht mehr in der Lage, diese Inseln zu halten, und die anderen europäischen Mächte unternahmen ebenfalls nichts in dieser Hinsicht. Herzog Giovanni IV. von Naxos appellierte direkt an den Papst, an Kaiser Karl V., an François I. von Frankreich »und alle anderen christlichen Könige und Fürsten«, aber nichts half, und so wurde er zur regelrechten Marionette der Türken.

Elend und Trostlosigkeit machten sich auf den Inseln breit, und die abgelegeneren unter ihnen verödeten mehr und mehr. Auf der Insel Sifnos, berichtete ein Reisender aus dem fünfzehnten Jahrhundert, lebten praktisch überhaupt keine Menschen mehr; auf Serifos lebten die Menschen in der ständigen Angst vor türkischen Plünderern, und sie fristeten ihr Dasein »wie Tiere«; die Bevölkerung auf Syros ernährte sich nur noch von Johannisbrot und Ziegenfleisch. Die Bauern auf Ios trauten sich morgens erst dann aus ihrer Burg heraus, wenn sich einige alte Weiber vergewissert hatten, daß keine Türken in der Gegend waren. In den *pirgoi*

Links: Mykonos: Häuserzeile am Wasser
Rechts: Venezianisches Taubenhaus auf Tinos

gingen die Lichter aus, in den kleinen Inselkathedralen sang kein Chor mehr, und in einem beinahe schon organischen Prozeß eroberten die Türken eine venezianische Besitzung in der Ägäis nach der anderen.

Ende des siebzehnten Jahrhunderts war – wenn man von der Insel Tinos einmal absah – der Verlust vollständig. Die Inselgriechen hatten ihre katholischen Lehensherren häufig an die Türken verraten, doch auf Tinos waren viele Griechen zum Katholizismus bekehrt worden – manche Griechen nannten Tinos »die Insel des Papstes«. Die Tinioten hielten der Signoria die Treue, und so kam es denn, daß auf diesem Inselchen die venezianische Flagge auch dann noch flatterte, als Euböa bereits seit zweihundertfünfzig Jahren in türkischer Hand war, und als der venezianische Traum von einem Herzogtum in diesem Archipel nur mehr eine romantische Erinnerung war.

Tinos so lange venezianisch – das war freilich kaum der Seerepublik selbst zu verdanken, denn die hatte die Insel auf eine beklagenswerte Weise vernachlässigt. Tinos war unter venezianische Herrschaft im Jahr 1390 gelangt, und zwar auf die Bitte seines damaligen Feudalherrn hin, der ein Nachkomme eines der Gefolgsmänner Sanudos war. Aber die Venezianer zeigten sich von diesem neuen Besitz nicht sonderlich angetan. Sie versteigerten die Insel als Pachtbesitz zunächst an den Meistbietenden. Später gaben sie den Bitten ihrer Bewohner nach, die unter ihren Feudalherren arg gelitten hatten (einer unter ihnen hatte versucht, sie alle auf eine andere unterbevölkerte Insel, die ihm gehörte, zu deportieren) und nun in einer Bittschrift an die Signoria erklärten: »Keine Herrschaft unter unserem Himmel ist so gerecht und gut wie die von Venedig.« Drei Jahrhunderte lang regierten hier venezianische Statthalter, und zwischendurch griff auch die venezianische Flotte als Schutzmacht ein.

Zwischendurch, das soll heißen, daß es den Venezianern niemals gelang, die türkischen Seeräuber und Plünderer ein für allemal zu verjagen. Immer wieder landeten grausame muselmanische Generäle auf der Insel, und sie brandschatzten alle Dörfer und brachten alle Menschen um, deren sie habhaft werden konnten. Allerdings blieben sie nie lange, und oft wurden sie von den Tinioten schmählich in die Flucht geschlagen. Einmal schickte ein vorbeireisender türkischer Admiral dem Statthalter eine Botschaft mit der Forderung, einen hohen Tribut zu entrichten, andernfalls er die gesamte Insel in Schutt und Asche legen würde. Der Statthalter gab dem Pascha Nachricht: er solle nur kommen und sich den Tribut holen. Doch als die türkischen Galeeren in den Hafen hineinfuhren, da fielen – angeführt von dem Statthalter persönlich – an die tausend Tinioten über sie her, die Türken wurden schwer gebeutelt und ergriffen am Ende die Flucht. Tinos erwarb sich den Ruf einer unerschütterlichen Entschlossenheit, es wurde in den Berichten und Chroniken der Venezianer hochgelobt – »eine Rose inmitten von Dornen«, wie einer der Autoren bildhaft schrieb, er hatte dabei sicherlich die immer dornigere Lage in der Ägais im Auge. (Doch die Venezianer hatten noch eine andere Schwäche für Tinos, diese galt den Zwiebeln der Insel, die – wie Äpfel – roh gegessen wurden und angeblich nicht mit dem üblichen Zwiebelgeruch behaftet waren.)

Die Tinioten selbst waren nicht minder stolz auf ihre Loyalität, und bis auf den heutigen Tag ist Tinos eine der katholischsten Inseln des gesamten Archipels. Ein etwas pikantes Faktum, denn Tinos ist zugleich ein Lourdes der griechischen Orthodoxie. Im Jahr 1824 entdeckte man auf der Insel eine Ikone der Heiligen Jungfrau, die unter einer Kapelle begraben lag. Um diese Ikone entwickelte sich ein mächtiger Kult. Zweimal im Jahr strömen nun unzählige Wallfahrer aus ganz Griechenland auf die Insel, und diese wiederum bringen Hunderte von Kranken und Gelähmten mit, in der Hoffnung, sie würden geheilt werden. An Mariä Himmelfahrt im Jahr 1940 wimmelte es auf der Insel nur so von Pilgern, und genau an diesem Tag wurde der griechische Kreuzer *Elli* – vermutlich durch ein italienisches U-Boot – im Hafen versenkt.

Diese Tragödie aber hat sich seither auf eine merkwürdige Weise mit der Geschichte der Ikone vermengt, und so hängen nun überall zwischen den Exvotos und den Heiligenbildern kleine Schiffsmodelle dieses Kreuzers (der in Amerika für die chinesische Kriegsmarine gebaut worden war) zum Verkauf aus – eine ganz hübsch emotionale Ideenassoziation, möchte ich sagen.

Der erste Eindruck von Tinos, sagen wir an einem gewöhnlichen Werktag, ist alles andere als venezianisch. An der weißen Pilgerkirche oberhalb der Stadt machen bärtige Popen die Runde. Frauen in schwarzen Umhängen strömen ins Heiligtum hinein, und durch die offenen Türen der Ikonenkapelle erhascht man einen Blick auf dieses Mysterium aus Kerzen, Weihrauch, Silberschimmer, aus Schatten und Glanz und dunkelhäutigen ekstatischen Gesichtern, auf dieses Mysterium, das die Essenz des orthodoxen Stiles bildet. Der lange, breite Prozessionsweg, der zur Kirche hinaufführt, ist gesäumt mit Buden und Pilgerpensionen, und auf beinahe jedem Souvenir begegnet man dem Abbild der Ikone. Die Stadt Tinos mit ihren Pilger- und Feiertagen, ihren geschäftigen Fährschiffen, ihren motorisierten Kaikis, ihren Schnellbooten, ihren Jachten auf Besuch ist eine rein griechische Stadt. Nur die wunderhübsch verzierten Taubenhäuser am Stadtrand – sie sehen aus wie Zuckerbackwerk – erinnern an die Tatsache, daß einst die Venezianer mit ihrer Vorliebe fürs Frivole und Ungewöhnliche auf dieser Insel lebten.

Erst im Inneren der Insel stößt man auf venezianische Spuren. Der katholische Erzbischof, Nachfolger einer langen Reihe von venezianischen Pfründeninhabern, hat seinen Palast in Xynara, einem Dorf im Binnenland, also ziemlich weit weg von der heiligen Ikone, und die Venezianer bezogen ihr Hauptquartier ebenfalls an einem küstenfern gelegenen Ort. Vom Meer aus kann man dennoch die Anordnung ihrer Siedlung entdecken. Linkerhand vom heutigen Hafen liegt eine Mole mit einigen Ruinen, das war der einstige venezianische Hafen. Im Inneren der Insel trifft man auf weiße Dörfer mit italienisch wirkenden Campaniles, die den Eindruck erwecken, als seien sie aus Venedig verbannt. Jenseits und oberhalb des heutigen Tinos erhebt sich ein fast kegelförmiger Berg, und an seinen Hängen kann man die Überreste der venezianischen Hauptstadt Xomburgo ausmachen – das war der letzte Stützpunkt der Seerepublik in der Ägäis.

Viel ist davon nicht übrig geblieben. In ihrer Blütezeit war die Stadt fast ein Wunder, und die alten Drucke lassen, wenn man ihren Hang zur Übertreibung einmal abzieht, vermuten, daß diese Stadt mit ihrer Festung tatsächlich eine Sehenswürdigkeit war. Der Berg selbst ist zwar nur fünfhundert Meter hoch, dennoch nimmt er sich auf diesen alten Darstellungen wie ein Mount Everest aus, so steil und jäh ragt er gen Himmel. Ganz oben, wie ein Auswuchs des Felsens selbst, befindet sich die Festungsstadt Santa Elena – eine richtige Explosion von Türmen, Mauern, Fahnen. Offenbar uneinnehmbare Befestigungsanlagen führen um den Gipfel herum, und die Insel darunter mit ihren freundlichen Bauernhöfen und den friedlich ankernden Schiffen macht einen abgeschirmten, einen sicheren Eindruck.

Von dieser Festung aus hatten die Venezianer die Insel selbst und das Meer darum herum im Blick – nach Westen sahen sie bis Kea, nach Norden bis Andros, nach Osten bis Chios und Ikaria und nach Süden bis Paros und Naxos. Die Burg besteht heute praktisch nur mehr aus Trümmern, und wären nicht die steilen Stufen hinauf, das Festungstor im Stadtwall und die kleine weißgetünchte Kapelle mit dem brennenden Lämpchen darin, man würde die Zitadelle als solche wohl kaum mehr erkennen.

Vorbei ist der Ruhm, die Tragödie ist geblieben, denn am Ende waren es die Venezianer selbst, die, zahm geworden, die Rose der Ägäis auslieferten und ihrer langen Oberherrschaft in diesen Gewässern selbst ein schmachvolles Ende bereiteten.

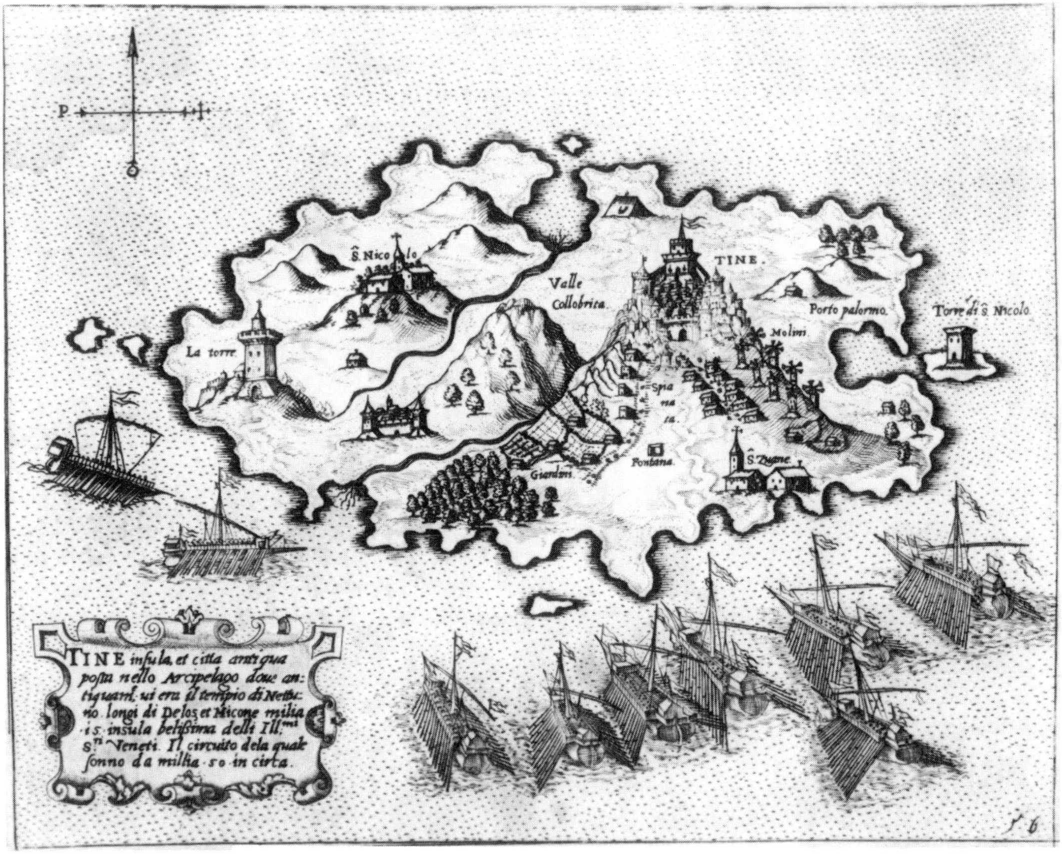

Tinos

Es war ein wahrer Skandal. Ende des siebzehnten Jahrhunderts befanden sich die Verteidigungsanlagen der Insel in einem erbärmlichen Zustand. Der Statthalter mochte zwar noch in seiner Luxusgaleere herumrudern, und die venezianischen Herren zeichneten sich in ihren Häusern auf dem Berg nach wie vor durch ihren aufwendigen Lebensstil aus, doch die Festung selbst, so wußte ein französischer Besucher im Jahre 1700 zu berichten, wurde von nur »vierzehn zerlumpten Soldaten bewacht, darunter sieben französische Deserteure«. Innerhalb der Befestigungsanlagen standen damals an die fünfhundert Häuser, doch so beeindruckend sie dem phantasievollen Zeichner aus der Ferne auch erscheinen mochten, aus der Nähe betrachtet boten sie einen erbärmlichen Anblick. Tinos war schon im Altertum die Insel des Windgottes Äolos, der nun mit seinen scharfen Nordwinden durch diese Steinhäuser fuhr, genauso wie heute diese kalten Winde die Ruinen glattschleifen. Und von dem eben zitierten Franzosen erfahren wir auch noch, daß das Amt des Statthalters auf diesem unkomfortablen und gefährlichen Vorposten des venezianischen Imperiums von denjenigen, die dazu bestallt werden konnten, als eine Schmach empfunden wurde.

Und so kam jener verhängnisvolle Tag, der 5. Juni 1715, als der letzte venezianische Herrscher in der Ägäis weit unten in der Bucht eine türkische Flotte erblickte. Ein trauriger, ein trostloser Augenblick! Es waren fünfundvierzig Kriegsschiffe und genügend Transportschiffe, um fünfundzwanzigtausend Mann an Land zu bringen. Die Inselbewohner packten ihre Waffen und flüchteten zur Burg hinauf. Die Türken gingen vor Anker, und ihre Truppen, ausgerüstet mit Artillerie, Mörsern und Sturmleitern, marschierten inseleinwärts, umgingen den Berg und begannen, von der Landseite her die Festung zu bomardieren. Zunächst wehrte sich die Garnison erbittert, die Türken hatten schwere Verluste zu verzeichnen. Die Verteidiger der Burg verfügten über reichlich Proviant und Munition, und die Griechen waren, wie wir erfahren, fest entschlossen, bis zum bitteren Ende durchzuhalten. Es waren die Venezianer, die klein beigaben. Sie seien, so wird gemutmaßt, bestochen worden, und die ausgehandelten Bedingungen waren beschämend. Alle Venezianer auf der Insel erhielten freies Geleit zugesichert. Die Griechen dagegen mußten bleiben. Bernardo Balbi, der damalige Statthalter, willigte ein, und er und seine Männer durften die Festung verlassen. Unbehelligt stachen sie in See, doch alle ihre Untertanen, die treuesten, die sie je hatten, überließen sie auf Gedeih und Verderb den Türken.

Dies war das Ende der venezianischen Vorherrschaft in der Ägäis, ein Ende, wie es Dandolo, Sanudo und ihre Banditen gewiß nicht vorhergesehen hatten. Als Balbi, beschämt, nach Venedig zurückkehrte, wurde er beschuldigt, von den Türken bestochen worden zu sein und zu lebenslänglicher Haft verurteilt. Seine Offiziere wurden ebenfalls der Käuflichkeit bezichtigt, und als Strafe hat man sie, so wird berichtet, mit flüssigem Silber übergossen. Die Türken sprengten einen Großteil der Festung in die Luft, und die venedigtreuen Griechen der Insel Tinos verschleppten sie in die Sklaverei nach Afrika.

4. Kapitel

Die Große Insel

Die Beschaffenheit der Insel Kreta – Das Feudalsystem – Unruhen – Sonderbare Vorteile – Gemischte Kirchen - Die Belagerung – »Zeit, daß wir fahren«

Im südlichsten Teil der Ägäis liegt wie ein Wellenbrecher die Insel Kreta. Kreta ist eine andere Welt. Ich erblickte die Insel zum erstenmal vom Deck eines Schiffes aus, es war das Ende des Zweiten Weltkrieges, und als wir dort in der dunklen Sudabucht lagen, da hatte ich das Gefühl, als sei der zu Ende gegangene Brand hier noch richtig am Schwelen. Seither hat sich der Tourismus auch in den abgelegensten Winkeln der griechischen Meere breitgemacht, und für Griechenland charakteristische Lebensformen sind von Lemnos bis Korfu ziemlich stark verwässert worden. Doch auf Kreta schwelt es weiter – wir meinen kein Schwelen, das durch einen bestimmten Konflikt entsteht, sondern ein Schwelen, das eng zusammenhängt mit dem heftigen Temperament der Kreter, mit den furchterregenden kretischen Landschaften und der ebenso unbändigen wie grausamen Geschichte dieser Insel.

Kreta ist die viertgrößte Insel im ganzen Mittelmeer, die Griechen nennen sie einfach »Die Große Insel« – eine Insel, die nicht ihresgleichen hat. In wilden Gebirgszügen türmt sie sich aus dem Meer empor, ein kleiner, oftmals sturmgepeitschter Kontinent, der zur Hälfte nicht kultivierbar ist. Kreta ist, mit einer Länge von zweihundertsechzig und einer maximalen Brei-

Kreta: die Venezianer nannten die Insel Candia

te von sechzig Kilometern, gar nicht so groß, wie man meint, aber sein Äußeres ist gewaltig. Der ganze Inselblock ist von Schluchten zerklüftet, die sich mal hierhin, mal dorthin winden, und die tiefen Schatten in den Bergflanken scheinen deren Größe zu verdoppeln, der Eindruck ist furchtbar und großartig zugleich. Kreta ist das glatte Gegenteil von – sagen wir – Mauritius, das Darwin einmal als eine »elegant konstruierte Insel« bezeichnet hat. Kreta ist massiv gebaut und voller Omen und Wunder – nicht umsonst der Geburtsort des Zeus, die Lagerstatt des Minotauros.

Sogar bei Sonnenschein wirkt Kreta furchteinflößend, es fasziniert einen. Im bitteren Winter hat die Insel oft etwas Großartig-Schreckliches. Die Wolken, die sich sonst um die Berggipfel herumdrängen, breiten sich jetzt auf die gesamte Insel aus, und als Regen und Nebel und Sturm jagen sie über die Pässe. Wenn dann manchmal plötzlich die Sonne durchbricht, meint man, die Insel stehe in Flammen. Blutrote Wolken jagen vorbei, der Wind fegt wie ein Düsenjäger die Täler hinauf, und wenn es donnert, dann könnte man meinen, daß eine gewaltige Faust Höhlen in die Felsen hineinschlägt.

Kretas Geschichte ist von gleicher Art. Die minoische Kultur wurde das Opfer einer schrecklichen Naturkatastrophe, dann folgten Jahrhunderte fremder Besatzung – Römer, Araber, Byzantiner. Auf den Kykladen spürt man ständig, daß die heidnischen Götter auch die schlimmste Geopolitik noch überleben, und daß sie vielleicht da draußen am Strand liegen, sich sonnend, oder da drüben auf dem Fährschiff an Deck Gitarre spielen. Kreta ist da ganz anders. Es ist ein Ort, an dem sich eine enorme Kraft staut, aber ohne dieses Kribbeln, dieses Prickeln. Einmal stieg ich zum Geburtsort des Zeus hinauf, zu jener Höhle am Idaberg namens Ideon, und als an diesem grauen Winternachmittag die Dämmerung hereinbrach, da kam mir diese Stätte schrecklich nichtssagend vor. Es war sehr einsam hier oben, und wenn man etwas hörte, dann höchstens das rasche Getrappel von einigen Ziegen. Doch es war nicht diese Ödnis, die mich deprimierte, sondern der Eindruck, daß an dieser heiligsten aller heiligen Stätten, wo, wenn nicht ein Gott, so doch eine großartige Idee das Licht der Welt erblickte, nichts zurückgeblieben war, was einen inspirieren konnte. Kein Numen, keine Magie hafteten dieser Stätte an. Der kretische Wind hatte alles hinweggefegt, und die Höhle war nichts als ein Loch in diesem Gebirge.

Diese furchteinflößende Insel wurde nach dem Vierten Kreuzzug unvermeidlich venezianisch. Zwar hat man sie zunächst Bonifaz von Montferrat zugesprochen, doch die Venezianer kauften ihm – zu einem Spottpreis übrigens – die Insel ab, und die geschlossene Vereinbarung trug die wohltönende Bezeichnung *Refutatio Cretae.* Freilich mußten die Venezianer zuerst einmal die Genuesen verjagen, die bereits von einem Teil der Insel Besitz ergriffen hatten, und es dauerte noch ein gutes Jahrzehnt, bis sie die wahren Herren der Insel waren. Kreta hieß damals noch Candia, und es entwickelte sich nun, vor allem nach dem Verlust Euböas, zum Hauptstück des venezianischen Imperiums im östlichen Mittelmeer. Kreta mit seinen Stützpunkten war nun die Insel, an die sich die weitverstreuten Minikolonien um Schutz und Rat wenden konnten, und die kretischen Häfen waren es, über die der gesamte Handel mit Ägypten und der Levante abgewickelt wurde. Verglichen mit Kreta waren viele andere Besitzungen Venedigs von nebensächlicher Bedeutung, und der im dreizehnten Jahrhundert lebende Doge Reniero Zeno erklärte, die ganze Kraft des venezianischen Imperiums hänge vom Besitz dieser Insel ab.

Kreta ist einer der Knotenpunkte der Welt, hier stoßen Europa, Asien und Afrika aufeinander. Selbst heute noch hat die Insel, obwohl unter griechischer Verwaltung stehend, einen exotischen Einschlag, und Teile von Iraklion, das ist ihre Hauptstadt, erinnern weniger an eine europäische Stadt als an einen Basar. In den engen, menschenüberfüllten Marktgassen, da duftet es nach Gewürzen, da hängen die toten, blutigen Leiber der Tiere, da schimmern und glänzen die Messingwaren, da ist ein ewiges emsiges Klopfen und Hämmern. Dazu dann das Zischen der Shiskebabs in den winzigen Restaurants in noch winzigeren Gassen. Und das Feilschen, das So-tun-als-ob, der falsche Rückzug, ein neuer Preis wird ausgehandelt. All diese Symptome des Orients durchdringen die Stadt, sie verwandeln die ärmlichen Gassen, verleihen ihnen die trostreiche Atmosphäre einer Karawanserei.

Auch das Leben auf dem Lande wirkt manchmal mehr orientalisch als griechisch. Nehmen wir zum Beispiel die kleine Prozession, die da auf dem steinigen Pfad zu uns heruntergestolpert kommt. Das gleiche Bild wäre in Damaskus möglich. Wie Späher kommen als erste die zielbewußten Hunde, es folgt der Hirte auf seinem hübschen Esel, er trägt einen schwarzen, perlenverzierten Turban und schwingt einen Stock in der Luft. Seine Frau hinter ihm geht – weniger majestätisch schon – zu Fuß, sie geht halbverschleiert, hat sich einen schwarzen Schal ums Kinn geschlungen und schleppt ein wahres Sammelsurium an Körben und Taschen mit sich. Ein Gewühle von zahllosen Schafen und Ziegen, ein zerzaustes, flachgesichtiges Pack, das ständig stehenbleibt, entweder um sich zu stoßen, miteinander zu zanken, oder um am Wegrand einige Halme zu fressen oder auch einfach regungslos in die Luft hineinzuschnuppern, und schließlich, am Ende der Schäferjunge, der seinen Hirtenstab über die Schulter gelegt hat und zwei, drei Kühe hinter sich herzieht, dazu ein feines, edles Winken mit der Hand, das aus den schwarzen Zelten der Wüste selbst stammen könnte.

An einem heißen, windstillen Tag an der kretischen Südküste kann es passieren, daß man in der Ferne, dort wo Afrika liegt, Staubwolken zu sehen vermeint, die nun träge übers Lybische Meer herüberziehen. Aber vielleicht sieht man sie wirklich. Es sind lediglich zweihundert Meilen von Kreta nach der afrikanischen Küste, und als die Römer ihr Imperium errichteten, schlossen sie Kreta und die Cyrenaika zu einer Provinz zusammen. Auf Kreta wachsen Bananen. Im neunzehnten Jahrhundert herrschten Ägypter über die Insel, und als im Jahr 1940 die Deutschen einmarschierten, flüchteten Tausende von griechischen und britischen Soldaten auf kleinen Schiffen nach Alexandria.

Die Venezianer erkannten sofort die wichtige geographische Lage der Insel. Keine stürmischen Neffen sollten hier Herrschaft üben dürfen. Kreta sollte eine richtige Kolonie der Seerepublik werden, direkt von Venedig aus regiert, von venezianischen Familien besiedelt, von venezianischen Verwaltungsbeamten organisiert, und ausgestattet mit einem regelrechten Regierungsapparat, an dessen Spitze die Signoria selbst stand – die erste echte Kolonialregierung des *Stato da mar*.

Kreta war ein Abbild der venezianischen Herrschaftsform. Das Oberhaupt der Kolonie war ein Herzog, der Schatten des Dogen, von der Seerepublik für jeweils zwei Jahre ernannt. Diesem Dogen beigegeben waren zwei Berater, und diese drei bildeten die lokale Signoria. Ihnen unterstand ein Großer Rat, bestehend aus venezianischen Adligen, und dieser Rat stellte per eigener Wahl die Vertreter, welche die ständige Ratsversammlung für den Dogen bildeten. Die Insel war, genau wie Venedig, in sechs Verwaltungsbezirke unterteilt, und die wiederum trugen dieselben Namen wie die Bezirke in der Mutterstadt: San Marco, Cannaregio, Dorsoduro, Castello, San Polo, Santa Croce. Und so bewußt handhabte man diese Analogie, daß man die venezianischen Siedler aufforderte, sich auf Kreta in den namensgleichen Bezirken niederzulassen. Die Insel wurde in zweihundert Lehen aufgeteilt, welche großenteils Venezianer für ihre kolonialistischen Leistungen zugesprochen bekamen.

Jedes Lehen hatte seine Leibeigenen, diese waren im allgemeinen arabischer Herkunft und gehörten in der Regel zum Besitz als solchem. Die Leibeigenen konnten zum Militär eingezogen werden, und die Aussicht auf ein feudales Leben auf Kreta hat so manchem ehrgeizigen jungen Venezianer zugesagt. An der Landnahme in Kreta waren einige der bekanntesten und angesehensten venezianischen Familien beteiligt, solche Familien zumeist, die bereits in der Ägäis zugegriffen hatten, und Namen wie Faliero, Foscari, Grimani, Contarini und Morosini verliehen der Siedlerkommune eine aristokratische Aura. Im Jahr 1383 wurden von Venedig zwölf Adlige nach Kreta entsandt, mit der Aufgabe, einen Angehörigen aus einer der Siedlerfamilien nach der Lagunenstadt heimzugeleiten – es war dies Antonio Venier: er war eben zum Dogen der Republik gewählt worden.

Die von Venedig ausgeübte Kontrolle war streng, zumindest der Intention nach, auch wenn eine Seereise von der Lagune nach Kreta gewöhnlich ihre drei Wochen dauerte. Die Signoria in der Mutterstadt hatte den Regierungsapparat bis ins Detail vorausgeplant, und es trafen von Venedig häufig Inspektoren ein, die überprüfen sollten, ob die von Venedig aufgestellten Vorschriften auch befolgt wurden. Jedes Jahr erschien ein Stab von Fachleuten auf der Insel, die *Sapientes* oder Weisen Männer geheißen, um sich eingehend mit den maritimen Problemen der Insel zu befasssen, und in regelmäßigen Abständen kamen die allmächtigen *Provveditori,* eine Art von Superintendenten, angesegelt, um alles neu zu organisieren.

Die Verwaltung war nur auf sich selbst bedacht und infolgedessen nicht sonderlich erbaulich. Kreta wurde einzig und allein zum Vorteil Venedigs regiert. Die Kreter wurden schamlos augebeutet, zu Zwangsarbeit verpflichtet oder gegen die Türken in den Krieg geschickt: »Viele Kreter wurden im letzten Krieg getötet«, berichtete ein venezianischer Beamter 1573 in umgänglichem Ton, »doch in wenigen Jahren wird die Lücke aufgefüllt sein, denn es gibt jetzt viele Kinder im Alter zwischen zehn und fünfzehn Jahren...« Wein war der Hauptexportartikel der Insel, doch als es im Jahr 1584 zu einem Überangebot auf dem internationalen Markt kam, da hat man auf Kreta alle Weinstöcke einfach aus dem Boden gerissen. Statt dessen versuchte man es nun mit Zucker, und die Arbeiter in der Zuckerindustrie waren fast alle Sklaven – Tscherkessen, Armenier, Russen, die im Schwarzen oder speziell im Asowschen Meer von Tartaren an venezianische Seeleute verhökert worden waren. Die Gewinne aus den Plantagen gingen nach Venedig oder zumindest an Venezianer. Außerdem produzierte die Insel noch Weizen, Gerste, Olivenöl, Käse, Baumwolle, Seide und besonders Hölzer für den Schiffsbau. Alle diese Produkte landeten auf dem venezianischen Markt, und die Venezianer machten ein Vermögen. Korruption war an der Tagesordnung: Einer der hauptamtlichen Berater des Herzogs von Kreta wurde im Jahr 1431 wegen Bestechung ins Gefängnis geworfen – »aber was kümmert Fische schon das Gesetz?« rief erzürnt, obschon auch mit Vorurteilen behaftet, Papst Pius II. aus. »Wie unter den rohen Tieren die im Wasser lebenden die geringste Intelligenz aufweisen, so sind unter den Menschen die Venezianer die am wenigsten gerechten, diejenigen auch, die der Menschlichkeit am wenigsten fähig sind...«

Im Lauf der Jahre befestigten die Venezianer die Insel hervorragend. Sie ummauerten ihre drei Städte Iraklion, Chania und Rethymnon, die alle an der Nordküste lagen. Sie errichteten zu Verteidigungszwecken auf den drei gleich vor der Küste liegenden Inseln Gramvousa, Suda und Spinalonga Festungen, und das übrige Kreta statteten sie ebenfalls mit – wenn auch nicht ganz so mächtigen – Burgen aus. Sie machten Iraklion, die östlichst gelegene der drei Städte, zur Hauptstadt. Wohl um Verwirrung zu stiften, nannten sie sie ebenfalls Candia, und so verwandelte sich nun das, was einst ein dürftiges, von den Arabern gegründetes Dorf gewesen war, in ein beeindruckendes koloniales Zentrum. Hier residierte der für je zwei Jahre ernannte Herzog, hier traf sich der venedigferne Adel mit den gewählten Würdenträgern.

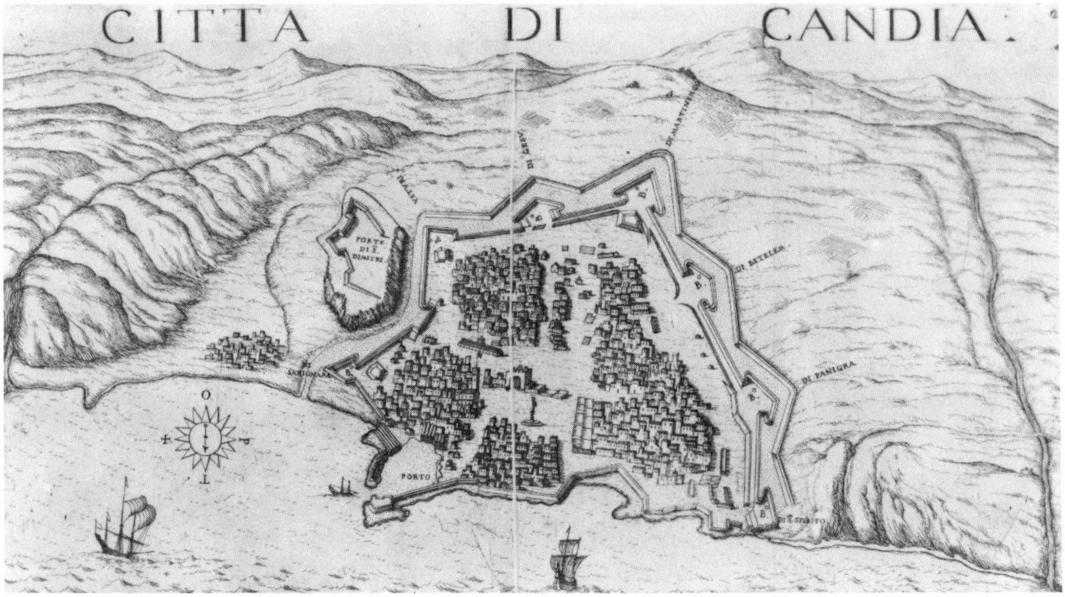

Iraklion, die Hauptstadt von Kreta: die Venezianer befestigten die Stadt mit Wällen, die zum Teil noch erhalten sind

Als großartig kann man Iraklion heute nicht mehr bezeichnen. Die Venezianer würden, in die Gegenwart versetzt, die orientalische Note seiner kleinen Gassen wohl begrüßen, doch sie wären sicherlich entsetzt über die in das Stadtbild hineinbetonierten Häuserblöcke und die schmutzigen Hauptverkehrsstraßen. Trotzdem vermittelt die Stadt nach wie vor einen Eindruck von einstiger Größe – ein Sinnbild hierfür ist die alte, auf unsere Tage überkommene Architektur. Das Stadtzentrum war einst eine Replik auf die imperiale Mutterstadt. Dieses Zentrum nennt sich heute Venizelosplatz: eine einzige Verkehrsverstopfung, ein sagenhaftes Durcheinander, das freilich die einstige Anlage ahnen läßt. An seiner Nordseite stand der herzogliche Palast, Geschäfte und Büros sind heute an seine Stelle getreten, nur einige Arkaden zeugen noch von alter Herrlichkeit – sie waren einst beturmt und bezinnt, dem großartigen venezianischen Vorbild selbst nachgebildet. An seiner Westseite befand sich die Basilika des heiligen Markus, sie war, ähnlich wie in Venedig, die Privatkirche des Herzogs: das Gebäude steht noch, doch verschwunden ist das Emblem des Geflügelten Löwen, verschwunden sind die drei riesigen Fahnenmasten und der Campanile. Um die Ecke liegt das Arsenal, die heutige Stadthalle, und gleich in der Nähe steht die kürzlich renovierte, elegante Loggia, ein ehemaliger Adligenclub und Mittelpunkt gesellschaftlicher Macht, von dessen Balkonen Herolde ihre Bekanntmachungen verkündeten und Herzöge festlichen Umzügen beiwohnten. Darum herumgruppiert befanden sich die heute verschwundenen Häuser der militärischen Befehlshaber zu Land und zur See sowie der mächtige Block des staatlichen Lagerhauses, wo man für den Notfall Getreide speicherte.

Ging man die Straße etwas hinunter, so stieß man auf die Kathedrale des heiligen Titus. Dieser Bau war unter byzantinischer Herrschaft eine orthodoxe Kirche gewesen, doch die Venezianer machten aus ihr den Sitz des katholischen Erzbischofs. Später schickten sie die kostbarste Reliquie dieser Kirche, das Haupt des heiligen Titus, nach Venedig. Die Fahne des heiligen Markus flatterte ständig an ihrem Glockenturm als ein Zeichen dafür, daß dies die Kirche des Staates sei; auf ihrem Friedhof lagen Bischöfe, Herzöge und Generäle begraben. An Weihnachten und Ostern und an den Feiertagen des Heiligen Markus und Titus mußten die Feudalherren der Insel – das war im Lehensvertrag vereinbart worden – in der Kathedrale für den Dogen in Venedig beten, und vor der Kathedrale führte man ein Staatszeremoniell durch. Diese Tituskirche mußte im Jahr 1872 unter den Türken einer Moschee weichen, doch diese Moschee hat man dann später wieder in eine orthodoxe Kirche umgewandelt. Im Jahr 1966 gaben die Venezianer – ihr Gefühl fürs Imperiale war nun endgültig versiegt – das Haupt des Heiligen, immer noch in seinem ursprünglichen Reliquiar, an die orthodoxe Kirche zurück.

Von diesem Kern der Stadt aus führte eine Prunkstraße direkt zum Hafen, und um das Ganze führte eine Ringstraße herum. Jenseits dieser Straße begann das Leben der Stadt zu verebben. Hier stand die Sankt-Georgskaserne für die Soldaten der Stadtgarnison, auch gab es hier viele Mönchs- und Nonnenklöster. Ein jüdisches Getto gab es hier, und die Lücken zwischen alledem wurden gefüllt von Märkten, Geschäften, Basaren sowie den Wohnhäusern der Griechen. Selbst heute noch scheinen die Leute von Iraklion die Lücken zwischen den Amtsgebäuden aufzufüllen, und immer noch steht der Stadtwall, mit dem die Venezianer im sechzehnten Jahrhundert ihre Stadt einschlossen.

Diese Befestigungsanlage ist eine großartige Leistung, ins Werk gesetzt von dem berühmten Michele Sanmichele und bis auf den heutigen Tag ziemlich vollständig erhalten, nur daß hier und da, innerhalb der *enceintes,* arme Leute Wohnung bezogen haben, ihre baufälligen Hütten versperren die Schießscharten, und angebundene Ziegen weiden im Stadtgraben. Tausende von Vögeln nisten an den geschützteren Stellen, sie flitzen hinein und heraus aus ihren Ritzen, wirbeln um die stummen Befestigungstürme herum, und Eidechsen sausen zwischen Kanonenluken und Mauerstreben dahin.

Wenn man um die ganze Anlage herumgeht, geht einem allmählich auf, wie meisterhaft diese Architektur geplant ist: der aus Straßen bestehende strategische Innenring, der wie eine Feuerschneise mitten durch die Häuser schneidet; die mächtigen Ausfalltore – das Sankt Georgstor, das Jesustor, das Pantokratortor; die versteckten Munitionslager und Truppenunterkünfte; und die komplexe Bauweise der Befestigungswälle selbst, bis man schließlich die Nordseite der Stadt erreicht. Von dort blickt man aufs Meer hinaus, unter einem liegt der Hafen von Iraklion mit seinem eigenen Schutzschild, dem Hafendamm.

Auf den Quais stehen die buckligen Schuppen der venezianischen Schiffsbauer, und dort, wo die Mole zu Ende ist, erhebt sich die Festung La Rocca al Mare, letzte Zuflucht und Hintertür der Insel Kreta: gedrungen, kräftig und voller Abwehr steht der Bau dort, der Geflügelte Löwe nach wie vor riesengroß über dem Eingang, und die Zinnen und Wehrgänge weisen nach allen Richtungen, landwärts zu den kretischen Untertanen und seewärts zu den Türken, Griechen, Genuesen und anderen Gefahren des Meeres. *Alle* Verteidigungsmaßnahmen der Venezianer gingen in beide Richtungen, nach außen und nach innen, denn die Kreter verabscheuten die Kolonialherren von Anfang an. Die Kreter sind ein Volk mit einem unglaublichen Selbstbewußtsein, und ihre ganze Geschichte hindurch haben sie auf fremde Einflüsse heftig, unversöhnlich und gewaltsam reagiert. Tod und Grausamkeit sind ein Wesensmerkmal kretischen Lebens, der Zwiespalt zwischen Blut und Angst, die Entscheidung zwischen Freiheit und einem behaglichen Leben.

Beklage nicht den Adler
Der im Regen fliegt
Beklage doch
Den Vogel ohne Flügel

So zumindest lautete eines der kretischen Volkslieder, es beschrieb ihre Sache treffend, genau. Die Kreter führten ein hartes Leben in ihrer wilden Landschaft, doch schlugen sie sich heldenhaft. Sie hielten, wenn nötig, jedem Unwetter stand. Ihre Art, gegen unerwünschte Obrigkeit Widerstand zu leisten, bestand aus einem Gemisch von Arglist, brutaler Gewalt und Kameradschaft. Wenn man heute eine Gruppe Kreter etwas gemeinsam tun sieht, ganz gleich ob sie ihr Getreide dreschen oder einen ihrer faszinierenden Rundtänze – halb Gigue, halb Sarabande – tanzen, dann kommen sie einem unbezwingbar vor in ihrer gemeinsamen Ursprünglichkeit. Diese unbezähmbare Art bedeutet ihnen viel, sie haben ein spezielles Wort für das, was sie als einen Helden ansehen – füt den schnurrbärtigen, beschärpten Aufrührer, der Patronengurte die Menge über der Brust hängen hat und den man immer wieder auf Drukken und in Gestalt von Dorfdenkmälern verewigt hat. Diesen prächtigen Kerl, diesen harten Burschen der Freiheit nennnen sie *palikare,* ihm haben sie in allen ihren Heldensagen ein Loblied gesungen.

In den ersten beiden Jahrhunderten venezianischer Herrschaft gab es auf Kreta nur Rebellion, und die Venezianer lernten sie nur zu gut kennen, diese *palikari* – sie haben, so wurde dieser Menschenschlag von einem Venezianer charakterisiert, Schnurrbärte, riesige Stiefel, eine Menge Waffen und einen starken Ziegenbockgeruch. Die Venezianer zitierten gern den heiligen Paulus, der die Kreter als »Lügner, böse Tiere und faule Bäuche« bezeichnet hatte. Wer neu auf der Insel war, wurde sogleich gewarnt, daß der Biß eines kretischen Weibes fatale Folgen haben konnte und daß ihre Gunstbezeigungen auf eine syphilitische Weise tödlich sein könnten. Die Kreter rebellierten gegen die Venezianer von Anfang an. Einmal sah sich der regierende Herzog gezwungen, aus Iraklion als Frau verkleidet zu flüchten. Bereits nach einem halben Jahrhundert erkannte ein venezianischer Chronist die Bewohner dieser Insel als unverbesserlich – »sie haben immer üble Gefühle gegen Venedig gehegt und ihre Unterwerfung niemals akzeptiert.« So ansteckend war der Geist dieser Insel, daß sich sogar einige venezianische Kolonialherren gegen die Seerepublik selbst auflehnten: ihnen mißfiel, daß man sie aus den Spitzenpositionen in der Regierung ausschloß, und daß sich die Obrigkeit in der Lagunenstadt ständig in ihre Angelegenheiten mischte – eben das, was die Rhodier als den »imperialen Faktor« bezeichneten.

Die Kreter hatten dem alten Byzanz und seiner Kirche unverbrüchlich die Treue gehalten. Die einflußreichen Familien auf der Insel trugen alle berühmte byzantinische Namen. Die Kirche auf Kreta war, was ihre Liturgie und ihren Glauben überhaupt anlangt, streng byzantinisch. Die allmächtigen Priester haßten alles Lateinische. Und so tief hatte sich Konstantinopel in die Erinnerung der Inselbewohner eingegraben, daß kretische Barden in den nun folgenden sechs Jahrhunderten nicht aufhörten, von einer Heimkehr in DIE STADT und von einer Vertreibung der Usurpatoren zu schwärmen. Kein Wunder also, daß die Venezianer, die Byzantium erniedrigt hatten, nicht sonderlich willkommen waren. Revolutionen und Unterdrückungsmaßnahmen lösten einander ab, die Geschichten aus dem venezianischen Kreta sind voll von Grauen.

Einmal hatten sich die Kreter zu einer Verschwörung zusammengeschlossen mit dem Ziel, alle venezianischen Beamten an einem einzigen Tag zu ermorden: der Plan wurde an den Dogen verraten, der alle Verschwörer erdrosseln ließ. Oder: die Venezianer luden einen rebellischen Kreter zu Verhandlungen ein: als der Mann im herzoglichen Palast eintraf, folterte man ihn zuerst, dann packte man ihn in einen Sack und warf ihn ins Meer – der Doge, dem die Leute den Vorwurf machten, er habe diese Aktion in aller Heimlichkeit durchgeführt, erwiderte, es sei ihm lediglich darum gegangen, die Gefühle der Familie des Verschiedenen zu schonen. Und es gab jenen kretischen Anführer, der – das erinnert an Shakespeares Antonius – entdekken mußte, daß sein Aufstand scheitern würde. So befahl er seinem Burschen, er solle ihn töten (was dieser, im Gegensatz zu Eros, dann auch tat). Das Handeln der Kreter wurde bestimmt vom politischen Terror, vom Banditentum und von der Blutrache, und bei den Venezianern erzeugte die Bedrohung Gehässigkeit und Bosheit. Dörfer wurden gebrandschatzt, Geiseln hingerichtet oder zu Hunderten deportiert. Manchmal brachte man die Rebellen dazu, aufeinander Jagd zu machen, und einem Rebellen wurde die Strafe erlassen, wenn er den Kopf eines Aufständischen nach Iraklion brachte. Es wurde im sechzehnten Jahrhundert sogar üblich, daß einem Rebellen nur dann verziehen wurde, wenn der Kopf des Getöteten der eines Kameraden war, der mehr Menschen umgebracht hatte als er selbst – zwei sollten es mindestens sein.

Die schwerwiegendste Rebellion fand im Jahr 1362 statt, als einige von den mächtigen Siedlern Iraklion besetzten, den Herzog verjagten, ihre Bekehrung zum orthodoxen Glauben verkündeten und sich von Venedig lossagten. Von den Kretern begeistert unterstützt, wählten sie einen eigenen Herzog und benannten die Insel in Sankt-Titusrepublik um. Man stellte in Italien ein Söldnerheer zusammen, entsandte eiligst von Naxos und Euböa Truppen nach Kreta, der Papst sprach von einem Heiligen Krieg. Erst nach langen und schrecklichen Kämpfen hatte die Seerepublik ihre alte Machtposition zurückgewonnen.

Der Poet Petrarca weilte während dieses Krieges als Gast der Signoria in Venedig. Die Venezianer nahmen die Neuigkeiten von Kreta sehr betroffen auf – noch nie hatte es in ihrem Reich eine solche Krise gegeben, und die Tatsache, daß so viele venezianische Familien an dieser Revolte beteiligt waren, beunruhigte die Seerepublik zutiefst. Eines Morgens, erzählt uns Petrarca, habe er am Fenster des Hauses an der Riva degli Schiavoni gestanden, wo man ihn als Gast einquartiert hatte. Als er auf die Lagune hinausblickte, habe er plötzlich eine mit Blumen und Girlanden geschmückte Galeere entdeckt, die Besatzung an Deck habe gebrüllt und mit Fahnen gewunken. Das Schiff habe in seinem Kielwasser die Fahnen des besiegten Feindes mitgeschleppt. Eine gewaltige Menschenmenge strömte zur Piazzetta, um dieses Schiff des Sieges willkommen zu heißen. »Als der Botschafter an Land tritt, da werden die Tatsachen schnell bekannt. Der Gegner ist besiegt, überwältigt, gefangengenommen, in die Flucht geschlagen worden; die Bürger der Republik sind gerettet; die Städte sind zum alten Gehorsam zurückgekehrt, Kreta ist wieder ins Joch gespannt«.

Die Lagunenstadt hatte allen Grund zum Feiern. Drei Tage lang fanden auf der Piazza Spiele und Paraden statt. Man ritt Turniere, veranstaltete großartige Banketts. Der König von Zypern, der sich gerade auf der Durchreise in Venedig befand, nahm höchstpersönlich an dem Lanzenstechen teil. Ein solches Spektakel hatte man, so meinte Petrarca begeistert, seit Menschengedenken nicht erlebt. Kreta aber war weit, die Insel lag verödet, und die Rebellen waren, Mann für Mann, hingerichtet worden.

Für die Kreter von heute verwischen sich die alten Feindschaften, denn sie hatten nicht nur die Venezianer zum Feind, sondern auch die Türken, Ägypter, Deutschen. Insgesamt ein trauriges Erbe, das sich im Erinnerungsvermögen dieses Volkes in Form von Geschichten eingegraben hat – Geschichten vom langen Krieg gegen die Serenissima: hier sind zwei davon.

Bei der ersten handelt es sich um eine tragische Allegorie über Jorgo Kandanoleon, einen der kühnsten *palikari*, eine Geschichte, die zum Teil sicher erfunden und erheblich ausge-

Becken von San Marco. Stich aus dem 17. Jahrhundert

schmückt worden ist. Doch hat man sie sich so oft erzählt, daß sie einen eigenen, einen eigenständigen Wahrheitskern entwickelt hat. Sie handelt von einer der letzten Revolten im ersten Jahrzehnt des sechzehnten Jahrhunderts. Die Bewohner des gebirgigen Westkreta weigerten sich damals, irgendwelche Steuern zu bezahlen, setzten die Beamten der Republik vor die Tür und errichteten unter Kandanoleon ihre eigene Revolutionsregierung. Kandanoleon begnügte sich nicht mit einem bloßen Guerillakommando, sondern schuf einen richtigen Verwaltungsapparat. Unterstützt wurde er von einigen der großen Männer Kretas, das heißt Vertretern jener alten byzantinischen Großfamilien, die vor den Venezianern auf der Insel mächtig gewesen waren. Die Herrschaft wurde neu organisiert, Steuern wurden eingetrieben, und ein Großteil des westlichen Kreta war plötzlich ein unabhängiger Staat.

Kandanoleon aber trug sich mit dem Plan, die beiden gegnerischen Mächte auf der Insel auszusöhnen – sein Sohn Petros sollte die Tochter des angesehenen venezianischen Adligen Francesco Molino von Alikianos heiraten. Kandanoleon nahm das Risiko auf sich, wagte sich hinüber auf venezianisches Territorium und unterbreitete Molino persönlich seinen Vorschlag. Der Venezianer schien wider Erwarten einverstanden mit dieser erstaunlichen Ehe. Man tauschte Ringe aus, und die Hochzeit wurde für den Sonntag darauf anberaumt. Es sollte eine ruhige Feier werden, so kam man überein, sie sollte in der auf dem Land gelegenen Festung des Alikianos stattfinden. Die Molinos würden ein paar Freunde aus Iraklion einladen, während Kandanoleon aus seinen Bergen nicht mehr als fünfhundert Kampfgefährten und Verwandte mitbringen sollte.

Es zog, wie es in diesen Geschichten so schön heißt, ein herrlicher Tag herauf. Kandanoleon und Petros trafen, hübsch herausgeputzt, in jener Festung ein, begleitet von dreihundertfünfzig Partisanen und etwa hundert Frauen. Die Festvorbereitungen waren bereits voll im Gange. Hundert Schafe drehten an Spießen, und man stach Fässer voll des schweren kretischen Weines an. Es folgte die Unterzeichnung des Ehekontraktes, das Abkommen war geschlossen. Die ganze Gesellschaft atmete erleichert auf. Die Hochzeitsgäste, vor allem die Kreter, tanzten. Sie tranken, wie Kreter eben trinken, und sie verzehrten alles Fleisch an den Spießen. Als es Nacht wurde, legten sich die Gäste nach und nach zur Ruhe – die einen lagen in der Haupthalle der Festung herum, die anderen draußen im Burghof.

Doch es war alles nur ein Trick, eine Falle; was als eine Allegorie der Versöhnung anfing, endete als ein Symbol des Verrats. Molino hatte das Militärkommando in Iraklion alarmiert, und in der Nacht trafen die Truppen ein. Die eine Kompanie marschierte auf dem Landweg von der Hauptstadt her, die andere kam auf ihren Galeeren, und schließlich war die Burg von fast zweitausend Männern umzingelt. Die Truppen schickten Leuchtraketen gen Himmel, die Signale wurden vom Festungsturm aus beantwortet, dann begann die Erstürmung. Die Kreter wurden gefangengenommen, Kandanoleon in Ketten nach Iraklion gebracht. Dort hängten sie ihn, zusammen mit seinem Sohn, an einem Baum auf, alle anderen Gefangenen wurden erschossen oder ebenfalls gehenkt oder auf die Galeeren geschickt. Ihre Dörfer machten die venezianischen Truppen dem Erdboden gleich. »Männer des Glaubens«, so wußte ein venezianischer Beamter zu berichten, »Männer, die ihren Herrgott und ihre Führer in Ehren hielten, fühlten sich beruhigt und getröstet.«

Die zweite Geschichte handelt von einem bestimmten Ort. Lassithi heißt die Hochebene, die etwa vierzig Kilometer südöstlich von Iraklion liegt und einen Durchmesser von cirka zehn Kilometern hat. Diese beinahe kreisrunde Ebene sieht aus wie ein gewaltiger Vulkankrater, sie findet sich in einer Höhe von vierhundert Metern und ist an allen Seiten umgeben von rauhen Gipfeln. Die Straße führt fort von der Küste, sie windet sich hinauf und hinein in riesige Anhäufungen aus Tonschiefer, Kalkstein und vulkanischen Schlacken. Hier beginnt nun das kretische Hochland, die Luft wird dünner und kühler, die Steine werden spitzer, vom Wegrand geht es, wenn man aufwärts steigt, immer jäher in den Abgrund hinunter. Plötzlich steht man vor einem unheimlichen Wächter, er erhebt sich auf dem Rücken eines Passes, eine Reihe stämmiger, kauernder Steingebilde, die mitten vom Weg aufragen: Sind das Megalithen? Oder Forts? Oder vielleicht minoische Totems?

Es sind Windmühlen, uralte, feindselig herüberstarrende Türme, an manchen hängen die Flügel wie kaputte Arme herunter, und wenn man nun den Pass überquert und den sanfteren Abhang an der anderen Seite hinuntersteigt, der symmetrischen grünen Ebene entgegen, die wie eine Arena dort unten liegt, dann entdeckt man plötzlich, daß die paar Mühlen lediglich eine Art Vorposten waren. Denn wenn man jetzt den Blick wendet, dann sieht man sie – auf jedem Feld, hinter jeder Hütte, die zehntausend Windmühlen von Lassithi, still und regungslos an diesem Wintermorgen oder rasselnd, schwirrend, klappernd und stöhnend, wenn im Sommer der frische Wind von den Bergen herunterfegt.

Beide Geschichten sind ironische Erinnerungen an Venedig. Die Bewohner der Lassithiebene waren – selbst nach kretischen Maßstäben – ein besonders reizbares und freiheitsbewußtes Völkchen. Ihre fruchtbare Heimat mit Getreide, Obst und Gemüse in Mengen lag wegen der hohen Berge abgekapselt vom übrigen Kreta. Doch war die Ebene schon seit heidni-

Frangocastello: die venezianische Festung

scher Vorzeit besiedelt, davon zeugen die vielen alten Orte und die ganze Atmosphäre. Lassithi war ein Bollwerk des kretischen Nationalgefühls und entwickelte sich zum natürlichen Zentrum des Widerstands gegen die Venezianer. Von dieser weitläufigen Mulde inmitten der Berge aus zogen sie los, die Plündererbanden der *palikari* und suchten im Flachland unten die Küsten heim. Es war kein Zufall, daß sie bei dem großen Aufstand im Jahr 1362 eine wichtige Rolle spielten.

Paolo Loredan, der damalige Herzog von Iraklion, wollte diese Unbotmäßigkeit bestraft wissen und befahl, die gesamte Lassithi-Ebene in Schutt und Asche zu legen. Alle Bewohner mußten ihre Heimat verlasssen. Die Obstbäume wurden entwurzelt, die Felder verwüstet, die Dörfer niedergebrannt. Die Bestellung des Bodens dort oben, ja schon das Weidenlassen von Vieh auf den umliegenden Berghängen wurden bestraft – mit dem Verlust eines Fußes. Durch diese Maßnahmen, so berichtete Loredan nach Venedig, ist Kreta »für alle Zukunft außerstand gesetzt, weitere Revolten hervorzubringen.« Lassithi verödete und lag ein Jahrhundert lang völlig verlassen. Auf den einstigen Feldern wucherten nun Unkraut und Gestrüpp, und ein dichter Waldbestand entwickelte sich am Fuß der Berge. Im Sommer lag die Hochebene braun von der Sonne versengt, im Winter verwandelte der Regen dieses kreisrunde Plateau in einen einzigen See. Nur die wildlebenden *agrimi,* die Steinböcke Kretas, durchstreiften ungestört das Gelände. Bei ganzen Generationen von Kretern erweckte der bloße Name Lassithi grimme Erinnerungen und grausame Phantasien.

Doch Kreta war eine Kornkammer für Venedig. Als im Jahr 1463 die Lebensmittel knapp wurden, da sahen sich die Venezianer gezwungen, Lassithi zu neuem Leben zu erwecken. Techniker aus Venedig überzogen die ganze Ebene mit einem Gitter von Entwässerungsgräben, und jedes Feld markierten sie mit einer Steinsäule, wie es schon die Bewässerungsingenieure des Altertums getan hatten. Das Buschwerk wurde gerodet, dann baute man die erste Windmühle, nach und nach stellte sich die alte Fruchtbarkeit der Hochebene wieder ein. Nun wurde der Boden verpachtet, unter der Bedingung, daß ein Drittel der Ernte an den Staat abzuführen sei. Bei den meisten neuen Pächtern handelte es sich um Nachfahren der ursprünglichen Bewohner, doch wollte generationenlang keiner von ihnen sich hier niederlassen – man kampierte lediglich in den Sommermonaten auf den Feldern, fast schon wie Nomaden.

So weckt also auch die Lassithi-Ebene zwiespältige Erinnerungen an die Zeit der Venezianer. Jede Landkarte großen Maßstabs zeigt das geradlinige Gitternetz, mit dessen Hilfe die venezianischen Feldmesser das Land parzellierten, und die Markierungssteine und Gräben, auf die man dort immer noch stößt, erinnern einen ganz sonderbar an die Brentasümpfe oder an die so weit entfernt liegende Lagune der Stadt Venedig selbst. Bis auf den heutigen Tag tragen die Lassithi-Dörfer die Namen ihrer Pächter von damals - Tsermiadho, das Stück Land der Familie Tsermia, Farsaro, das Pachtgut der Farsaris. Sogar heute noch, wenn die Windmühlen, in der Nachmittagshitze zum Beispiel oder früh an einem Wintermorgen, auf ihren Feldern stillstehen, sogar heute noch, sage ich, sieht die Lassithi-Ebene völlig verödet aus. Die kleinen verstreuten Weiler wirken verlassen wie damals, als der Bannfluch auf diesem Land ruhte, nur Ziegen und Geister bewegen sich ungeniert in der Gegend.

Doch war der Zugriff auf Kreta nicht immer so hart, ja in mancher Hinsicht erwies sich der venezianische Einfluß sogar als fruchtbar. Die weltliche Herrschaft der Seerepublik war rigoros, auf geistigem, geistlichem und künstlerischem Gebiet lag die Sache etwas anders. Gerade in

Kretische Dorfkirche, dazu ein ausgemaltes Interieur

Lassithi-Ebene

dieser Zeit gelangte die byzantinische Vorstellungs- und Gestaltungskraft zu neuerlicher Blüte.

Die Venezianer legten zu Beginn ihrer imperialen Epoche eine erschreckende Intoleranz an den Tag, wenn es um kirchliches Brauchtum ging. Morosini, der erste von der Seerepublik »erfundene« Patriarch von Konstantinopel, stolzierte in der Stadt in einem Aufzug herum, der für die Orthodoxen wie ein Schlag ins Gesicht wirken mußte – nicht nur, daß der Mann fein säuberlich rasiert, also bartlos einherschritt, nein, er trug auch noch, wie ein griechischer Chronist zu berichten weiß, »ein Gewand, welches so eng war, daß es wie auf die Haut genäht aussah«. Die ersten lateinischen Priester, die auf den ägäischen Inseln auftauchten, taten alles, um das orthodoxe Brauchtum in Verruf zu bringen, und sie schockierten die Inselbewohner durch ihr allzu diesseitiges Benehmen. Den Griechen war der Glaube der Venezianer noch widerwärtiger als der der Türken – die Türken ließen zumindest die Kirchen aus dem Spiel und versuchten niemanden zu ihrem Glauben zu bekehren.

Als die Venezianer in Kreta auftauchten, beschlagnahmten sie alle Kirchen, dann versuchten sie die griechische Sprache aus der Liturgie zu verbannen. Außerdem setzten sie die griechischen Bischöfe vor die Tür, und die übrige orthodoxe Geistlichkeit mußte sich strikt den lateinischen Prälaten unterordnen. Den drei Städten wurde nur je eine orthodoxe Kirche zugestanden. Aber diese Intoleranz war nicht von Dauer. In manchen Teilen des Imperiums blieben die Antipathien bis zum Ende erhalten, doch auf Kreta lenkten die Venezianer, und sei es auch nur im theologischen Bereich, bald ein.

Zum einen scheiterten ihre Versuche, die Orthodoxie zu vertreiben, ganz kläglich, denn die Bevölkerung lehnte es strikt ab, sich in ihrem Glauben beeinflussen zu lassen. Zum anderen wurden die venezianischen Siedler selbst zusehends hellenisiert. Viele unter ihnen heirateten in orthodoxe Familien hinein, und viele schlossen sich der orthodoxen Kirche an. Zur gleichen Zeit eigneten sich die kretischen Adligen einen zusehends lateinischen Lebensstil an, obgleich sie ihrem Glauben nach griechisch-orthodox blieben. Diese ganze Entwicklung aber lief darauf hinaus, daß sich der venezianische und kretische Landadel zusehends näherkamen. Die schroffen Einstellungen milderten sich nach und nach. Im Jahr 1403 begegnen wir dem Oberkommandierenden von Iraklion, wie er Griechischunterricht nimmt, und auf dem Lande gab es nun gelegentlich Kirchen, in denen *beide* Glaubensbekenntnisse erlaubt waren – die Lateiner hielten ihren Gottesdienst in der einen, die Griechen den ihren in der anderen Hälfte. Im sechzehnten Jahrhundert hatte sich die Lage in ihr Gegenteil verkehrt: alle Geistlichen auf dem Land waren nun wieder orthodox, und die restlichen Katholiken lebten in den venezianischen Vierteln der Städte.

Die Orthodoxie blühte und mit ihr die Kunst. Die kretischen Kirchen mit ihren feinempfundenen Wandgemälden standen fast alle im Schutz der Seerepublik. Versteckt in irgendwelchen Tälern, sich munter auf kleinen Hügeln erhebend oder aus irgendwelchen Dörfern herausragend, so bilden diese Kirchen mit ihrer Landschaftsbezogenheit, ihrer lieblichen Architektur und ihrer großartigen Farbigkeit schon eine Kunstform für sich selbst. Ihr Äußeres ist rundlich, weißgetüncht, es wirkt unschuldig – im Kircheninneren dagegen glühen die Farben, da begegnen wir byzantinischen Fresken, einer eigenartigen Dimension der Malerei, einer rustikalen Freimütigkeit, wie sie nur für Kreta charakteristisch ist. In leuchtenden Farben, die freilich oft schon abblättern, in erstaunlichen Bildern, die freilich durch die Zeit oder durch Glaubensfanatismus oft schon halb zerstört sind, kommen die christlichen Ideen zum Ausdruck: der große Zyklus der Geschichte Jesu, angefangen bei der Geburt, bis zur Himmelfahrt, die erschütternden Vorstellungen von Himmel und Hölle, dazu Wunder und Auferstehungen, Engel und Erzengel, Heilige, Märtyrer, auch wüste Gemetzel, die Wiederkehr Christi – all dies in einer Fülle ausgeschüttet über diese kleinen Landkirchen, so als habe man ein riesiges heiliges Buch in tausend kleine Fetzen gerissen und sie dann auf der ganzen Insel verstreut.

Unter den Künstlern gibt es viele Flüchtlinge. Als die griechischen Kaiser im Jahr 1261 nach Konstantinopel zurückkehrten, begannen dort die byzantinischen Künste und das Kunsthandwerk wieder aufzublühen, doch als die Stadt im Jahr 1453 den Muselmanen endgültig und unwiderruflich in die Hände fiel, da war es – seltsame Ironie – das venezianische Kreta, wohin die besten Künstler, Schriftsteller, Handwerker und Gelehrten flüchteten, dasselbe Kreta, wo die einheimische Bevölkerung so unermüdlich um ihre Unabhängigkeit kämpfte. Die Große Insel, ein sicherer Zufluchtsort zwar, wenn auch nicht sonderlich glücklich unter dem Schutz Venedigs, wurde nun für einige Zeit zum kulturellen Mittelpunkt der gesamten griechischen

Welt: Venedig, das einst erheblich zur Zerstörung Byzanzens beigetragen hatte, nahm sich nun der Männer an, die dieses Byzanz überlebt hatten. Die Flüchtlinge, die nach Kreta kamen, waren zumeist mittellos, und oft waren sie schlichtweg entsetzt: als Gelehrte und begabte Männer kamen sie auf eine Insel, auf der ein Großteil der griechischen Bevölkerung weder lesen noch schreiben konnte, wo es nur wenige Schulen und überhaupt keine Universitäten gab. Doch die Gegenwart Venedigs garantierte eine bildungsfreundliche Atmosphäre, und so förderten diese Männer, was die *palikari* auch immer denken mochten, eine kulturelle Blüte unter dem Banner des heiligen Markus.

Wo bist du her, Schiff, wo bist du hergekommen?
Entfleucht bin ich der schweren Finsternis, dem Unglück,
Dem sturmgepeitschten Hagel, den Blitzen, dem taubmachenden Wind
Ich komme aus der Stadt, die der Blitzstrahl niedergestreckt hat.

Viele von diesen griechischen Gelehrten und ihren Schülern zogen von Kreta aus weiter zu der Lagunenstadt, sie machten aus Venedig eine Schatzkammer klassischer Gelehrsamkeit. Die großartige Aldine-Druckerei, in der der ganze Katalog klassischer griechischer Literatur gedruckt wurde, wäre ohne die kretischen Gelehrten, Redakteure und Künstler undenkbar gewesen. Ein Kreter gründete in Venedig die Kallergis-Druckerei und publizierte die hochgerühmte *Große Etymologie,* ein griechisches Wörterbuch, dem in Zukunft entscheidende Bedeutung zukommen sollte. Kretische Ikonenmaler riefen ihre eigene venezianische Gilde ins Leben. Und Kreter waren es, welche die Scuola di San Niccolò dei Greci mit einer eigenen Kirche begründeten. Der Maler Michael Damaskinos, der im Jahr 1574 von Kreta nach Venedig ging, schuf eine völlig neue Art der Ikonenmalerei, indem er die venezianische Technik des *chiaroscuro* mit den alten byzantinischen Maltraditionen verband.

Der kretische Maler Domenico Theodokopoulos ging noch weiter mit der Verschmelzung der Künste des Abend- und Morgenlandes. Im Alter von fünfundzwanzig Jahren reiste er nach Venedig, von dort nach Rom und Spanien, und indem er auf eine merkwürdige Weise eine Synthese herstellte zwischen seinem kretischen Hintergrund und den Fertigkeiten und Malweisen, mit denen er sich auf seinen Reisen vertraut machte, schuf er am Ende Gemälde, die er als Urheber mit einem neuen Namen signierte – El Greco nannte er sich nun.

Die Venezianer veränderten in den vier Jahrhunderten ihrer Herrschaft das Gesicht Kretas entscheidend. Nicht nur veränderten sie die Landschaften, indem sie die großen Zypressenwälder abholzten, sondern sie bauten auch überall auf der Insel. Selbst im hintersten Winkel der Samariaschlucht noch – es ist dies eine der Sehenswürdigkeiten Europas, ein düsterer Engpaß, etwa fünfzehn Kilometer lang, mit einer Tiefe von etwa fünfhundert und einer Breite von machmal nur drei Metern. Ganz still ist es hier, und man hört ab und zu nur das Bimmeln einiger Schafglocken, das Prasseln herunterstürzender Steine und das heisere Kreischen irgendwelcher Vögel –, selbst also in der Tiefe dieser Schlucht haben die Venezianer ein Dörfchen mit Namen Santa Maria gebaut und danach die ganze Klamm benannt.

Manche der von den Venezianern hinterlassenen Bauwerke sind ein höchst vergnüglicher Anblick und wirken auf dem düsteren kretischen Hintergrund wie lebendige Farbtupfen. Vor allem Springbrunnen heißen einen mit einem ungewöhnlichen *brio* willkommen. Auf dem Dorfplatz in Spili nicht unweit von der Südküste speien neunzehn Löwen mit gelockten Mähnen das Wasser in den Dorfbrunnen, es schäumt und sprudelt, und der Anblick ist um so vergnüglicher, als die ganze Umgebung steinig und irgendwie kropfig wirkt. In dem hoch oben an der Lehne eines kahlen Berges gelegenen Kloster Vrondisi entdecken wir einen Brunnen mit einem heute kopflosen Pärchen aus dem Garten Eden, einer molligen, aber nicht ungefälligen Eva und einem hageren, aber virilen Adam. Der Arimondibrunnen in Rethymnon besteht aus korinthischen Säulen und drei Löwenköpfen – ein köstlich plätscherndes Monument mitten in der Stadt, wo alte Weiber morgens immer noch ihr Wasser holen gehen, das Geräusch des sprudelnden Wassers ist ein wohltuendes Erlebnis inmitten des Verkehrslärms. Im Zentrum der alten venezianischen Hauptstadt, auf dem Venizelosplatz selbst, da steht jener üppige Brunnen, erbaut im Jahr 1628 vom Herzog Francesco Morosini, getragen von grimassierenden Löwen, über und über bedeckt mit mythologischen Reliefs und mit Wasser gespeist über eine besondere Wasserleitung, die etwa zwanzig Kilometer lang von den Berghängen hinter der Stadt heruntersteigt.

Arkadi, das berühmteste Kloster auf ganz Kreta, ist eine weitere fröhliche Überraschung aus venezianischer Zeit. Dieses Kloster wurde von seinem Abt und den Mönchen während eines Aufstands im Jahr 1866 in die Luft gesprengt, um seine Eroberung durch die Türken zu verhindern; es ist heute ein Nationaldenkmal, eine Art Walhalla der *palikari,* und so, wie es sich dort oben auf seiner Hochebene erhebt, meint man, immer noch etwas von dem Geruch der Detonation zu spüren. Das Äußere dieses Klosters hat etwas Düsteres, doch wenn man durch den Haupteingang hineingeht und aus seinem dunklen Schatten in den Klosterhof hinaustritt, erwartet einen ein phantastischer Anblick: denn inmitten dieses doch etwas heruntergekommenen Innenhofes steht eine Kirche, so heiter und unterhaltsam, so erfinderisch und subtil, daß sie, ein unentdecktes Wunder, auf einem der weniger bekannten Plätze von Venedig selbst stehen könnte. Arkadi wurde im Jahr 1657 erbaut, also fast am Ende der venezianischen Herrschaft auf Kreta. Dieses Kloster mit seiner frohgestimmten Mischung aus klassischer und barocker Phantasie ist das heiterste Bauwerk, das uns aus venezianischer Zeit überkommen ist – ein ganz und gar italienisch anmutender Bau, von Anfang an aber dem griechisch-orthodoxen Ritual geweiht.

Dies sind freilich nur hübsche Verzierungen, Ornamente. Die mächtigen Festungswälle, Türme und Burggräben sind ein getreueres Sinnbild der langen Besatzungszeit. Die drei kretischen Städte weisen nach wie vor eine unverkennbare venezianische Note auf, und immer wie-

Links: Der Arimondi-Brunnen in Rethymnon
Rechts: Arkadi-Kloster

der begegnet man in ihnen der Atmosphäre der Gereiztheit, die stets mit Unterdrückung zu tun hat. Am interessantesten unter diesen Städten ist das im Westen der Insel gelegene Chania. Es ist einer der bezauberndsten Orte ganz Griechenlands, obgleich auch hier etwas von jenem neurotischen Einschlag geblieben ist. Im Hintergrund der Stadt erheben sich die nackten, häufig schneebedeckten Kämme der Weißen Berge, geheimnisvoll und bedrohlich zugleich, und die Häuser der Stadt scheinen sich unten am Hafen zusammenzudrängen, als wollten sie auf und davon in See stechen. Hier befinden sich auch noch Überbleibsel des venezianischen Arsenals, verkleidet heutzutage als Fischrestaurants; ein venezianischer Leuchtturm bewacht die Hafeneinfahrt; und bei den Pollern auf der Mole, die aus der Ferne wie verkohlte oder versteinerte Baumstümpfe aussehen, handelt es sich in Wirklichkeit um erbeutete Kanonen, die von den Venezianern an dieser Stelle einzementiert wurden. Die Stadtwälle sind massiv und wieder und wieder mit dem Wappenzeichen des Markuslöwen geschmückt. Doch wenn man von dort oben ins Herz der kleinen Stadt selbst hineinblickt, dann entdeckt man, daß diese Mauern für die Venezianer nur einen äußeren Schutz darstellten, denn dort unten, mit einer günstig gelegenen Schleuse zum Hafen und zu den Fluchtschiffen, erhebt sich noch eine zweite, eine Innenfestung, das sogenannte Castello. Dort lebte der Rector der Stadt, der venezianische Statthalter, mit seinen wichtigsten Beamten, dort auch befanden sich die Stadtarchive. Diese Festung liegt etwas erhöht, und man hat sie mit Blumenkästen geschmückt, was freilich den Eindruck nicht mindert, daß sich hier eine kriegerische Elite gegen alle Eventualitäten wirksam verschanzte. NULLUS PARVUS EST CENSUS QUI MAGNUS EST ANIMUS heißt es auf der Fassade der venezianischen Loggia im Herzen der Festung – »Niemand ist gering an Reichtum, der groß an Seele ist«.

Einer der faszinierendsten venezianischen Bauwerke, meine ich, ist die kleine Festung namens Frangocastello, die an öder Stelle an der Südküste steht. Sie wirkt heute weniger düster als früher, was wohl auf den Tourismus zurückzuführen ist, der sich heutzutage selbst in den abgelegensten Winkeln Kretas mit asphaltierten Straßen und Chalets am Meer breitmacht. Trotzdem ist dies hier immer noch, vor allem im Winter, ein bedrückender, ein kalter Ort. An dieser Stelle trennt ein schmaler, schiefriger Küstenstreifen die Berge vom Meer, eine riesige Schlucht fährt wie ein schwarzer Blitz in das Gebirge hinein, man hat den Eindruck von einer Erdbebenspalte: direkt davor aber, eine scharfe Silhouette zum leeren Strand hin, erhebt sich die Festung.

Das war ein Landstrich, in dem die kretische Heftigkeit selbst zu Hause war. Die Bewohner dieser Gegend waren die Sfakioten, ein Schlag, der zu den unangenehmsten auf der Insel gehörte: die Sfakioten waren Banditen und Rebellen, die zur See der Piraterei und an Land der gnadenlosen Vendetta nachgingen. Abgeschnitten durch die hohen Berge von den venezianischen Städten im Norden, war diese Küste eine beliebte Anlegestelle der genuesischen Seeräuber, der Türken und der Berber, die häufig an Land stürmten, um sich Sklaven für ihre Galeeren oder Frauen für ihre Harems einzufangen. Die Festung Frangocastello wurde errichtet nach ängstlichen Bitten der venezianischen Kolonialherren dieser Gegend. Sie war bei den Soldaten, die hier stationiert wurden, sicherlich höchst unbeliebt.

Diese Burg bietet, trotz ihrer Honigfarbe, keinen schönen Anblick, aber sie ist ungemein beeindruckend. Schwer, massiv und unnachgiebig steht sie dort auf ihrem Uferstreifen. Ihre Außenmauern sind noch gut erhalten und geschmückt mit einem Löwen, doch das Innere ist eine einzige Ruine. Der Boden ist, wenn es geregnet hat, verschlammt und im heißen trockenen Sommer hart wie Holz. Durch die kaputten Fenster sieht man die klaffende Wunde drüben in der Bergfront. Wahrhaft ein düsterer Ort, dazu noch heimgesucht von einem berühmten Aberglauben: einmal im Jahr, am 17. Mai, soll man vor dem Frangocastello ein Gespensterheer sehen, und zwar ganz früh am Morgen, wenn der Tau noch auf dem Gras schimmert. Die einen Krieger sind zu Fuß, die anderen beritten; angeführt werden sie von einem riesigen Palikarigespenst mit einem blitzenden Schwert in der Faust. Die Kreter nennen diese Geister Droussoliten – die Tauschatten. Es sind die Geister der Freiheit oder aber auch der Rache.

Es kam natürlich die Zeit, als die Türken auch Kreta forderten. Diese Zeit kam früher oder später für die meisten venezianischen Kolonien. Ende des sechzehnten Jahrhunderts zeigte die Insel alle Symptome imperialer Verkommenheit. Die schlimmsten Rebellionen waren zwar vorbei, aber auch nur, weil die Leute einfach erschöpft waren. Die ganze Insel war in einem üblen Zustand. Das Feudalsystem war mehr oder minder zusammengebrochen. Die Bauern lebten wie halbverhungerte Sklaven, »die Frauen gingen in Lumpen, die Kinder liefen nackend, die Männer halbnackend umher«, so informiert uns ein venezianischer Inspektor aus der damaligen Zeit. Räuberbanden suchten ständig die Dörfer heim, um Männer für die Galeeren einzufangen. Viele Kreter liefen bereits zu den Türken über, und im Jahr 1597 forderte eine Gruppe von Bürgern aus Rethymnon die Türkei tatsächlich zum Eingreifen auf.

Nun überschattete die Bedrohung der Türken bereits sehr stark die Große Insel. Sie waren jetzt die Herren der arabischen Welt. Sie hatten den gesamten Balkan von Konstantinopel bis ins nördliche Ungarn erobert und standen nun vor den Toren Wiens. Ja, sie hatten sogar Venedig an seiner Flanke überholt und schickten ihre Voraustruppen ins Friaul, das zwischen der Lagune und den Dolomiten lag, und vom Campanile auf der Piazza San Marco aus sah man die Rauchfahnen über ihren Lagern stehen. Die Ägäis gehörte ihnen fast ganz, ebenso Zypern. Aber ihre Versuche, das Mittelmeer unter ausschließlich türkische Herrschaft zu zwingen, hatte man zum Teil vereiteln können. Im Jahr 1537 waren sie auf Korfu zurückgeschlagen worden. Im Jahr 1565 hatte man sie von Malta verjagt. Im Jahr 1571 wurden sie in der Seeschlacht von Lepanto geschlagen. Davor bereits wandten sie sich Kreta zu und gefährdeten ganz massiv die venezianischen Handelsrouten von Konstantinopel und von der Levante nach der Lagunenstadt, denn diese Routen waren ihnen im Wege, sie waren ein schwieriges Hindernis auf ihrem Weg zum Erfolg. So geschah es schließlich, wir schreiben das Jahr 1645, daß die Türken, nachdem sie bisher immer nur Überraschungsangriffe gestartet hatten, die Insel Kreta mit einem guten Teil ihrer Streitkräfte zu erobern suchten.

Die venezianische Republik war damals bereits geschwächt, von anderen Mächten überrundet. Trotzdem brauchten die osmanischen Flotten und Heere beinahe fünfundzwanzig Jahre, bis sie die Venezianer aus Kreta endgültig vertrieben hatten. Die Große Insel war der letzte wichtige christliche Stützpunkt im östlichen Mittelmeer, und so erklärt es sich, daß sich hier der Kampf zu einem Wettstreit der Vormächte entwickelte – auf der einen Seite standen die Krieger Mohammeds, auf der anderen die Ritter Christi. Ganz Europa war fasziniert von diesem Schauspiel, die Türken warfen ihre Armeen auf die Insel, ohne Rücksicht auf irgendwelche Verluste, mit einer fanatischen, unerschütterlichen Entschlossenheit. Die Venezianer konnten sich der Art, wie sie die ganze Zeit über auf der Insel regiert hatten, im Grunde nicht rühmen, doch zumindest fanden sie, als nun die große Krise eintrat, zu ihrem alten Kampfgeist zurück. Die lange Verteidigung der Insel nahm epische Qualität an. Die Belagerung der Stadt Iraklion war eine der längsten in der Menschheitsgeschichte überhaupt, sie ging in die venezianische Sprache als ein Symbol vom unerschütterlichen Widerstand ein – *una vera guerra di Candia,* ein wirklicher Krieg von Kreta, nannten sie diesen Kampf.

Belagerungen haben vieles gemeinsam, und die unnachgiebige Verteidigung Iraklions erinnert einen, wenn man den venezianischen Historikern Glauben schenkt, stark an Troja, Lucknow, El Alamein, ja sogar Leningrad. Überall die gleichen Heldentaten, die gleichen

Links: Der venezianische Leuchtturm in Chania
Rechts: Spinalonga: Friedhof der Leprakolonie

Schrecknisse – geröstete Ratten, gekochte Hunde, die unaufhörliche Beschießung, das schreckliche Leben in Ruinen oder Erdlöchern. Die Frauen reichen, das ist immer schon so gewesen, die Munition weiter und pflegen selbstlos die Verwundeten. Und auch hier flattern nun zerfetzte Fahnen auf halb zerstörten Gebäuden, darunter der Kommandant mit rauchgeschwärztem Gesicht, er hat das Schwert gezogen, steht inmitten seiner schwerverwundeten, stark verbundenen, immer noch unbezähmbaren Soldateska.

Was die Belagerung Iraklions von allen anderen unterscheidet: sie dauerte zweiundzwanzig Jahre lang. Eine ganze Generation wurde während dieser Belagerung geboren und wuchs heran. Die Geschichte Europas blieb freilich nicht stehen, sondern nahm ihren Lauf. Kommandanten kamen und gingen in Iraklion, Soldaten ergrauten im Dienste des Markusbanners, Trommlerjungen wuchsen zu Oberfeldwebeln heran, Veteranen raffte das hohe Alter dahin. Beobachter kamen aus ganz Europa angereist, um die Fortschritte in der Kriegskunst zu studieren. Könige starben, Regierungen kamen ans Ruder und wurden gestürzt, Dynastien wurden gegründet, Grenzen verschoben sich, und immer noch belagerten die Türken Iraklion.

Die anderen kretischen Städte hatten sie leicht genommen. Die Verteidiger von Chania benutzten frühzeitig ihr praktisches Schleusentor, während Rethymnon, die am stärksten befestigte Stadt unter den dreien und angeblich die widerstandsfähigste Festung im ganzen venezianischen Imperium, bereits nach drei Tagen fiel. Auf die Verteidigung Iraklions freilich warfen sich die Venezianer mit aller Kraft. Sie machten einen ihrer beeindruckendsten adligen Kämpfer zum Kommandanten der Stadt – das war Francesco Morosini, jener Admiral im roten Gewand und mit seiner Katze. Er war der Sohn des Herzogs von Kreta, der den schönen Springbrunnen auf dem Hauptplatz errichtet hatte. Um sich etwas abzulenken, fielen die Venezianer über türkische Inseln in der Ägäis her, und sie versuchten die Dardanellen dazu zu zwingen, daß sie Konstantinopel selbst angriffen. Sie überfielen türkische Konvois, die nach Kreta unterwegs waren. Sie führten in Venedig neue Steuern ein, um die Kosten für die Verteidigung der Stadt aufzufangen, und sie verkauften sogar Adelstitel, um den Krieg gegen die Türken finanzieren zu können. Die venezianische Flotte sicherte ständig die Nachschubwege von der Lagune her – doch die Türken belagerten Iraklion immer noch.

Die Seerepublik appellierte an die übrige Christenheit, und die Könige von Schweden und Savoyen, der Kurfürst von Bayern, der Fürstbischof von Fürstenberg, der Kaiser Leopold und der Johanniterorden, sie alle schickten Truppenkontingente zu Hilfe. Englands Lord-Protector Cromwell hätte ebenfalls Soldaten geschickt, wenn ihn die Levant Company nicht überzeugt hätte, daß ein solches Handeln gegen die Interessen Englands gerichtet sei. Im Jahr 1669 trafen siebentausend Franzosen ein, angeführt von den Herzögen von Beaufort und Novailles, die da einherstolziert kamen, »mächtig zufrieden mit sich selber«. Als sie die Blockade der Stadt durchbrachen, da wurden sie willkommen geheißen mit Glockengeläute, mit Kanonendonner und roten Fahnen, die auf den Festungswällen flatterten. Sie unternahmen einen heldenhaften Ausfall aus dem Sankt-Georgstor, verloren den Herzog von Beaufort bei einem überstürzten Rückzug, weigerten sich, einen weiteren Angriff zu unternehmen, bis die Venezianer als erste ausrückten, und nach zwei Monaten segelten sie wieder heim nach Frankreich. Immer noch belagerten die Türken Iraklion.

Als es Herbst 1669 wurde, gab es in der Stadt weniger als dreitausend einsatzfähige Venezianer. An die dreißigtausend waren getötet oder verwundet worden. Die Belagerten hatten im Lauf der letzen Jahre sechsundneunzig Ausfälle unternommen, dreiundfünfzigtausend Tonnen Pulver verbraucht und zweihundertsechsundsiebzigtausend Kanonenkugeln verfeuert. Die fremden Freiwilligen segelten, Mannschaft um Mannschaft, nach Hause: die Johanniter verabschiedeten sich als letzte, »und ich verliere mehr durch ihre Abreise, als dies bei all den anderen der Fall war«, sagte Morosini. Schließlich, am 5. September 1669, ergab sich die Stadt den Türken. Die Venezianer bekamen eine Frist von zwölf Tagen zugestanden, um die Stadt zu räumen, nachdem sie vierhundertfünfundneunzig Jahre lang in ihr geherrscht hatten.

Nach all diesen Jahren des Gemetzels breitete sich, das erfahren wir von einem Augenzeugen, eine seltsame Ruhe über die Stadt. Die Soldaten durften endlich ihre Posten verlassen, und die ehemaligen Feinde begegneten einander ohne jegliche Bösartigkeit, »sie unterhielten sich über die Vorfälle und Abenteuer des Krieges, so als habe es zwischen ihnen niemals Meinungsverschiedenheiten gegeben«. Beinahe die ganze Kommune verließ die Stadt. Nur einige Geistliche, ein paar Griechen und drei Juden entschlossen sich zu bleiben. Die Türkenarmee marschierte durch die zerstörten Mauern der Sankt-Andreasbastion im Westen in die Stadt hinein, während die letzten venezianischen Soldaten, zweitausendfünfhundert kranke und zerlumpte Männer, zum Hafen hinunterhumpelten und ihre Galeeren bestiegen, um die Heimfahrt anzutreten.

Nun schloß man ein Abkommen, in dem die Türken den Venezianern jene drei Inseln beließen, die an der kretischen Nordküste lagen und von der Seerepublik vor langer Zeit befestigt worden waren. Erst im Jahr 1715 – das Jahr also, in dem Tinos fiel – gab die Seerepublik diese letzten Stützpunkte her, deren Burgen selbst heute noch intakt sind. Gramvousa liegt abgelegen und unzugänglich im Nordwesten. Suda bewacht die Einfahrt zur Sudabucht, und die Kriegsschiffe der westlichen Allianz dampfen immer noch an seinen Befestigungsanlagen vorbei, wenn sie zu ihrem Stützpunkt unterhalb der Berge fahren wollen. Spinalonga liegt im Osten, in der fast völlig von Land umschlossenen fjordartigen Bucht Elounda.

Heute ist diese Gegend voller Touristen, an den Küsten schießen die Hotels aus dem Boden, auf dem Meer herrscht sommers ein eifriger Schnellboot- und Wasserskiverkehr. Trotzdem ist Spinalonga der geeignetste Ort, um sich mit den letzten Jahren der venezianischen Herrschaft vertraut zu machen. Übrigens liegt hier auch die Stelle, wo die ersten venezianischen Truppen landeten, um die Genuesen zu verjagen, das war in der ersten Dekade des dreizehnten Jahrhunderts. Im Verlauf der ersten fünfhundert Jahre nach dem Fall Iraklions entwickelte sich diese Insel zu einem Zufluchtsort für Kreta, genauso wie das venezianische Kreta ein Zufluchtsort für Konstantinopel gewesen war: der Anblick des alten, heiliggehaltenen Banners, das dort oben auf den Zinnen flatterte, nur zwei Meilen vom muselmanischen Festland entfernt, war für die Christen auf Kreta wie ein Unterpfand der Hoffnung, und es kam immer wieder vor, daß sie zu Hunderten hierher flüchteten.

Die Venezianer hatten diese Insel nach einer Schwester in der Lagunenstadt benannt: Spinalonga hieß damals, was heute Giudecca heißt. Sie statteten das kretische Spinalonga mit Kasernen und Festungswällen aus, mit einem hübschen Haus für den Gouverneur, einer Kirche für die Garnison, und später bestückten sie die Festung mit fünfunddreißig schweren Kanonen. Dieser Anblick muß den Türken auf Kreta ein Dorn im Auge gewesen sein. Sie nahmen die Tatsache Spinalonga ein halbes Jahrhundert lang hin, doch schließlich widerriefen sie die Vereinbarung von 1669 und begannen, alle drei Inselfestungen zu belagern. Die Venezianer, für die diese Forts wohl nur mehr einen symbolischen Wert besaßen, leisteten nicht lange Widerstand, und im Jahr 1715 verschifften sie die Garnison nach Korfu. Die Insel blieb bis 1898 ein türkischer Stützpunkt und diente nun den Muselmanen ihrerseits als Zufluchtsort vor den aufständischen Christen, bevor sie eine Leprakolonie wurde.

Heute lebt dort niemand mehr, obwohl im Sommer ziemliche Touristenmengen die Insel überfluten. Als ich an einem Novembernachmittag einen Bootsmann in Elounda überredete, mich hinüberzubringen, fand ich die Insel völlig verlassen vor. »Bin in einer halben Stunde zurück, oder es wird problematisch«, sagte er zu mir, als wir uns an der Pier trennten. Was er wohl meinte? Etwas beunruhigt durchstreifte ich die Insel, begutachtete die Überreste. Manches darunter ist venezianisch, ist großartig, militärisch; daneben traurig und erschreckend die Hütten und kaputten Krankenstationen der Leprakolonie. Die Atmosphäre war gespenstisch, bedrückend. Trotzdem kletterte ich die steilen Wege hinauf, dann passierte ich die Donabefestigung, den Mocenigoplatz, bis ich schließlich die kleine Festung oben auf dem Hügel erreichte, die den Namen Castello degli Spiriti trägt. Hier packte mich plötzlich eine heftige Erregung. Es war mir, als sei die Insel zu ihrem alten Leben erwacht – und ich sah sie, die Triremegaleeren, die an der Insel vorbeischäumten, ich hörte Trompeten von der Pfeilschanze unter mir und über meinem Kopf das Klatschen des Strickes gegen die Fahnenmasten, dort oben, wo immer noch der Geflügelte Löwe flatterte, ganz ins Feuer des Sonnenlichts getaucht, im trockenen harten kretischen Wind.

»Zeit, daß wir fahren!« rief eine Stimme, sie kam von weit unter mir, »Zeit, daß wir fahren!«

Francesco Morosini mit seiner venezianischen Flotte begegnet einem türkischen Geschwader

5. *Kapitel*
Die bitter-süße Insel

Schwarzes Zypern – Königin und Kolonie - Eine verrottete Regierung – Eine eigenartige Besitzung – Die Türken kommen – Eine Atempause – Grand guignol – Reprise

Vom venezianischen Kreta nach dem venezianischen Zypern segeln heißt, aus einem Epos in ein *Grand-guignol*-Stück verschlagen werden – oder aber in einen Unterhaltungsroman. Die Geister, die Kretas Berge durchstreifen, sind Geister des Krieges, des wilden Zorns. Die Geister auf Zypern dagegen sind viel unbeständiger. Man befindet sich hier direkt am Rand von Asien. Im Norden schimmern die hohen weißen Berge von Anatolien, denen wir auch auf unserer Reise mit Dandolo nach Byzanz begegneten, aber das ist jetzt schon lange her, und dort drüben, gar nicht weit von hier, haben syrische Wächter, das spürt man genau, ein Auge auf uns. Von Beirut aus, die Stadt liegt etwa hundert Kilometer weiter östlich, sah James Elroy Flecker die Schiffe von anno dazumal vorbeisegeln. Und über Zypern selbst hieß es:

... tief hineintauchend
Gen Famagusta, der verborgnen Sonne entgegen
Das schwarze Zypern läutet sie ein
Mit einem See aus Feuer...

Die Hauptgottheit von Zypern ist Aphrodite, die Göttin der Liebe und der Liebeleien, und die Legenden der Insel sind voll mit Ausschweifungen und Liebesaffären, mit den Leidenschaften der Frauen, den Liebesgeschichten von Königen.

Oh Zypern (schrieb Euripides)
Insel der Afrodite!
Dort wandelt die Liebe
In vertrauten Gefilden:
Sie, die betört
Die zuweilen doch
Des Menschen Herz erhört
Auf seinem Weg
Zum Tode hin.

Die Venezianer kannten Zypern seit den Anfängen ihres Handels mit dem Osten, und ihre Besitzansprüche auf die Insel waren vielleicht darauf zurückzuführen, daß Markus der Evangelist hier sein Gewerbe erlernt hatte. Doch nahmen sie die Insel nicht in Besitz als eine Folge der Beuteverteilung nach dem Fall der Stadt Konstantinopel, denn Zypern bildete keinen Bestandteil des byzantinischen Imperiums. Die bäuerliche Bevölkerung der Insel hatte einen stark griechischen Einschlag, auch hatte das griechische Byzanz hier einige Zeit lang geherrscht. Doch im Grunde war dies eine »Mischinsel«, wo sich mannigfache Einflüsse begegneten – assyrische, persische, phönizische, arabische, ägyptische, türkische und viele andere.

Die Kreuzfahrerfestung Sankt Hilarion an der Nordküste von Zypern

Seit 1192 war die Insel ein unabhängiges Königreich, in dem Granden der Kreuzzüge herrschten, und als die Venezianer sich in den letzten Dekaden des fünfzehnten Jahrhunderts ernsthaft mit dem Gedanken trugen, diese Insel zu erobern, da war Zypern das einzige Kreuzfahrerkönigreich, das noch übriggeblieben war, die einzige Überlebende unter den vielen feudalen Gebilden, die ebenso kühn wie widersinnig waren – Gebilde, die als eine Folge der Kreuzzüge im östlichen Mittelmeerraum entstanden und wo sich die Ritterschaft des Westens ein pompöses Stelldichein gab.

Auf Zypern herrschten Könige der Lusignandynastie, die französischer Herkunft war. Obwohl sie einen jährlichen Tribut an den Sultan der Türkei entrichteten, um sich dessen Protektion zu erhalten, nannten sie sich auch Könige von Jerusalem und Armenien. Sie umgaben sich in ihrer Hauptstadt Nikosia gewöhnlich mit einem farbenprächtigen, glanzvollen und weltmännischen Hofstaat. Das Königreich war *der* große Handelsplatz im östlichen Mittelmeer, überaus wohlhabend, unter den Lusignans blühten Architektur, Literatur und Philosophie. Alle großen Handelsmächte hatten auf Zypern ihre Agenten und Handelsfilialen, alle kirchlichen Orden unterhielten hier Häuser, und von Famagusta, dem Haupthafen, behauptete man, es sei die reichste Stadt der Welt, hier lebten die Kurtisanen wie große Damen, hier verkaufte man Drogen »in aller Öffentlichkeit, so wie man Brot verkauft«; und junge Stutzer preschten auf ihren Pferden, denen waren die Schwänze orange gefärbt, durch die Straßen. Es überrrascht einen nicht, daß die Geschichte der Lusignans eine Geschichte von Coups und Gegencoups ist, von politischen Ehen und rätselhaften Todesfällen. Ihr Königreich war, so hat es ein französischer Zeitgenosse formuliert, der Ort, wo sich französische Überheblichkeit, syrische Verweichlichung und griechische Arglist vermengten.

Was die Venezianer interessierte, war vor allem der militärische Wert der Insel. Euböa war bereits verloren, um die ägäischen Inseln war es schlecht bestellt, Kreta war aufmüpfig wie immer, und wieder einmal war die Sicherheit der Handelswege nach dem Osten bedroht. Zypern war die östlichste Mittelmeerinsel, und ihr Verlust an eine Feindesmacht wäre eine Katastrophe gewesen. Die Firlefanzereien des Lusignanhofes waren nicht nach venezianischem Geschmack, denn die Prachtentfaltung der Seerepublik war wohlkalkuliert, und die Venezianer betrachteten die Insel mit unromantischen Augen. Um uns mit ihrer nüchternen Einstellung vertraut zu machen, ist es wohl das Beste, wenn wir uns, sowie wir auf der Insel der Aphrodite ankommen, einen Wagen mieten und zu einer der verfallenen Burgen hinauffahren, die wie Adlerhorste am Kyreniagebirge über der Nordküste der Insel liegen.

Die Kreuzfahrer errichteten diese Festungen an Stellen, wo der Wind, die Sonne, die Brise vom Meer her und die Wolken freies Spiel haben. So unwahrscheinlich ist die Lage dieser Stützpunkte, daß sie etwas Märchenhaftes an sich haben. Es ist kein Zufall, daß über diese Stätten mannigfache alte Geschichten kursieren, Geschichten über sagenhafte Schätze, Elfenköniginnen, Dämonen, Geschichten über verzauberte Gärten, verhexte Bauern und über Aphrodite selbst. Liebliche Düfte und verwehte Spuren der Vergangenheit, ein ganz und gar mittelmeerisches *ambiente* – Salbei und dürres Gras, das Geklingel von Ziegenglöckchen, das Geflüster der Nymphen, das Gebrummel der Satyrn. An der Küste entlang zieht sich die weiße Brandung nach Kormakiti und zum Kap Andreas hin, fern im Westen erheben sich die bewaldeten Troudosberge, im Süden entdeckt man die weitläufige braune Ebene von Nikosia, die Hauptebene der Insel Zypern.

Das sind die Phantasien und Gefühle, die romantischen Assoziationen, die diese Festungen beim empfänglichen Besucher auslösen. Die Venezianer, die eine nüchternere Einstellung hatten, erkannten, daß diese Burgen mit der Erfindung des Schießpulvers ihren Sinn und Zweck eingebüßt hatten, und so sprengten sie sie kurzerhand in die Luft.

Trotzdem gelangte Zypern unter recht romantischen Umständen in den Besitz Venedigs – es klingt wie ein Unterhaltungsroman der Geschichte. In Venedig lebte damals ein mächtiger Familienclan, die Cornaros, diese Familie unterhielt schon seit Generationen Verbindungen nach Zypern. Seit etwa 1360 besaßen die Cornaros die im südlichen Teil Zyperns gelegene Halbinsel Episkopi, die ihnen von den Lusignankönigen verpfändet worden war. Aus dieser Halbinsel hatten sie mittels fügsamer Sklaven und geschickter Bewässerung eine einträgliche Zuckerrohrplantage gemacht, so erfolgreich, daß die Cornaros am Ende die reichste Familie der ganzen Republik waren. Auf Zypern waren sie genauso angesehen wie in Venedig, und einen Höhepunkt ihrer ehrgeizigen Träume erreichten sie im Jahr 1468, als Caterina Cornaro, die Tochter des Marco Cornaro und Enkelin eines der Herzöge von Naxos, mit James II. Lusignan, König von Zypern und Jerusalem, verlobt wurde. Sie hatte, immer schon in Venedig lebend, diesen James nie kennengelernt, und zur Zeit dieser Verlobung war sie gerade erst vierzehn Jahre alt.

Die Signoria war schlau genug, um dieses Spiel von Anfang an im Auge zu behalten. Der Zypernkönig war ein Bastard, auf den Thron war er durch venezianisches Intrigenspiel gelangt. Carlotta, seine Halbschwester, verheiratet mit dem Herzog von Savoyen, machte ihm die Königswürde streitig. Caterina wurde also Königin von Zypern als persönlicher Schützling der Seerepublik. In einer geheimnisvollen Zeremonie, die man speziell für diesen Anlaß erfunden hatte, wurde Caterina vor dem Hochaltar in der Basilika von der Stadt als »Tochter des heiligen Markus« adoptiert (wozu der Bischof von Turin bissig bemerkte: »Hab gar nicht gewußt, daß der verheiratet war«). Der Doge hatte dabei eine Art Patenfunktion. Caterina verzichtete in aller Form auf ihren Familiennamen und hieß von da an Caterina Veneta, wobei die Serenissima feierlich gelobte, an ihr *in loco parentis* zu handeln. Diese Verrückheit hatte Methode: dadurch, daß die Seerepublik die Königin von Zypern als ihre Tochter anerkannte, erwarb sie einen Anspruch auf die Insel selbst – freilich nur dann, wenn die Königin ihren Gatten überlebte und selbst ohne Nachkommen starb.

Die Verlobung dauerte vier Jahre, dann segelte Caterina nach Zypern, um dort ihren Mann kennenzulernen und sich krönen zu lassen. Dies war ein Augenblick der reinsten Freude für die Venezianer von damals, ein Ereignis, das sich auch späteren Generationen lebhaft in die Erinnerung prägte: wahrscheinlich hat Carpaccio, der zu jener Zeit noch ein Junge war, auf seine Erinnerungen an dieses Ereignis zurückgegriffen, als er sein Gemälde von der heiligen Ursula, wie sie mit allen ihren Jungfrauen von Britannien fortsegelt, schuf. Die Legende weiß natürlich zu berichten, daß Caterina ein Mädchen von überragender Schönheit war, doch spätere Porträts lassen vermuten, daß sie eher eine interessante als eine schöne Erscheinung war; doch besaß sie 1472 zumindest das Feuer der Jugend und die Glut einer bräutlichen und königlichen Zukunft. Wie auch immer, Venedig verabschiedete sie im üblichen prunkvollen Stil. Der *Bucintoro,* die luxuriöse Staatsgaleere des Dogen, fuhr den Canal Grande hinauf, bis zu der Anlegestelle vor ihrem Palast. Dort wurde die künftige Königin von allen wichtigen Männern der Republik willkommen geheißen, dann ging's wieder hinunter zum Markusbekken, überall flatterten Fahnen und Fähnchen, und Caterina ging an Bord der Galeere, die sie in ihr Königreich bringen sollte.

Schon im Jahr darauf starb König James. Man nahm allgemein an, daß er von den Venezianern vergiftet worden sei. (Der venezianische Gesandte erklärte dem König kurz vor dessen Tod: »Wir werden Euer Königreich so behandeln, als sei es unser eigenes« – unverblümter ging's wohl nicht.) Zwei Monate darauf gebar Caterina einen Sohn, James III., aber auch der starb – kurz vor seinem ersten Geburtstag. Die Königin blieb ohne Mann und Kind, ohne Gatten und Thronfolger zurück. Niemand zeigte sich überrascht, als sich die Venezianer, bösen Stiefvätern nicht unähnlich, im Palast breitmachten. Die Signoria schickte drei Berater nach Zypern, um die Königin über ihren schmerzlichen Verlust hinwegzutrösten, aber vor allem, um ihr jetzt mit Rat und Tat zur Seite zu stehen. Eine Truppe venezianischer Armbrustschützen landete auf der Insel, und Petro Mocenigo, einer der großartigsten Admiräle der Serenissima, tauchte in Famagusta mit einer Flotte von sechzig Galeeren auf. Es dauerte nicht lange, und Caterina war als Königin nur mehr eine Marionette. Ihre Berater erhielten die Anweisung, Caterina stets in ihr Handeln einzubeziehen, »damit alles von ihr, der Königin auszugehen scheint«, doch in Wirklichkeit setzte man sich über Caterinas Meinung hinweg, und im Namen ihrer Adoptivmutter, der Seerepublik, wurde die junge Frau rücksichtslos ausgenutzt.

Die Republik wußte, warum. Carlottas Clique war noch ziemlich mächtig auf der Insel, und so kam es auf der Insel zu Intrigen und Komplotten, während draußen auf dem Meer die beutegierigen Türken auf einen Augenblick der Schwäche lauerten. Und wirklich, kaum war der König hinüber, da fand schon die erste Rebellion gegen die Königin statt, angezettelt vom Erzbischof von Nikosia und dem König von Neapel. Dabei wurden eines Tages zwei nahe Verwandte der Königin erstochen, die Leichen ließ man verwesend vor ihrem Fenster liegen.

Die Republik hielt die Königin auf dem Thron, zog aber jetzt die Zügel straff an. Der Admiral kam nun häufig zu Besuch. Die unzuverlässigen zypriotischen Wachen an den Stadttoren von Famagusta wurden durch kretische Soldaten ersetzt. Offizielle Ämter wurden nur mehr an Venezianer oder besondere Anwärter vergeben. Carlotta brachte man mit ihrer Familie nach Venedig, und alle möglichen Thronanwärter mußten entweder außer Landes oder ins Kloster gehen. Beinahe fünfzehn Jahre lang saß Caterina in ihrem eigenen Palast so gut wie gefangen, und als man im Jahr 1487 einen neuen venezianischen Gesandten nach Konstantinopel schickte, wurde dieser instruiert, daß er, nach Zypern befragt, sagen solle, die Insel sei nun seit vielen Jahren schon venezianisch »und wir üben Herrschaft über sie und alle ihre Festungen und entsenden unseren Rector und Provveditore dorthin, die die Insel als unser Eigentum beherrschen, regieren und bewachen, genau wie sie bei allen anderen Orten verfahren, die unserem Staate angehören«.

Am Ende wurde Venedig natürlich, das war nicht zu vermeiden, die Herrscherin auf der Insel, doch um dieses Ziel zu erreichen, mußte sich die Republik der Königin entledigen. Um das Jahr 1488 herum hatte man bereits mehrere Vorwände zu ihrer Entthronung. In Venedig munkelte man, der Sultan von Ägypten plane die Eroberung der Insel. Die türkische Drohung schien schlimmer denn je. Darüber hinaus gab es noch das Komplott, Caterina und Alfonso von Neapel zu verheiraten, um Venedigs Machtposition zu untergraben. Ein Gesandter der Seerepublik erschien und forderte ihre Abdankung. »Wir ermächtigen Euch ganz und gar«, so sagte man dem Gesandten, »sie nach Eurem Willen zurechtzubiegen, mit oder auch ohne ihre Billigung... mit klugen, umsichtigen, vorsichtigen und sicheren Mitteln sollen Sie die Königin an Bord einer Galeere schaffen und zu uns hierher nach Venedig bringen.« Die arme Caterina beklagte sich vergebens. »Genügt es denn nicht«, so jammerte sie, »daß Venedig erben wird, wenn ich einmal nicht mehr sein werde?« Doch sie war erst vierunddreißig Jahre alt, und Venedig konnte nicht warten.

Die Venezianer bestanden darauf, daß Caterina in jeder zypriotischen Stadt ein Abdankungszeremoniell absolviere, damit der Machtwechsel überall unmißverständlich klar werde. Tedeum wurden auf den Piazzas gesungen, dann holte man die Lusignan'sche Flagge herunter und hißte das Banner von San Marco, während die Königin, umringt von venezianischen Beratern, Bewachern und Beamten, entthront wurde – das gleiche Zeremoniell auf der ganzen Insel, in jeder Stadt: feierlich nahm man ihr die Krone vom Haupt und entkleidete sie der königlichen Gewänder; dieses Zeremoniell wurde so oft wiederholt, bis wirklich jeder auf Zypern wußte, daß die Königin entthront war und der neue Herrscher Venedig hieß. Caterina schiffte sich im März 1489 nach Venedig ein und sah Zypern niemals wieder. Sie war vermutlich keine Aphrodite, ließ jedoch viele Sympathisanten zurück.

In den nun folgenden zweiundachtzig Jahren setzte sich die Regierung auf Zypern genauso zynisch durch, wie sie an die Macht gelangt war. Es war eine heruntergekommene Regierung. Das System war dem kretischen nachgebildet, obwohl sich das Oberhaupt der Verwaltung mit Sitz in Famagusta, Lieutenant nannte, und der Große Rat setzte sich vor allem aus zypriotischen Adligen zusammen, die von Kreuzrittern abstammten oder aber byzantinischer Herkunft waren. Die Venezianer machten die Insel, im Gegensatz zu Kreta, niemals zu einer Art Partner, der Glanz und das Schaugepränge der Serenissima färbten in keiner Weise auf den zypriotischen Alltag von damals ab. In diesen Jahren der venezianischen Oberherrschaft begegnen wir keinen überragenden Prokonsuln. Der einzige bekannte Vertreter Venedigs, dessen sich die Geschichte erinnert, ist ein gewisser Cristoforo Moro, nach dem auch heute noch ein Turm in der Festungsanlage von Famagusta benannt ist: dieser Mann war der ursprüngliche Othello, und vermutlich war es sein Name, der Shakespeare veranlaßte, einen Mohren aus ihm zu machen.

Caterina Cornaro. Gemälde von Gentile Bellini (1429–1507)

Natürlich beuteten sie die Insel so gründlich aus, wie sie nur konnten. Korn war Zyperns wichtigste Exportware; immer wenn in der Lagunenstadt das Korn knapp wurde, tauchten venezianische Schiffe in Famagusta auf, um zusätzliche Kornladungen an Bord zu nehmen. Auch Salz wurde von hier aus nach Hause verschifft, und die Seerepublik hatte das Monopol auf diesen Artikel. Der schwere Zypernwein wurde in Venedig beliebt – im Verlauf eines einzigen Jahres verfrachtete man drei Millionen Gallonen in die Lagunenstadt. Einer ähnlichen Beliebtheit erfreuten sich die *beccaficos,* das waren eingelegte bachstelzenartige Vögel, die zu Tausenden auf den Märkten des Rialto verkauft wurden. Die Zuckerrohrplantage des Cornaroclans blühte und gedieh immer noch, und die Baumwolle, angebaut von Leibeigenen und mit Riesengewinn verkauft, entwickelte sich zu einem so kostbaren Handelsartikel, daß man sie »Pflanze aus Gold« nannte.

Aber den Inselbewohnern, vor allem der griechischen Landbevölkerung, kam nichts von alledem zugute: die Gewinne flossen in die Luxushäuser der Kapitalisten in Nikosia oder nach Venedig in die Schatztruhen der Signoria. Die Reichen wurden immer reicher, einige venezianische Finanzgewaltige ließen sich auf der Insel selbst nieder: unter ihnen Caterinas Neffe Marco, der mit achtzehn Jahren zum Kardinal ernannt wurde und nicht nur den Titel Lateinischer Patriarch von Konstantinopel trug, sondern auch Großkomtur des Johanniterordens auf Zpyern, darüber hinaus der größte Landbesitzer auf der ganzen Insel war. Die Venezianer taten wenig, um die heimische Industrie und Landwirtschaft zu fördern; die Insel kannte so gut wie keine Schule und kaum irgendwelche Ärzte. Die griechischen Kaufleute, Finanziers und Handwerker, denen es unter der Herrschaft der Lusignans recht gut gegangen war, wanderten ab nach Venedig, Griechenland, ja sogar in die Türkei.

Ein deutscher Reisender, der die Insel im Jahr 1508 besuchte, wußte zu berichten, daß die gewöhnlichen Leute »Sklaven Venedigs sind... und so ausgepreßt und ausgeplündert sind sie, daß sie kaum das Notwendigste haben, um Leib und Seele zusammenzuhalten«. Die Rechtsprechung war häufig korrupt. Die engstirnigen Beamten zeigten sich als Tyrannen. Die auferlegten Steuern waren drückend. Die Leibeigenen, die die Hälfte der Bevölkerung ausmachten, waren so entsetzlich arm, daß es im Jahr 1516, als sie sich auf den Königlichen Domänen für fünfzig Dukaten ihre Freiheit hätten erkaufen können, nur einen einzigen unter ihnen gab, der diese Summe auch aufbringen konnte. Die Pfründen der Kirche, egal ob der katholischen oder orthodoxen, wurden schamlos den Meistbietenden überlassen, doch die lateinischen Erzbischöfe von Nikosia, bei denen es sich ausnahmslos um Venezianer handelte, waren sowieso höchst selten erpicht darauf, in Zypern zu leben. Um 1560 herum hatten sich die Augustinermönche von Bella Paise, dem anmutigen Kloster bei Kyrenia, den Zeitläuften derart angepaßt, daß sie beinahe alle Frauen hatten, manche unter ihnen gleich mehrere. Das Noviziat hatten sie eingeschränkt – auf ihre Kinder. Wenn die Signoria der Lagunenstadt gelegentlich Maßnahmen gegen diese Mißstände ergriff, kamen schändliche Dinge ans Licht: ein Beamter in Paphos wurde sechzig verschiedener Vergehen angeklagt, darunter der schlechten Behandlung der Armen, der Verurteilung von Leuten ohne irgendwelche Beweisgründe, der unangemessenen Folterung von Angeklagten, des illegalen Handels mit Salz und der Kungelei mit Piraten.

Die Art und Weise, wie die Venezianer mit Zypern umsprangen, läßt sich am besten an der Stadt Nikosia nachweisen. Nikosia liegt fast im Herzen der Insel und beherrscht deren Zentralebene. Sie war die Hauptstadt der Lusignan'schen Monarchen gewesen und, nach den Zeugnissen zu schließen, eine der lebendigsten und faszinierendsten Städte in ganz Europa.

Ausschnitt aus Vittorio Carpaccios Legende der heiligen Ursula *(1490)*

Famagusta: Turm des Othello

Als die Venezianer kamen, hatte die Stadt an die fünfzigtausend Einwohner, die Bevölkerung war ein wunderbares Gemisch aus Griechen, Italienern, Franzosen, Armeniern, Arabern und sogar Abessiniern. Die Stadt war ein buntes Durcheinander aus Gärten, Plätzen und blumengeschmückten Palästen, sie zählte zweihundertfünfzig Kirchen, in ihrer Mitte erhob sich eine großartige Kathedrale, und es gab ein prachtvolles königliches Kloster, San Domenico geheißen, wo die Könige, Königinnen, Patriarchen, Erzbischöfe und Bischöfe der Insel begraben lagen, zusammen mit den Konnetabeln, Marschällen und Seneschalls.

Doch in den sechziger Jahren des fünfzehnten Jahrhunderts beschlossen die Venezianer, da ein türkischer Angriff unmittelbar bevorzustehen schien, diese Stadt mit ihrer reichen Kultur in eine Festung zu verwandeln. Der Befestigungsplan, den sie sich ausdachten, hatte die jüngst errichtete Anlage von Iraklion zum Vorbild. Das alte Nikosia gab es damit nicht mehr, denn nun ging es nur noch um Feuerkraft und Verteidigungsstärke.Man baute eine kreisförmige, acht Kilometer lange Umwallung, hob gleich davor einen Ringgraben aus, und alles, was dem neuen Plan im Wege stand, wurde dem Erdboden gleichgemacht. Die Baumeister zerstörten wirklich alles, was die Feuerfläche beeinträchtigen konnte, sie machten *tabula rasa* und schufen um die Stadt herum einen riesigen unbewohnten, unbebauten Ring. Sie kannten keine Rücksicht. Kirchen sprengten sie in die Luft, Paläste rissen sie nieder, Tausende von Menschen wurden aus ihren Häusern oder Wohnungen vertrieben. Das Kloster San Domenico, das kostbarste Bauwerk auf ganz Zypern, wurde mit allen seinen königlichen Gräbern zerstört, das so gewonnene Nutzholz verarbeitete man zu Lafetten. Die Stadt sah sich nun eng eingebunden in einen Festungswall, bewacht von sieben Bastionen, in ihrer Mitte erhob sich jene Granitsäule mit dem beflügelten Löwen darauf, dieses Emblem venezianischer Macht im ganzen Seeimperium (wobei übrigens diese Säule, wie so viele andere, aus einer leicht zugänglichen Ruine des Altertums stammte – sie kam von Salamis).

Die pragmatische Art und Weise, wie die Venezianer ihre kolonialen Besitzungen vergrößerten, anpaßten oder zugrunderichteten, kann man bis auf den heutigen Tag nicht nur nachempfinden, sondern nachprüfen. Selbst die venezianische Säule steht noch, nicht unweit der Regierungsgebäude auf dem Hauptplatz der Stadt, nur der Löwe ist verschwunden. Die Stadtwälle hat man da und dort, weil man neue Straßen bauen wollte, durchbrochen, doch ist die Umwallung als Ganzes noch erhalten. Von vielen Punkten aus kann man noch das glattplanierte Ödland sehen, das die Befestigungsanlage umgab und den Venezianern zu Verteidigungszwecken diente. Aus der Luft, aber auch auf manchen Karten sieht Nikosia nach wie vor wie eine Kriegsmaschine aus – das ist es im Grunde, was die Venezianer aus der Stadt machten.

(Die strenge Einheitlichkeit der Stadt freilich ist verlorengegangen, denn später hat man mitten durch Nikosia hindurch eine Mauer gezogen. Sie trennt die Türken im nördlichen Teil der Stadt von den Griechen im Süden und zerstört genauso rücksichtslos das Stadtbild wie irgendein venezianischer Festungsgraben. Da und dort schieben Soldaten Wache, sie schleppen ihre automatischen Waffen mit sich herum, und dieses Niemandsland macht betroffen mit seiner Ödnis, sie ist ganz das Gegenteil der farbigen Geschichte von einst.)

»Wer hat diese Mauern gebaut?« erkundigte ich mich einmal bei einem Passanten. Er zuckte die Achseln. Franken? Araber? Griechen? Türken? Briten? Sie hätten es alle sein können in diesem komplizierten Verlauf der zypriotischen Geschichte. Tatsächlich hätte man von den Venezianern am wenigsten erwartet, daß gerade sie diese Festungsanlagen errichteten, denn ihr Aufenthalt auf Zypern war kurz und unfruchtbar, und viele gebildete Zyprioten von heute wissen nicht einmal, daß hier einst die Lagunenstadt herrschte.

Der Vergleich mit Kreta hinkt. Die Zyprioten litten im großen und ganzen, ohne zu klagen, und es passierte nicht viel. Die Insel vegetierte dahin und wartete, so scheint es, nur auf den Augenblick, da die Türken sich ihrer bemächtigten: in all den Jahren der venezianischen Herrschaft lauerten in den Gewässern türkische Kriegsgaleeren und Seeräuber, türkische Diplomaten drohten, türkische Agenten intrigierten, und obwohl die Venezianer, genauso wie vor ihnen die Lusignans, ihren Tribut an den Sultan entrichteten, blickten sie doch voller Unruhe dem Tag der Abrechnung entgegen.

Die Signoria in Venedig zeigte sich ob des Schicksals der Insel beunruhigt, und ständig versuchte sie, die Christenmächte für die Erhaltung dieses Stützpunktes zu engagieren: die Seerepublik schickte Gesandtschaft um Gesandtschaft an die europäischen Höfe, um auf die gefährdete Lage Zyperns aufmerksam zu machen. Aber das half wenig, und die Zyprioten selbst waren auch keine Hilfe. Die meisten Griechen warteten in der Tat auf die Türken, und die Mischbevölkerung, bestehend aus Levantinern, galt als derart unzuverlässig, daß man für den Fall der Verteidigung Nikosias sogar plante, alle Juden, Kopten, Maroniten, Syrer und Arme-

Der Klosterkreuzgang in Bella Paise

nier auf der Stelle zu internieren. Auf dieser Insel liegt – damals wie heute – etwas Unerbittliches, Gefährliches. Die Venezianer, die Zypern zu halten versuchten, fühlten sich nie so recht wohl in ihrer Haut – belauert fühlten sie sich, umgeben von Feinden.

Diese Insel war die eigenartigste unter Venedigs Überseebesitzungen. Viele Sprachen wurden hier gesprochen – Lateinisch, Italienisch, Französisch, Griechisch, Albanisch, Arabisch, und jedes Tal, so schien es, besaß sein eigenes Brauchtum, seine eigenen Traditionen und Geheimnisse. Eine tiefe Kluft trennte die weltläufigen Herrscher von ihren einfachen Untertanen: ein Gemisch aus Legende und Aberglaube trug dazu bei, daß die Inspektoren der Seerepublik gegen unsichtbare Mauern anrannten und daß die Landbesitzer ihre Pläne ständig durchkreuzt sahen.

Der passive Widerstand der Inselbevölkerung äußerte sich auch in einer besonderen Spielart des orthodoxen Glaubens, diese aber war so sonderbar, daß sich der Fremde regelrecht genarrt fühlte. Die Insel war voll von Wundern. Hier erhob sich das Kloster zu den Schlangenjagenden Katzen, hier stand das Kloster-Errichtet-Ohne-Hände, das, in Fertigbauweise sozusagen, von der heiligen Jungfrau selbst aus Kleinasien herübergebracht worden war. Und Lazarus, so wurde behauptet, war der erste Bischof von Zypern gewesen, und das Kreuz von Tokhori – es war mit Hilfe der heiligen Helena auf die Insel gelangt – konnte Stürme herbeizaubern und Feuersbrünsten Einhalt gebieten. Als die Lusignan'sche Königin Alice die Sprache verlor, weil sie ein Kloster betreten hatte, das Frauen verboten war, da heilte dieses Kreuz die Dame von ihrer Stummheit. Der heilige Theostios von Melandra wurde ob seiner Fähigkeit gerühmt, Krähen im Interesse der Landwirtschaft das Augenlicht zu rauben, der heilige Mama von Morphu wurde verehrt, weil er sich geweigert hatte, Steuern zu entrichten, und als man ihn nach Nikosia in den Königspalast zitierte, damit er sein Handeln begründe, da kam er, ein Lamm in seinen Armen, auf einem Löwen in den Palast geritten.

In Nikosia lag auch der Leichnam des heiligen Johannes von Montfort bestattet. Der arme Mann war von einer etwas unzurechnungsfähigen deutschen Dame schwer verletzt worden, denn so eifrig, ja fanatisch war sie ihm zugetan, daß sie ihm ein Stück Fleisch aus seiner Schulter herausbiß, doch als man sie festnahm und das Stück Fleisch wieder einsetzte, da verheilte die Wunde makellos. In Kouka verwahrte man ein kleines Behältnis mit Sägemehl, welches vom Kreuz des Erlösers stammte. In Agios Georgios zermahlten die Dorfbewohner die Knochen von Zwergflußpferden, die sie dann, zusammen mit einer Flüssigkeit, als Medizin einnahmen, in dem festen Glauben, dies seien die Gebeine des heiligen Georg.

Es war alles ziemlich verwirrend. Angesichts der Maroniten von Zypern, die ihren Gottesdienst in Altsyrisch hielten, während die Nestorianer den ihren in Aramäisch, die schwarzen Kopten aus Afrika den ihren in Ge'ez, sprachen – wozu noch kam, daß sie dem Patriarchen von Alexandria unterstanden –, wen kann es da verwundern, daß sich die Venezianer verwirrt zeigten wegen der Spitzfindigkeit, Unzugänglichkeit und Hintergründigkeit ihrer Untertanen. So erging es den Venezianern genauso wie allen anderen Herrschern auf dieser Insel – sie konnten nie recht Fuß fassen.

Dann kamen die Türken. Sultan Mohammed II. forderte im Jahr 1570 von Venedig in aller Form die Herausgabe von Zypern. Wie man sich erzählt, soll es Josef Nasi gewesen sein, sein Finanzberater und Vertrauensmann, der ihm zu diesem Schritt geraten hatte. Dieser erstaunliche Jude hatte es, wie wir bereits gesehen haben, zum Herzog von Naxos gebracht, obgleich er diese Insel niemals besuchte. Nun trug er sich mit dem Plan, auf Zypern eine jüdische Kolonie zu gründen: er selbst würde sich zum König der Insel krönen lassen – er hatte sich bereits das königliche Wappenbild in die Mauern seines Hauses in Konstantinopel einmeißeln lassen.

Zwischen 1560 und 1570 hatten die Türken einen regelrechten Nervenkrieg gegen Zypern angestrengt. Seeräuber beeinträchtigten den Schiffsverkehr zur Insel. Immer wieder gingen Gerüchte um, wonach am Goldenen Horn ansehnliche Kriegsflotten gebaut werden sollten. Im Jahr 1561 versuchte man die Türken in einen Staatsstreich zu verwickeln, der von einheimischen Zyprioten ausgeheckt wurde. Doch als sie zwei ihrer Männer nach Konstantinopel schickten, wo sie die Türken – es ging um die Befreiung der Leibeigenen – um Hilfe bitten sollten, da fand der Großwesir, ihre Sache sei nicht gar so bedeutsam, und er übergab die beiden kurzerhand dem venezianischen Gesandten – man hat nie wieder etwas von ihnen gehört oder gesehen.

Im Jahr 1569 fiel das Arsenal in Venedig – diese Kriegswerft bildete nach wie vor den Grundstock venezianischer Seemacht – einem Brand zum Opfer. Auch hier hatte Nasi seine Hand im Spiel, und sicher hat dieses Unglück, von dem übertriebene Gerüchte umliefen, mit zu dem Entschluß des Sultans beigetragen, Zypern mit Gewalt zu nehmen. Er befahl den Überfall mit der offiziellen Begründung, die Insel gehöre sowieso ihm: die Venezianer entrichteten ihren Tribut an die Hohe Pforte, das aber, so erklärten die Verfechter der türkischen Sache, sei ein eindeutiger Beweis dafür, daß der Sultan der wahre Souverän der Insel sei.

Auch hätten die Venezianer die Insel als Stützpunkt benutzt, um über türkische Schiffe herzufallen, was allein schon Grund genug sei, ihnen die Insel fortzunehmen.

Auf jeden Fall war die Eingliederung der Insel Zypern in das Türkenreich unvermeidlich. Damals wie heute brachte es die ungewöhnliche Lage dieser Insel – sie war immer schon ein Vorposten der Westmächte – mit sich, daß hier niemals für längere Zeit Frieden herrschte. Am Ende reagierte Europa dann doch auf die drohende Gefahr, man rief die Heilige Liga ins Leben, dieses Bündnis zwischen dem Papst, der Schweiz, Venedig und Aragonien, das unter anderem zum Ziel hatte, den Türken Einhalt zu gebieten: nur war es schon zu spät, sie von Zypern fernzuhalten, denn am 1. Juli 1570 landete in Larnaka, an der Südküste der Insel, eine türkische Kriegsflotte. Die griechische Bevölkerung, weit davon entfernt, den Türken irgendwelchen Widerstand zu leisten, hieß sie herzlich willkommen. Die in Larnaka lebenden Venezianer ergaben sich sofort, und die türkische Armee überquerte die von der Sommersonne verbrannte Zentralebene, um Nikosia von Famagusta abzuschneiden.

Nikosia unterstand dem Befehl eines Generals aus berühmter Familie, Niccolò Dandolo. Aber weder das Charisma dieses Namens noch die gewaltigen Wälle und Burggräben halfen etwas, die Stadt leistete nur schwachen Widerstand, und schon nach sieben Tagen gelang den Türken die Eroberung. Nur wenige Griechen machten bei der Verteidigung mit, und es war ein Grieche, der das Banner des heiligen Markus herunterholte und an seiner Stelle die Flagge mit dem Halbmond hißte. Die Venezianer und ihre italienischen Söldner wurden auf dem Hauptplatz zusammengetrieben, gleich bei der Säule des heiligen Markus, dort hat man sie dann – die Geschichte erinnert an Chalkis – mitleidlos massakriert. »Die Sieger«, so wußte ein venezianischer Augenzeuge zu berichten, »köpften selbst noch die alten Weiber.« Auch schlugen die Türken den Besiegten gerne die Arme ab, oder sie spalteten ihnen die Schädel, wenn ihnen gerade danach war, auf jeden Fall sollen es an die zwanzigtausend Christen gewesen sein, die ihr Leben lassen mußten.

In der Stadtmitte von Nikosia stand die katholische Sophienkirche, ein prunkvoller Bau aus dem dreizehnten Jahrhundert. Hier war es auch, wo Francesco Contarini, der venezianische Bischof von Paphos, am Tag vor dem Fall der Stadt die entmutigten Bewohner aufzurichten versuchte: »...denn ihr, freie Menschen und Sprößlinge einer edlen und berühmten Rasse, ihr seid aufgerufen zum Kampf gegen diese Sklaven, gegen diesen gemeinen und unkriegerischen Pöbel!« Bald würde, das versicherte er seiner Gemeinde, Hilfe von Venedig kommen, doch bis dahin »werdet ihr Zeit und Anlaß haben, Unseren Allerhöchsten Herrn zu preisen, zu ehren und zu verherrlichen, denn Unser Herr offenbart euch in Seiner einzigartigen Güte Seinen Zorn durch die Wut dieser osmanischen Barbaren, aber Er hat Sorge getragen für das Heil eurer Seelen und dafür, daß Ihr in den Genuß des Himmelreiches gelangt, und Sorge getragen hat Er auch für den Schutz eures Lebens, eures Geburtslandes und eures Besitzes...«

Liest man heute diese kämpferischen Worte im Vorbau der Sophienkirche, so ist dies ein sonderbares Erlebnis, denn die Kathedrale ist vierhundert Jahre lang als Moschee benutzt worden. Sie befindet sich im türkischen Teil der Stadt Nikosia und bildet den Mittelpunkt des islamischen Glaubens auf der Insel. Das ganze gotische Zierwerk dieser Kirche hat man mitleidlos weißgetüncht, das Kirchenfensterglas ist verschwunden, das gleiche gilt für den Hochaltar: an seiner Stelle erhebt sich dort ein Mihrab, er weist gen Mekka, und immer begegnet man dort Moslems, die meditierend auf ihren Teppichen sitzen oder im Schatten der Säulen ihren Koran herunterbeten.

Die Türen der Moschee stehen zur Straße hin zumeist weit offen, und so dringen in die Stille herein die Schreie vom Markt und wüstes Gehupe und das Schrillen der Zikaden. Wenn man

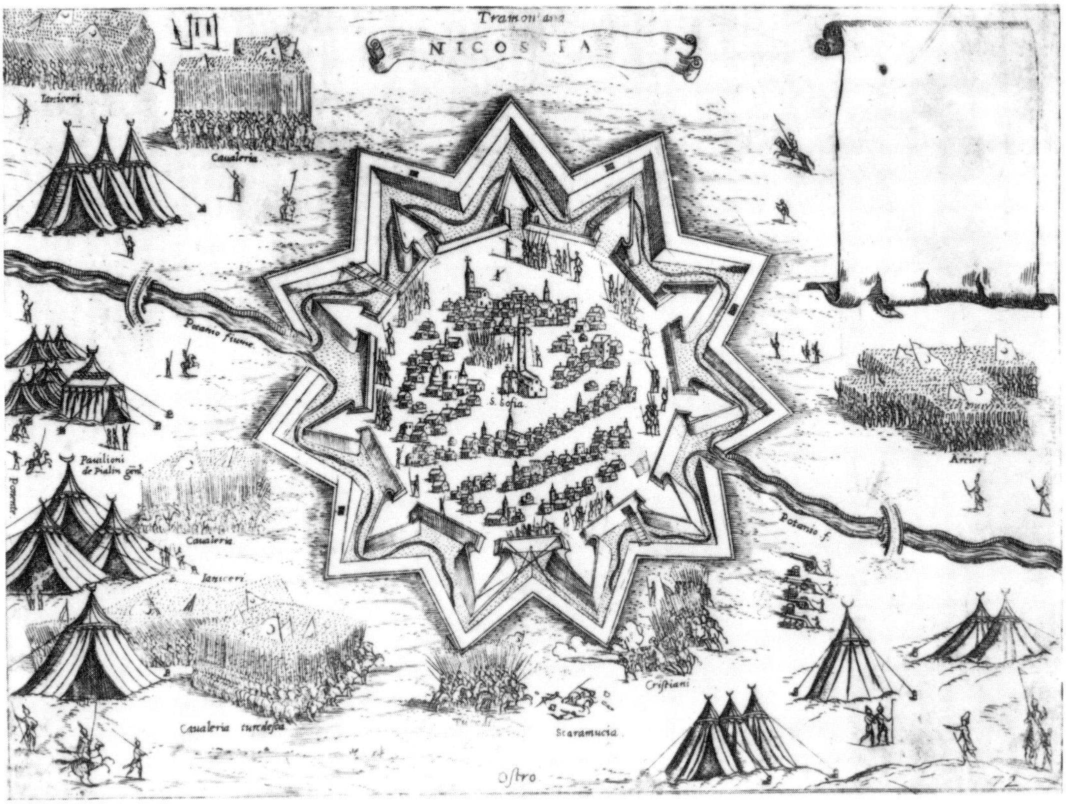

Das von den Türken belagerte Nikosia

in der inneren Kirchenvorhalle sitzt, unter den großen geschnitzten Engeln, die immer noch ihre Weihrauchbehälter über dem Haupteingang schwenken, hat man ein Bild vor sich wie in Bischof Contarinis Zeiten. Neben der Sophienkirche stand die kupplige orthodoxe Kathedrale – gotischer Spitzbogen neben byzantinischem Rundbogen, das Lateinische neben dem Griechischen. Nach der Vorderseite hin lag die Piazza, auf der es vor Leben nur so wimmelte, umgeben von den stattlichen Häusern der adligen Familien, und gleich um die Ecke begannen die Mäander des Stadtmarktes. Dieser Anblick wirkte sehr europäisch, ja es war dies in der Tat der Inbegriff der weltlichen wie geistlichen Präsenz des Christentums auf der Insel. Doch als die Türken kamen, einen Tag nach der Predigt des Bischofs, da stellte sich heraus, daß die göttliche Vorsehung zu wenig getan hatte für Leib und Gut der Belagerten – die Häuser der Reichen wurden ausgeplündert, und Bischof Contarini war einer der ersten, die ihr Leben lassen mußten.

Auch das Los jenes Niccolò Dandolo war schrecklich, man schickte einen Bauern auf den Weg nach Famagusta mit einer Schüssel, die er dem venezianischen Stadtkommandanten zu überreichen hatte – darin aber befand sich als ein *memento mori* das Haupt des armen Dandolo.

Die Festung in Kyrenia

Vergönnen wir uns eine Atempause inmitten all dieser erbarmungswürdigen Geschichten – wir sind noch nicht zu Ende mit ihnen – und bleiben wir ein Weilchen auf der Burgmauer von Kyrenia an der Nordküste sitzen, wo die hohe Gebirgskette aufs Meer hinausschaut und wo man auf den Gipfeln die alten Festungen der Kreuzfahrer entdeckt – sie sehen aus wie Klumpen krümeligen Granits. Die Türken haben, da niemand Kyrenia verteidigte, darauf verzichtet, die Stadt zu zerstören – der Stadtkommandant bekam einen Wink: ein berittener venezianischer Offizier erschien in der Stadt, man hatte ihn auf seinem Pferd in Ketten gelegt, und am Sattelbogen hatte er die Köpfe zweier venezianischer Generäle hängen. Die Festungsanlagen, teils im Kreuzfahrer-, teils im venezianischen Stil, sind ungefähr die gleichen wie im sechzehnten Jahrhundert. Nachdem die Türken die Stadt den Venezianern abgenommen hatten, hielten sie sie vier Jahrhunderte lang, dann wurde sie von den Briten, später von den Griechen in Besitz genommen. Doch seit 1974 ist sie nun wieder in türkischer Hand, und Kyrenia ist heute ganz und gar türkisch. Vor dem Stabshauptquartier am Hafen begegnen wir einer Atatürkbüste. Türkische Kanonenboote liegen an ihrem Ankerplatz unterhalb der Festung. Zweimal die Woche legt ein Tragflügelboot von der Mole ab, es ist bis obenhin vollgepfropft mit stämmigen türkischen Bauern und Soldaten, sein Reiseziel heißt Tashushu in Anatolien.

Für mich freilich hat dieses Kyrenia immer noch etwas Venezianisches. Mit seinem sauberen, kleinen, runden Hafen, seinem Zollhaus am Quai, seiner klotzigen Festung, die, mächtig und genial konstruiert, über dem Hafen emporragt, haftet der Stadt immer noch eine eigentümliche venezianische Note an. Allerdings ist dies ein *ambiente* der Verbannung, es hat etwas Gehemmtes, leicht Verzerrtes an sich. Der Geruch der Stadt ist falsch von Anfang an – allzu ölig, allzu südlich. Auch das Licht ist falsch – allzu trocken, allzu kompromißlos. Die Atmo-

Der Hafen von Kyrenia

sphäre Zyperns ist ganz besonders unitalienisch – sie hat etwas Verschlagenes, was vielleicht von der Intrigengeschichte der Insel herrührt, aber auch von ihren kahlen Landschaften und ihren Geschichten, voll von Inzest. Die Venezianer waren selten glücklich auf Zypern, und die Signoria wußte sehr wohl um die Unwirtlichkeit der Insel, denn immer wieder schickte sie unliebsame Personen hierher in die Verbannung: zum Beispiel einen Strafgefangenen, der wegen Sodomie verurteilt worden war, eine Priorin, die sich gegen das Zölibat versündigt hatte, einen Mann, der die Republik schmähte, zwei Personen, die ein Gesetz durchzusetzen versucht hatten, durch welches den Armen mit Geld geholfen werden sollte, und schließlich einen Mann, der einem Kollegen aus dem Großen Rat einen solchen Nasenstüber verabreicht hatte, daß dieser kräftig blutete.

Es gab nur sehr wenige, die ihren Dienst wirklich gern auf Zypern verrichteten. Die Signoria hatte sogar große Schwierigkeiten, als es darum ging, einen Dompfarrer für die Kathedrale in Nikosia zu finden. Der Senat in der Lagunenstadt zeigte sich am Ende empört über die Kommandanten, die sich weigerten, nach Famagusta zu gehen. Als die Seerepublik versuchte, Venezianer als Siedler hierher zu schicken und eine venezianische Kolonie wie auf Kreta zu gründen, war der Mißerfolg kaum geringer, obwohl die Leute freie Überfahrt angeboten bekamen, und obwohl jeder Venezianer, der fünf Jahre Zypern nachweisen konnte und »kein Handwerk ausgeübt hatte«, die Möglichkeit hatte, sich in den Großen Rat der Insel Zypern wählen zu lassen. Die Einheimischen haßten die Fremdlinge großenteils, und in den achtzig Jahren venezianischer Besatzung ereigneten sich mannigfache Erdbeben, Dürreperioden, Seuchen und Heuschreckenplagen. Auch befürchteten die Venezianer diese ganze Zeit über einen Angriff der Türken; ihre Begründung dafür, daß sie eine Bestallung auf der Insel ausschlugen, lautete meistens: »*Wegen der Türken.*«

Die von der Seerepublik ausgeübte Kontrolle, so unwirksam sie häufig auch war, irritierte die Betroffenen doch: so zum Beispiel einige Instruktionen, die ein gewisser Contarini, den man 1538 zum Kommandanten auf Zypern ernannt hatte, mit auf den Weg bekam. Er mußte sich auf eigene Kosten acht Bedienstete nehmen und hatte sich acht Pferde zu halten. Es war ihm strengstens untersagt, Handel zu treiben. Einmal in seiner Amtszeit mußte er die ganze Insel abreiten und ihre Festungen inspizieren, seine Tagesspesen durften sich auf zehn Byzantiner, das war eine Goldmünze aus jener Zeit, belaufen. Ansonsten war es ihm – von Notfällen einmal abgesehen – nicht erlaubt, außerhalb von Famagusta zu nächtigen. Er durfte keine Trauerkleidung tragen, es sei denn, er hätte den Tod von Vater, Mutter, Gattin oder Kind zu betrauern, aber selbst für diesen Fall waren ihm nur acht Tage zugestanden, und das Tragen eines Umhangs in dieser Zeit war ihm untersagt. Wurde er am Ende seiner Amtszeit von seinem Nachfolger abgelöst, so waren ihm nur folgende Worte gestattet: »Ich übergebe Euch dieses Amt im Namen der Erlauchten Signoria von Venedig« – wer mehr oder auch weniger sagte, wurde mit einer Buße von fünfhundert Lire belegt und seiner Amtswürden enthoben.

Kyrenia mit all diesen Einschränkungen und halbgaren Ermahnungen dürfte damals eine Stätte für Heimwehkranke gewesen sein. Wenn man an einem Sommerabend dort oben auf dem Festungswall sitzt und die Sterne hinter einem über dem Berg ihr Gepränge entfalten, und wenn sich die kleine Stadt bereits zur Ruhe begeben hat, dann hört man das Klatschen der Wogen an den Felsen und man erinnert sich schmerzlich an ähnliche Wassergeräusche daheim in Venedig; und wenn man den alten, schon etwas morschen Stein betastet, dann entdeckt man, daß er sich anfühlt wie der Stein einer Gartenmauer am Giudeccakanal, und einen Augenblick lang fühlt man sich dann wie jene armen Venezianer, denen dieses Inselexil verhaßt war und die, auf diese schwarze See hinausstarrend und ängstlich lauschend, ob da nicht das Ruderklatschen einer Seeräubergaleere war, nur einen Wunsch hatten – heil nach Venedig heimgekehrt zu sein und glücklich das helle Licht des Markusplatzes zu genießen.

Die Nachricht von der Eroberung Nikosias durch die Türken gelangte innerhalb von siebzehn Tagen nach Venedig, und die Signoria war schier verzweifelt. Aber noch war nicht alles verloren. Denn gerade zu jener Zeit versammelte sich die Flotte der Heiligen Liga, und man plante eine Kraftprobe mit den Türken. Das Arsenal, von jenem Feuer keineswegs gänzlich verwüstet, hatte im vergangenen Jahr einhundert neue Schiffe vom Stapel gelassen. Und von den Verteidigungsanlagen von Famagusta – diese Stadt würde das nächste Angriffsziel der Türken sein – erzählte man sich, sie seien die stärksten der ganzen Welt, ein wahrer Höhepunkt militärischer Baukunst in der Renaissance.

Alle Festungswälle stehen noch, auch die beiden Stadttore sind erhalten. Das Tor zum Meer hin ist mit einem großen Geflügelten Löwen geschmückt, und drinnen entdeckt man zwei weitere ruhende Löwen, einer allerdings schon ziemlich verfallen, so daß seine Gestalt beinahe unkenntlich geworden ist, während dem anderen der Zahn der Zeit das Hinterteil weggeknabbert hat. Das landeinwärts liegende Tor bewacht die Straße nach Nikosia und wird gekrönt von einer mächtigen Vorschanze. Dazwischen liegt die sogenannte Martinengobastion, die Hauptbastion der Stadt, und an der Küste erhebt sich die Zitadelle, heute eine Ruine, aber nach außen hin noch gut erhalten. Man hat ihr den romantischen Namen Othelloturm gegeben, in venezianischer Zeit war dies eine großartige Festungsanlage mit vier Türmen und einem eigenen Burggraben. Die beiden Stadttore, die Bastion und die Zitadelle sind durch

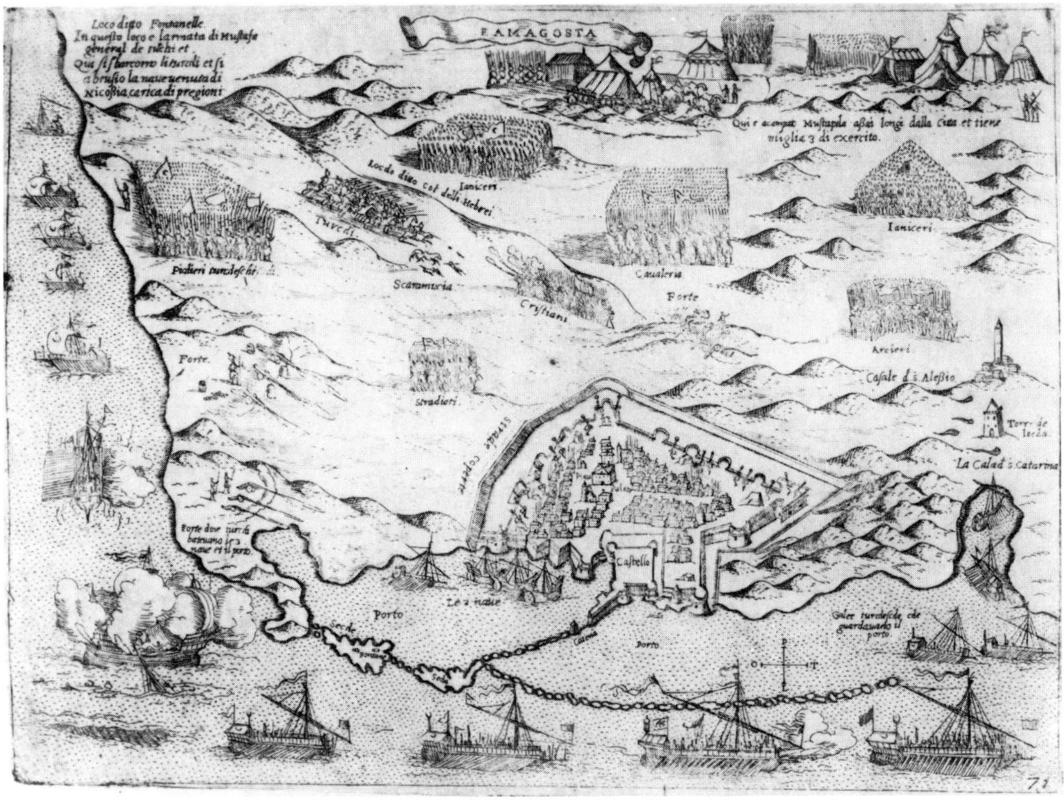

Das belagerte Famagusta

einen Riesenwall miteinander verbunden, der etwa fünfzehn Meter hoch und häufig über sieben Meter breit ist. Um die Stadt läuft an drei Seiten ein Graben herum, und an der vierten Seite liegt das Meer.

Innerhalb dieser Befestigungsanlagen ist heute eine Atmosphäre erschütternder Resignation spürbar. Famagusta hat bis in unsere Zeit schreckliche Dinge erlebt – die Stadt war sogar 1974 noch heftig umkämpft, wieder einmal schlugen sich die Türken mit den Griechen. In der nordwestlichen Ecke der Stadt, gleich beim Festungswall, entdeckt man einen Stadtdschungel, eine Art Bombenlandschaft, ein verödeter Parkplatz, und mitten in dieser Leere stehen in einer Reihe drei abgetakelte Kirchen – jede von ihnen eine Ruine, sehr alt, sehr traurig, bitterwehmütige Erinnerungsstücke. Der Platz vor der Kathedrale in der Stadtmitte hat heute etwas Provinzielles, dort stehen an den Straßenecken in der Hitze Polizisten herum, Männer sitzen auf Stühlen vor ihren Geschäften und schlagen die Zeit tot – dieser Platz ist ein verlorener Schatten jener Tage, als sich hier das Zentrum venezianischer Macht auf Zypern befand.

Obgleich die Stadt einen schäbigen, kaputten Eindruck macht, wirkt sie nach wie vor wohlproportioniert, ja sie hat immer noch etwas Gebieterisches und erinnert an eine gestandene Matrone, die bessere Tage gesehen hat. Die Kathedrale des heiligen Nicolas mit ihrem Rosettenfenster steht noch da, allerdings hat man sie vor langer Zeit schon in eine Moschee umgewandelt. Ihre Fassade hat etwas Schlagseite, weil die Türken ihrem Nordturm ein Minarett aufsetzten, und die meisten Fenster der Kirche sind mit Gipsornamenten ausgefüllt.

Direkt gegenüber, jenseits des staubigen Platzes, entdeckt man die prunkvolle Vorderseite, die Überreste des venezianischen Statthalterpalastes. Der Palast ist in vielen Kriegen schwer mitgenommen worden und vermengt sich heute übergangslos mit der benachbarten Polizeistation, deren Kraftfahrzeuge in dem zerstörten Innenhof parken. Manchmal sieht man einen zitternden Gefangenen, der von einem flotten Polizisten zu einer der Zellen gebracht wird. Ein Haufen türkischer Kanonenkugeln verleiht dem Ganzen eine kriegerische Note, und über dem baufälligen Haupteingang kann man gerade noch das Wappen von Giovanni Renier ausmachen, ein venezianischer Adliger, der auf Zypern herrschte, als dieser Palast gebaut wurde.

Auf der anderen Seite des Platzes sieht man gerade noch eine ruinierte Franziskanerkirche, Bruchstücke venezianischen Mauerwerks liegen hier herum, ein gelegentlicher Windstoß wirbelt venezianischen Ruinenstaub in die Lüfte. Nur einige hundert Meter weiter, die Straße hinunter in Richtung Süden, erhebt sich der Othelloturm, er verweist auf die Nähe der Küste. Neben der Kathedrale stehen zwei alte stattliche Säulen, die sicher ebenfalls von Salamis stammen – sie waren die Symbole für die venezianische Oberherrschaft.

Das also ist das Szenarium für die große Tragödie, die im Jahr 1571 das Ende der venezianischen Herrschaft auf Zypern brachte und der Republik einen berühmten Märtyrer bescherte. Doch war das Ganze auch im *Grand-guignol*-Stil gehalten. Famagusta widersetzte sich den Türken zehn Monate lang, während der Rest der Insel bereits in Feindeshand war. Die Belagerung hatte etwas Allegorisches. Die Türken wurden von einem General namens Mustapha Pascha befehligt, ein islamischer Feldherr. Die Venezianer unterstanden dem Befehl von Marco Antonio Bragadino, dem Statthalter von Zypern und Nachkommen einer der ältesten Adelsfamilien der Lagunenstadt. Selbst die Art zu kämpfen paßte zu der ganzen Situation. Machmal kam es zu regelrechten Zweikämpfen zwischen irgendwelchen Champions, um die sich dann eine Zuschauermenge, bestehend aus Soldaten und Bürgern der Stadt, herumdrängte. Oft tauschten die kämpfenden Parteien Drohungen oder Herausforderungen aus, so wie früher bei Turnieren vor den einzelnen Waffengängen.

Die Venezianer schlugen sich wacker. Einmal taten sie so, als hätten sie die Stadt geräumt, doch als die Türken sie einzunehmen versuchten, da bekämpften sie sie hinterhältig mit Kanonenfeuer und Kavallerieattacken. Einmal eroberten sie eines ihrer Banner zurück, das sich die Türken in Nikosia geholt hatten. Sie unternahmen gewagte Ausfälle, verstreuten vergiftete Nägel vor den Stadtwällen, um die feindliche Kavallerie kampfunfähig zu machen. Die Türken ihrerseits belagerten die Stadt mit dem üblichen militärischen Aufwand, Kosten und Menschenopfer spielten dabei keine Rolle, es ging ihnen vor allem um ihren Moralkodex und um ihre nationale Verpflichtung. Mit mindestens zweihunderttausend Mann hatten sie die achttausend Verteidiger eingeschlossen, und ständig kam Truppennachschub von Syrien. Der Pascha hatte als Berater einen spanischen Kriegsingenieur, der freilich irgendwann durch eine Mine ums Leben kam, und er hatte eine Truppe, bestehend aus vierzigtausend armenischen Sappeuren, die ein wahres Labyrinth tiefer Gräber um die Stadt herum aushoben – so gewaltig war dieses Grabennetz, daß die ganze Armee, wie man sich erzählte, darin verschwinden konnte, und so tief waren die Gräben, daß die Türken darin ungesehen ihre Zelte errichten und auf ihren Pferden herumreiten konnten. Von diesem Grabennetz aus stießen sie bis zum Stadtgraben vor, den sie zuschaufelten und auffüllten. Mit Eichenholz und Erdreich errichteten sie zwei Schanzwerke, die die Festungsanlagen von Famagusta überragten, so daß sie die Stadt nun beinahe auf Kernschußweite ständig bombardieren konnten.

Aber Bragadino ließ sich nicht abschrecken. Eines Tages, als ihn Mustapha wieder einmal aufforderte, sich zu ergeben, ließ er ihm die Nachricht zukommen, daß eine venezianische Flotte unterwegs sei, und diese Flotte würde die Stadt entsetzen und der Türkenarmee den Garaus machen: »Dann werde ich Euch vor meinem Pferd einhermarschieren lassen, und Ihr werdet mir den Stadtgraben, den ihr aufgefüllt habt, fein säuberlich wieder leerschaufeln.« Diese Drohung freilich sollte er eines Tages noch bereuen. Zwar schlugen sich die Truppen eines venezianischen Geschwaders nach einer brillanten militärischen Aktion bis zur Stadt durch, doch die Flotte segelte, nachdem sie alle venezianischen Kinder der Stadt an Bord genommen hatte, weiter nach Kreta. Danach kam keine Hilfe mehr. Im Juli 1571 waren die Lebensbedingungen in der Stadt so schrecklich, daß die Bürger den General anflehten, er möge kapitulieren. Bragadino wandte sich an den Bischof von Limassol, mit der Bitte, eine öffentliche Messe in der Kathedrale abzuhalten, bei der er, Bragadino, ministrierte; danach appellierte er an die versammelte Gemeinde, noch fünfzehn Tage durchzuhalten. Lebensmittel gab es in der Stadt fast keine mehr. Alle Esel und Katzen waren in den Kochtopf gewandert, und von den Pferden waren nur noch drei am Leben. Auch Munition gab es kaum mehr. Trotzdem hielten die Verteidiger noch weitere fünfzehn Tage durch: sie wurden unablässig bombardiert, immer wieder gingen Minen hoch, sie mußten Feuer löschen, zerstörte Teile der Festungsanlagen wieder instandsetzen, einmal hier, einmal dort in Scharmützeln den Feind zurückschlagen, und dieser Nervenkrieg zog sich noch so lange hin, bis die Garnison nur mehr fünfhundert halbverhungerte Männer zählte, bis auch der Bischof von Limassol ums Leben kam und selbst der unverwüstliche Bragadino zu Tode erschöpft war. Im Munitionslager befanden sich nur mehr sieben Fässer mit Schießpulver: am 1. August 1571 hißte man auf der Stadtmauer die weiße Fahne.

Die Türken sollen bei der Belagerung von Famagusta fünfzigtausend Mann verloren haben, und um sich dafür zu rächen, legten sie die Stadt in Schutt und Asche; bis auf den heutigen Tag ist davon diese Atmosphäre einer demütigenden Niederlage geblieben, die uns innerhalb der Stadtmauern bereits aufgefallen ist. Als Bragadino schließlich kapitulierte, versprach ihm Mustapha, er könne mit seiner Garnison unter Wahrung aller militärischen Ehren nach Kreta segeln. Bei dem, was sich nun zutrug, kann die Geschichtsschreibung wohl dem Wort der venezianischen Chronisten vertrauen. Zwar haben die Türken behauptet, Bragadino habe sich über die Kapitulationsbedingungen hinweggesetzt, indem er einige seiner Gefangenen zum Tode verurteilte, doch hat sich die Darstellung der Venezianer durchgesetzt, und so steht hier nur ihre Version vom Ende der Stadt Famagusta im Jahr 1571.

Mustapha Pascha befahl einer Flotte von zwölf Schiffen, die Garnison an Bord zu nehmen, und am dritten August fingen die Soldaten an, sich einzuschiffen. Zwei Tage später machte sich Bragadino auf den Weg zum Lager des Pascha, um diesem die Schlüssel der Stadt zu übergeben, bevor er selbst eine der Galeeren bestieg. Er trug seine purpurfarbene Amtsrobe und über seinem Kopf jenen roten Schirm, der eines der Insignien seines Amtes war. Begleitet wurde er von dreihundert Offizieren und Soldaten. Man führte sie zum Lager des Pascha, wo man sie höflich ersuchte, ihre Waffen zu übergeben, dann geleitete man Bragadino und einige der älteren Offiziere in das große Zelt, in dem Mustapha residierte. Der Pascha behandelte sie zunächst sehr höflich, doch wenig später schon bekam er einen Wutanfall. Er beschuldigte Bragadino, die Kapitulationsbedingungen mißachtet zu haben und durch einen ebenso unsinnigen wie hoffnungslosen Widerstand den Tod von Tausenden von Türken auf dem Gewissen zu haben.

Plötzlich sahen sich die Venezianer gepackt und gefesselt, die venezianischen Soldaten vor dem Zelt wurden von den Janitscharen niedergemetzelt und in Stücke gehauen. Nur einige Venezianer kamen mit dem Leben davon, allerdings auch nicht so, wie man es sich für sie wünschen mochte – Hercules Martenigo, Sprößling eines berühmten adligen Clans, endete als Sklave eines Eunuchen. Bragadino wurde dreimal zur Hinrichtung geführt, und jedes Mal gebot man dem Henker mit seinem Beil in letzter Minute Einhalt: dafür schnitt Mustapha dem Venezianer nun das rechte Ohr ab, während ein Soldat sich des linken Ohrs und seiner Nase annahm.

Zwölf Tage später schleppte man den schrecklich verstümmelten und total erschöpften Mann in die Stadt zurück, und nun machte Pascha Bragadinos einstige Drohung an diesem selbst war. Er mußte schwere, mit Erdreich und Steinen vollgepackte Säcke in den Festungsanlagen hinauf- und hinunterschleppen, und jedes Mal, wenn er an Mustapha vorbeikam, mußte er den Boden küssen. Dann band man ihn an einem Stuhl fest und hievte ihn hinauf zur Rahnock einer Galeere, damit das ganze Heer und alle Bürger ihn sehen konnten. Anschließend brachte man ihn zu dem Platz neben der Kathedrale, gegenüber vom Palast, und nachdem man ihn den ganzen Weg entlang verhöhnt und jeder ihn geschlagen hatte, dem danach war, und nachdem der Pascha selbst den armen Mann beschimpft hatte, fesselte man ihn an eine der venezianischen Säulen, das Gesicht zur Säule gewandt.

Mustapha saß in der Loggia des Palastes und versprach Bragadino, er würde ihn verschonen, wenn er den Moslemglauben annähme. Doch Bragadino, davon kann man ausgehen, war bereits jenseits von Gut und Böse, und so hatte er in seiner letzten Agonie das Gesicht zur Säule gewandt, während ihm der Henker bei lebendigem Leibe die Haut abzog. Sein Haupt spießte man auf eine Lanze (wo es, wie die christliche Legende später zu berichten wußte, erstrahlte gleich einer Sonne und einen lieblichen Duft verströmte). Sein Körper hingegen wurde gevierteilt und die Teile in den Breschen vergraben, welche die Türken in die Stadtmauer geschlagen hatten. Die Haut stopfte man mit Stroh aus. Dieser Puppe zog man die Purpurrobe an und stülpte ihr den roten Schirm auf, dann setzte man sie auf eine Kuh und führte sie in der Stadt herum. Am Ende band man sie an die Rahnock einer Kriegsgaleere und machte sich auf zu einer triumphalen Kreuzfahrt durchs östliche Mittelmeer, das nun tatsächlich den Türken gehörte.

Links: Die Ruinen der Sankt-Georgskirche in Famagusta
Rechts: Die einstige Sankt-Nicholas-Kirche in Famagusta

Die sterblichen Überreste des Venezianers brachte Mustapha Pascha persönlich nach Konstantinopel, wo dieser sie als Siegestrophäe dem Sultan überreichte. Man verwahrte sie im Arsenal am Goldenen Horn, direkt gegenüber der Stelle, wo dreihundertfünfzig Jahre früher die Venezianer eine Bresche in die Festungsanlagen geschlagen hatten und wo damals ihre imperiale Geschichte begann. Im Jahr 1650 stiftete die Bragadinofamilie einen Veroneser namens Jerome Polidoro dazu an, diese Überreste zu stehlen. Man brachte sie nach Venedig, wo man sie endlich, nach all der erlittenen Qual, in der Kirche San Zanipolo beisetzte. Jenen Polidoro aber erwischten die Türken, und sie folterten ihn ganz schrecklich; doch wurde er von den Bragadinos mit einem Lösegeld freigekauft, und schließlich bekam er von der dankbaren Signoria eine monatliche Pension von fünf Dukaten zugestanden.

Das war also das Ende der kurzen und unglückseligen Herrschaft der Seerepublik auf Zypern, sie hatte von 1489 bis 1571 gedauert. Zwei Monate nach der Eroberung von Famagusta durch die Türken errang die Heilige Liga in der Schlacht von Lepanto einen großartigen Sieg über die Türken, doch da war es bereits zu spät, um die Insel noch zu retten. Auch lebten nun fast keine Venezianer mehr auf der Insel: lediglich ein paar adlige Familien, deren Leben die Türken verschonten und die nun in der Landbevölkerung aufgingen und von ihrem in der Zentralebene gelegenen Dorf Athenion aus hauptsächlich als Maultiertreiber tätig waren. Die Türken blieben bis ins neunzehnte Jahrhundert hinein die Alleinherrscher auf Zypern, doch Zufriedenheit verbreiteten auch sie nicht. Die Insel – dumpf, träge und zugleich innerlich zerrissen – vegetierte weiter vor sich hin, bis die Erinnerung an die Venezianer ausgelöscht war und als Spuren nur mehr einige zerstörte Festungswälle, ein, zwei Kirchen und da und dort ein Geflügelter Löwe zurückblieben. Venedigs ängstliche Generationen auf dieser bitter-süßen Insel ernteten keine Dankbarkeit und kaum irgendwelche Liebe.

Aber was wurde, so fragt sich gewiß mancher Leser, am Ende aus Caterina Cornaro, die jene im vorhinein ausgehandelte Ehe einging und dadurch den Zugriff der Seerepublik auf Zypern erst möglich machte? Caterina Cornaro konnte von Glück reden, daß sie abgedankt hatte, denn ihre zweite Lebenshälfte verlief wesentlich glücklicher als die erste. Sie heiratete kein zweites Mal, und ein Porträt von Gentile Bellini zeigt sie als eine Frau mit massiven Schultern, schwerer Büste, kurzgeschnittenem Haar, entschlossenem Mund und leicht nach außen schielenden Schweinsäuglein. Sie widmete sich nun kulturellen und gesellschaftlichen Vergnügungen und wurde in späteren Jahren eine berühmte Förderin der Künste.

Sie blieb Königin – wenn auch nicht von Zypern, Jerusalem und Armenien. Die Seerepublik stattete sie mit einem Pseudokönigreich aus, das heißt, sie bekam die hübsche, kleine Stadt Asolo, die über fünfzig Kilometer nördlich von Venedig in den Bergen liegt, zum Lehen. Dort führte sie ein glückliches Leben mit einem kleinen, ihr ergebenen Hofstaat, bestehend aus zwölf Hofdamen, achtzig Bediensteten und einer Negerin, der die Obhut ihrer geliebten Papageien und eine kleine Menagerie anvertraut war, die etwas Kurzweil in das Leben ihres Schloßgartens bringen sollte. Zwanzig Jahre lang war sie die Herrin auf Asolo, ständig besucht von Freunden und Verwandten, aber auch berühmte Gelehrte und Schriftsteller machten ihr ihre Aufwartung. Es war eine Zeit der Feste, Paraden und Fackelumzüge. Caterina Cornaro starb 1510, im Alter von sechsundfünfzig Jahren, und am Tag ihrer Beisetzung baute man eine Bootsbrücke über den Canal Crande, vom Cornaropalast – von wo aus die junge Dame im Jahre 1472 in ihr großes Abenteuer aufgebrochen war – hinüber ans andere Ufer, um ihre sterblichen Überreste in der Kirche zu den Heiligen Aposteln bei der Rialtobrücke zu be-

Caterina Cornaro und ihr Hof

statten. Das Begräbnis fand an einem stürmisch-nassen Abend statt: Caterina Cornaros Leichnam war in das braune Habit des Franziskanerordens gehüllt, doch auf ihrem Sarg lag die Krone Zyperns.

6. Kapitel
Griechische Küsten

»Das Auge« – Sui generis – Monemvasia, Schlachtbeschreibung – Letzter Versuch – Der schlimmste Schlag

Zypern war der östliche Vorposten des venezianischen Imperiums. Hier kehren wir um. Die Soldaten der Garnison von Famagusta segelten nicht westwärts nach Iraklion, denn sie wurden von den Türken versklavt, doch in glücklicheren Zeiten befanden sich die von Ägypten und der Levante kommenden venezianischen Handelskonvois, wenn sie Zypern wieder verließen, sozusagen bereits in heimischen Gewässern. Und die Handelsgaleeren, die von Zypern und Kreta heimwärts strebten, vorbei an den blauen Höckerformen der Kykladeninseln und vorbei an der Insel Kithira und am Kap Matapan, begegneten möglicherweise, wenn sie den Peloponnes umrundeten, anderen Handelsschiffen, deren Reiseziel ebenfalls die Lagunenstadt war. All diese Schiffe peilten fürs erste den Dreh- und Angelpunkt des ganzen venezianischen Seeimperiums an. Modon hieß dieser Ort, er heißt heute Methoni: die Stadt mit ihrer Festung erhebt sich im äußersten südwestlichen Winkel des Peloponnes, sie war damals Verkehrsknotenpunkt, Nachschubbasis, Informationsstelle, Kommandoposten, Reparaturwerkstätte für Schiffe und Erholungsort für die Seeleute, die auf den östlichen Handelsrouten unterwegs waren. Modon oder Methoni war die stattlichste unter den Küstenfestungen des Imperiums. Die Stadt lag, wie man damals gern sagte, »auf halbem Weg nach jedem Land und jedem Meer«, und die Venezianer nannten sie »Das Auge der Republik«.

Wir segeln nun – da unser Entschluß, welches Transportmittel wir nehmen wollen, eindeutig feststeht – mit einem der Konvois aus dem frühen fünfzehnten Jahrhundert dem Hafen Methoni entgegen. Während das venezianische Imperium selbst noch im Aufstieg begriffen ist, werden wir Methoni in seiner Glanzzeit erleben. Wir stehen auf dem Vorderdeck der Galeere, die, sagen wir, von Beirut kommt, unter uns klatschen schäumend die Ruder ins Wasser, und auf dem Achterdeck lungert lustlos der Kapitän herum. Die Sonne scheint, ein griechischer Morgen umgibt uns, wir befinden uns im Mittelalter, über uns flattert das Banner des Markuslöwen, und das Gefühl überkommt uns, als brächten wir auf unserem Schiff, mit unserem Konvoi alle Schätze des Orients und des Imperiums heim in die Lagunenstadt.

Die Galeere dort drüben ist beladen mit Spezereien und Seide aus Syrien; das Schiff hinter uns hat in seinem Frachtraum Baumwolle von Zypern und Pfeffersäcke aus Ägypten gestapelt: die Handelsflotte ist beladen mit mannigfachen Gütern und unterschiedlichsten Passagieren – Weine von Naxos und Mykonos, Weihrauch aus Arabien, Felle, Häute und Emailarbeiten aus Konstantinopel, dazu gibt es Affen für die Menagerien der Reichen, mongolische Sklaven vom Asowschen Meer, Cornaroleute von den Plantagen auf Zypern, Soldaten, die sich dankbar von Tinos oder Frangocastello haben versetzen lassen, Abordnungen von Syros, jüdische Bankleute von Euböa, griechische Ikonenmaler, Kaufleute aus Alexandria, die sich nach einem arbeitsreichen Leben in der Lagunenstadt zur Ruhe setzen wollen, und solche aus Aleppo, die sich an den dort üblichen Gewinnspannen gesundgestoßen haben und nun auf

Der Geflügelte San-Marco-Löwe auf einem Schiffsbanner

dem Weg nach Hause sind, um in ihrer Heimatstadt ihre Gelder in anderen geschäftlichen Unternehmungen zu investieren.

Wir kommen an der Insel Enetika vorbei und zwängen uns durch den schmalen Kanal zwischen der Insel Sapientza und dem Peloponnes: so gelangen wir in die weitläufige Sapientzabucht. Plötzlich sind wir umgeben von zahllosen anderen Schiffen – Kriegsgaleeren mit schnabelartigem Bug, kompakte Küstenschiffe mit viereckigen Segeln, Lateinsegelboote von den Inseln. Als unser Konvoi seinen Ankerplatz findet, da wimmelt es um uns herum nur so von kleinen Booten, man schreit und pfeift, und Ankerketten rasseln in die Tiefe. Man hat das Gefühl, in einem sicheren Hafen, ja in einem Vorzimmer von Venedig selbst angelangt zu sein – kein Wunder, denn dort drüben, gleich überm Wasser gelegen, elfenbeingelb im abendlichen Licht, dort drüben kauert, gewalttätig und beruhigend zugleich, die Hafenfestung Methoni.

Der Anblick dieser Festung gehört zu den großartigsten für den Mittelmeerreisenden. Sie steht an der äußersten Spitze ihrer Halbinsel und ist umgeben von einem halbmondförmigen Sandstrand. Die vielen Türme wirken wie eine Barrikade, die sich am Wasser entlangzieht. Fahnen flattern dort oben, Wachtposten drehen auf den Wehrgängen ihre Runden, wir hören das Sausen von Windmühlenflügeln, und durch die beiden Tore, die zum Hafen hinaus führen, wimmelt der Verkehr, es ist ein unablässiges Kommen und Gehen.

Über der Festung wehen Hunderte von Rauchfahnen, denn das ganze Hafenvölkchen lebt innerhalb der Festungswälle, Kaufleute und ihre Handelsreisenden, Priester und Soldaten, Schiffsbauer und Kleinhändler und Bankiers, dazu eine blühende Kolonie von jüdischen Seidenspinnern und die Pilger, die in der berühmten Herberge der Teutonischen Ritter absteigen; nicht zu vergessen der Kommandant der Galeeren und der allmächtige Statthalter. Nur eine Zigeunerkolonie lebt außerhalb der Umwallung – in Zelten und Hütten jenseits des Stadtgrabens im Norden; sie kaufen von der griechischen Landbevölkerung Schweine und versorgen Venedig mit dem Schinken, den die Stadt verbraucht. Gen Osten führt eine Straße über die kahlen Berge nach Coron oder Koroni, das ist »Das Zweite Auge«, es liegt auf der anderen Seite der messenischen Halbinsel. Gen Norden führt eine Küstenstraße hinauf zur venezianischen Festung Navarino. Aber der Anblick von Methoni genügt bereits – diese Stadt mit ihrem Hafen ist, das sieht man gleich, ganz und gar auf Selbstversorgung eingestellt.

Wenn ein Handelskonvoi wie der unsrige anlegt, beginnt in der Stadt sogleich ein wahres Gewühle und Gewimmel. Tausende von Ruderern und Passagieren gehen an Land. Die Geschäfte und Tavernen innerhalb der Umwallung sind plötzlich proppenvoll (»der bloße Gedanke an den Muskateller von Modon versetzt mich in Entzücken«, schrieb Pater Felix Fabri, ein Reisender aus dem fünfzehnten Jahrhundert). Fremdlinge spazieren wie betäubt durch die Straßen der Stadt, oder sie werfen einen verwunderten Blick auf die nackte Landschaft hinaus. Gerüche nach Spezereien, nach Holz, eine einzige babylonische Sprachverwirrung, Pilger knien in der Johanneskirche danksagend vor dem Haupt des heiligen Athanasius – »Athanasius gegen die Welt« lautet ein in Methoni verbreiteter Spruch. Schiffseigner unterbreiten ihre Anliegen den Werftleuten, hohe Herren ihre Empfehlungsschreiben dem Statthalter, Kaufleute ihre Kreditbriefe den Bankiers. Methoni ist der *Stato da Mar* in komprimierter Form: aufmerksam, fix und hellhörig, kosmopolitisch und großartig seinem Stil nach, aber rein praktisch in seiner Funktion.

Es wird dunkel, nur die Wachtposten auf den Festungswällen drehen ihre Runde, man hört das Murmeln der Nachtwachen an Deck der Galeeren. Wenn wir am Morgen darauf erwachen, sind plötzlich Jahrhunderte vergangen und wir entdecken ein völlig verändertes Modon. Dieses Methoni des zwanzigsten Jahrhunderts ist längst nicht mehr, was es einst gewesen. Die gewaltige Seefestung ist heute nur mehr eine Hülse, ein leeres Gehäuse, das düster und verrottet an seiner Küste liegt. Die weitläufige Bucht ist leer. Vor der Stadtmauer, dort, wo einst die Zigeuner hausten, befindet sich heute ein zusammengeflicktes Dorf, und gleich am Strand, neben der Bembobastion, erhebt sich ein Touristenhotel mit verspiegelter Fensterfront. Eine

Modon, das heutige Methoni

Planierraupe schiebt den Sand am Strand hin und her. Eine Frau ruft ihrem Mann, der jenseits des Wassers auf der Mole steht, etwas zu. In einer Taverne gleich am Meer bedient uns der Wirt, Zahnstocher zwischen den Lippen, mit zerstreuter Miene, er stellt uns den gebackenen Fisch hin, wobei er immer auf den Fernseher drüben über der Theke starrt. Die vielen Häuser innerhalb der Stadtwälle, die Amtsgebäude des Imperiums, das Lagerhaus, die Kneipen, die Herbergen und die Kasernen – sie sind alle verschwunden; zurückgeblieben sind hier und da nur grasbewachsene Erdhügel, ein, zwei wacklige Mauern, halb im Erdboden versunkene, vielfältig sich verzweigende Kammern, in denen es von Ungeziefer nur so wimmelt, sowie die Bruchstücke der venezianischen Obrigkeitssäule, ohne Geflügelten Löwen freilich. Die Stadttore nach dem Meer hinaus sind grob mit Steinen verrammelt. Adelswappen und in Stein gemeißelte Löwen blicken verschwommen, vom Meerwind zerfressen, aus ihren schattigen Winkeln herunter.

Doch kann im Verlauf des Tages, wie es manchmal passiert, einer der heftigen Stürme, die vom Süden, aus dem Kretischen Meer kommen, über Methoni herfallen. Der Sturm rüttelt an den Mauern, die Türme erheben sich als großartige Silhouette vor den dahinjagenden Wolken, und es klingt, als würden alle Geflügelten Löwen, die es in den Herrschaftsgebieten der Venezianer jemals gab, ihr verlorenes Imperium laut betrauern.

Methoni war die kostbarste Besitzung, die die Venezianer, als man das byzantinische Imperium unter sich aufteilte, auf dem griechischen Festland eroberten. Dahinter, im Landesinneren, gründeten die Kreuzfahrer ihre eigenen Feudalstaaten, doch entarteten diese Versuche bald in Kämpfe um Land und Macht, und Griechenland wurde ein Opfer ebenso der Gewalt wie der Intrige. Normannen, Burgunder, Italiener, Deutsche und Spanier marschierten mit- oder gegeneinander durch klassisches Land, Frankenfestungen schossen aus dem Boden zwischen den Zitadellen von Argos und Korinth, Theben und Sparta. Im vierzehnten Jahrhundert eroberten die griechischen Byzantiner, die am Goldenen Horn zeitweilig wieder die Macht an sich gerissen hatten, einen großen Teil Griechenlands zurück. Im fünfzehnten Jahrhundert stießen dann die Türken, nachdem sie Konstantinopel eingenommen hatten, unerbittlich zur griechischen Halbinsel vor, bis sie ihnen schließlich gehörte.

Die Venezianer konnten dabei nicht einfach abseits stehen, doch versuchten sie sich herauszuhalten. Hier wie überall waren sie *sui generis.* Obwohl sie von Zeit zu Zeit in die ständig schwelenden griechischen Konflikte hineingezogen wurden und venezianische Armeen weit im Landesinneren in Aktion traten, verfolgte die Seerepublik zumeist ihre eigenen Interessen, das heißt, sie war ganz auf sich und ihre Küstenstützpunkte bedacht. Ein Imperium um des Imperiums willen hat sie nie interessiert, und ihre Landnahme in Griechenland erfolgte – wie in allen anderen Ländern auch – unter einem einzigen Gesichtspunkt: es galt den Handel der Serenissima zugleich auszuweiten und abzusichern.

Von Nauplia, dem heutigen Nafplion im Nordosten bis hinüber nach Patras im Nordwesten haben die Venezianer immer wieder beinahe alle wichtigen Häfen und Küstenstützpunkte besessen. Das aber heißt, daß sie nun nicht nur Zwischenstationen auf ihren Handelsrouten und Stützpunkte für ihre Geschwader im östlichen Mittelmeer hatten, sondern daß ein Großteil des griechischen Seehandels in venezianische Hände gelangte – alle lateinischen Herrscher auf dem griechischen Festland waren, was Handel und Transport anlangt, von der venezianischen Seefahrt abhängig. Die Besitzungen an den griechischen Küsten wurden zu einem Teil des venezianischen Erbes. Die Venezianer nannten den Peloponnes die Morea, weil dieser kleine Subkontinent wie das Blatt eines Maulbeerbaumes *(morus)* aussieht; dieser Name sollte in den Chroniken der Signoria bis ins siebzehnte Jahrhundert hinein immer wieder auftauchen.

Sie nannten Methoni, den Drehpunkt des Ganzen, »Schlupfwinkel und besonderen Zufluchtsort für alle unsere Galeeren, Schiffe und Fahrzeuge«. Als im Jahr 1500 diese Hafenfestung von den Türken erobert wurde, da trat daheim in der Lagunenstadt der Rat der Zehn zusammen, und obwohl die Ratsherren in Hermelin und in Samtkappen gekleidet gingen, brachen sie doch einmütig in Tränen aus.

Obgleich die Venezianer alle diese Kolonien gegen Angriffe vom Land wie vom Meer her abgeschirmt hatten, waren diese Hafenfestungen in erster Linie Handelsstationen, das heißt, ihr Leben hing ab von den Handelszyklen, die sich zwischen Venedig und dem Orient entwickelt hatten. Methoni war ein Knotenpunkt, wo die beiden Haupthandelsrouten zum Orient zusammentrafen. Die eine Route führte nordwärts durch die Ägäis ins Schwarze Meer und von dort aus noch weiter bis zu der venezianischen Handelsniederlassung Tarfa im Asowschen Meer, die zweite Route lief über Kreta und Zypern nach Syrien und Alexandria, wo die Venezianer bereits seit dem zwölften Jahrhundert Lagerhäuser unterhielten.

Im fünfzehnten Jahrhundert – in der Zeit also, da wir nun selbst in die Sapientzabucht hineinfahren – war der Schiffsverkehr auf diesen Routen gewissenhaft durchorganisiert. Venedig stand im Begriff, als Seemacht seine höchste Blüte zu erleben: im Jahr 1414 besaß die Seerepublik, das erfahren wir von ihrem Dogen Tommaso Mocenigo, dreitausend kleine Handelsschiffe, dreihundert große Kauffahrteischiffe und fünfundvierzig Kriegsgaleeren, mit insgesamt sechsunddreißigtausend Seeleuten. Jedes Jahr stachen pro Route je zwei Konvois in See, die in der Regel die Reise bis nach Methoni zusammen machten. Die Venezianer unternahmen ihre langen Reisen am liebsten auf schnellen Galeeren, die von freien Männern gerudert wurden, sie zogen diese Seefahrzeuge jenen großen Segelschiffen vor, die von anderen seefahrenden Nationen benutzt wurden. Venedigs Staatskonvois bestanden gewöhnlich aus fünfzehn oder zwanzig solchen beeindruckenden Galeeren, begleitet von leichteren Kampfschiffen. Ein Konvoi war eine Mischung aus Kapitalismus und Staatsunternehmen. Die Seerepublik besorgte die ganze Organisation, sie bestimmte den Schnitt und die Bauart der Schiffe und sorgte für den Geleitzug. Privatunternehmen aber brachten das nötige Kapital auf und steckten den größten Teil der Gewinne ein. Jedermann an Bord einer solchen Handelsgaleere investierte bis zu einem gewissen Grad in das ganze Unternehmen, denn jeder war befugt, seinen eigenen Handel nebenher zu betreiben, und wenn eine solche Galeere in einem der Häfen des Orients vor Anker ging, verwandelte sich das Schiff sofort in einen schwimmenden Basar, um den herum es von Hafenbooten nur so wimmelte. Die ortsansässigen Kaufleute kamen am Dollbord hochgeklettert, um gleich mit dem Feilschen zu beginnen.

Es herrschte eine strenge Ordnung auf diesen Konvois. Sie wurden befehligt von einem Admiral und geführt von einem Flottennavigator, beide jeweils von der Seerepublik ernannt. Auch hatte jede Handelsgaleere ihren Schiffssekretär, der ebenfalls von Amts wegen ernannt worden war: er hatte den Auftrag, ein Auge auf die Bücher zu haben. Jeder Aspekt der Reise war fein säuberlich organisiert, angefangen bei den Essensrationen der Ruderer über die Belastungsgrenze der Schiffe bis hin zur Rundreisedauer. Jedes Schiff hatte seine Mannschaft Bogenschützen an Bord, so daß der Konvoi gleichzeitg eine Kampfeinheit darstellte. Auf die gesamte Flotte verteilt waren Kaplane, Ärzte und die jungen Bogenschützen aus bester Familie, die – einer alten venezianischen Tradition gemäß – diese Galeerenreisen als einen Teil ihrer Erziehung mitmachten.

An Bord ging es ziemlich deftig zu. Der Kapitän mochte in seiner Kabine achtern ein angenehmes Leben führen, und das gleiche traf auf jeden wichtigen Passagier zu, doch auf dem übrigen Schiff stank es ganz schrecklich – aus dem Kielraum herauf und vom Kot der Schafe, Zie-

Ein venezianischer Kapitän und ein Bogenschütze

gen, Kälber, Ochsen und Schweine, die sich an Deck um die offene Küche herum drängten. Die Mannschaft bestand aus allen möglichen Herumtreibern und Fahnenflüchtigen, und für den unerfahrenen Reisenden war die Zeit auf dem Schiff eine Zeit voller Überraschungen. Ging ein junger Venezianer im fünfzehnten Jahrhundert zum ersten Mal zur See, so wurde er von seinem älteren Bruder davor gewarnt, sich an Bord irgendwelchen Spielen hinzugeben (außer vielleicht dem Damespiel mit dem Schiffskaplan), und er sollte ja aufpassen, wenn im Hafen die Schiffstrommel zur Abreise gerührt wurde. An Land sollte er nicht zuviel essen, und er sollte sich fernhalten von den Dirnen auf Kreta und Zypern, denn die seien alle geschlechtskrank.

So tauchte also mehrere Male im Jahr eine dieser spektakulären Armadas vor der griechischen Küste auf. Jeder Junge auf der Mole kannte die Namen der Schiffe; jeder Statthalter oder Rector oder Gouverneur kannte ihre Kapitäne; jede Prostituierte kannte ihre Besatzungen. Kein Anblick war großartiger als der dieser prächtigen Galeeren, dieser Linienschiffe des venezianischen Handels, die dort an der griechischen Küste hinunterstrebten mit flatternden Bannern und großem Geleitzug. Wer diese Schiffe mit ihrer schlanken Form, ihren bunten Farben und ihrem rhythmischen Ruderschlag von, sagen wir, Sounion aus erblickte, dem sind sie sicherlich vorgekommen wie Gespensterschiffe aus dem Altertum, die ihre homerischen Helden durch die weindunkle See zu neuen Abenteuern entführen.

In schwierigen Zeiten, das heißt vor allem während des langsamen Eindringens der Türken, spielten die venezianischen Küstenkolonien die Rolle von Zufluchtsorten. Um 1460 herum war der ganze Peloponnes türkisch, die venezianischen Kolonien ausgenommen, und nun drängten die Flüchtlinge über die Gebirgspässe herunter, um in den Festungen der Venezianer Schutz zu suchen. Entmachtete griechische Anführer schifften sich hier ein, oder sie ließen Frauen und Kinder in venezianischer Obhut zurück. Junge Griechen gingen zur venezianischen Leichten Kavallerie, zu den *stratioti,* die kampfesmutigste Truppe der venezianischen Landstreitkräfte. In der Tat haben die Venezianer um 1450 herum einen gewissen Graitzas Paleologus, einen Griechen berühmten Namens, der dem türkischen Vormarsch heroischen Widerstand geleistet hatte, zum Kommandanten der Leichten Kavallerie ernannt. Die Präsenz Venedigs, das Wappenbild mit dem Geflügelten Löwen über dem Stadttor war in diesen unruhigen Zeiten wie ein Unterpfand für Stabilität und Sicherheit: die Normannen und Katalanen konnten kommen und gehen, die Türken mochten durchs Land stürmen, doch die blauen venezianischen Türme dort an der Küste schienen nicht zu wanken. Das ging so weit, daß in manchen venezianischen Städten Griechenlands den Leuten ein Leben ohne den Schutz des heiligen Markus nicht mehr vorstellbar war. In anderen Städten war die Herrschaft der Seerepublik zwar von kurzer Dauer, aber von so nachhaltigem Einfluß, daß die einstige Kommune bald völlig venezianisiert war – die Stadtbewohner hatten ihre Vergangenheit halb vergessen, und ihre Zukunft schien gesichert.

Eine dieser Städte war das an der Ostküste des Peloponnes gelegene Monemvasia. Die Venezianer herrschten hier fast ein Jahrhundert lang, von 1463 bis 1540. Berühmt aber war diese Stadt schon vor dieser Zeit. Monemvasia war für die Seerepublik wie geschaffen, es gab kaum eine Stadt, die ihren Bedürfnissen stärker entgegengekommen wäre. Ein steiler, fast baumloser Felsen, mit dem Festland durch einen nicht ganz hundert Meter langen Damm verbunden, war dieser Ort immer schon bewohnt gewesen. Die Alten hatten eine Zitadelle auf seiner windgepeitschten Spitze errichtet. Hier bauten die Byzantiner eine Kirche, die sie nach der Hagia Sophia in Konstantinopel benannten und aus der sie einen Bischofssitz machten. Die Korsaren von Monemvasia waren berüchtigt im ganzen Mittelalter; der Wein von Monemvasia, auch Malvasierwein genannt, war in ganz Europa berühmt. Aber die Venezianer nahmen den Felsen, die Stadt in Besitz: eine der faszinierendsten Kolonialstationen ihres Imperiums.

Monemvasia heißt so viel wie »der einzige Eingang«, auch heute gibt es nur diesen einen Zugang, über den Damm vom Festland her. Zur Zeit der Venezianer war der ganze Ort stark befestigt, doch kommt einem dieser Damm heute, da der Kanal hier derart schmal ist, kaum wie eine Brücke vor. Aber der insuläre Charakter von Monemvasia steht außer Zweifel. Der massive, doch wohlproportionierte Felsen erhebt sich aus dem Meer und steht großartig ganz für sich. In seiner Blütezeit war er vom Scheitel bis zur Sohle befestigt, und wenn man gleich beim Ufer das Stadttor passiert, dann hat man sogar heute noch das Gefühl, ein wenn nicht feindliches, so doch unfreundliches Lager zu betreten.

Die Unterstadt von Monemvasia, am Fuß des Felsen gelegen und mit eigenen Mauern umgeben, wirkt ziemlich byzantinisch. Hier lebt eine Künstler- und Ausländerkolonie, man findet ein Café und eine bescheidene Pension (von einem der freimütigeren Reisehandbücher als »gespenstisch« beschrieben). Aber doch auch eine Menge Ruinen. Die Gassen laufen kreuz und quer durch dieses Wrack von einer Stadt, flink und rasch wie Wiesel, die Häuser stehen dicht zusammengedrängt am Steilhang über dem Meer, manchmal meint man, ein Haus stehe auf dem anderen, so daß sich die engen Straßen mühsam zwischen ihnen hindurchwinden, um hier und da auf einen kleinen Platz mit einer Kirche oder in eine heruntergekommene Esplanade am Seewall zu münden. Eine Ziege knabbert zerstreut inmitten der verfallenen Mauern an einem Gebüsch; die Stimmen von Stuttgarter Batikkünstlern hallen schwer durch die schmalen Straßen herunter; von der schattigen Terrasse aus beäugt ein ältliches französisches

Monemvasia, »der einzige Zugang«

Pärchen mit dem Fernglas den Lauf der Jahrhunderte, ihr Spaniel schaut ebenfalls verständnisvoll.

Weiter oben, viel weiter oben, erbauten die Venezianer ihre Festung. Ein steiler Zickzackweg führt dort hinauf, und auf halber Strecke markiert ein eisenbeschlagenes, kugelversehrtes Tor den Eingang zum Kastro. Das war der einzige Weg, der einzige Zugang zu der venezianischen Festung. Man kommt durch das schattige Pförtnerhaus, passiert den unsichtbaren Wachtposten und betritt, wenn man in die Sonne hinausgeht und dem Weg zum Kamm des Felsens folgt, plötzlich eine Szenerie herrlicher Verlassenheit. Wo immer man hinschaut auf diesem sonnengebleichten, kahlgescheuerten Hochplateau, sitzen Klumpen und Rümpfe von einstigen Gebäuden herum. Auf der Spitze des Felsens selbst ragen die Ruinen des höchsten Wachturms in den Himmel, und die Überreste der Stadt wirken alt und unheimlich, ja fast schon keltisch, wie sie sich da auf dem holprigen Plateau zusammendrängen. Wer hier in den Zyklamen liegt und weit unten die Fischerboote beobachtet oder weit oben die lärmenden Possen der Feldlerchen, der glaubt plötzlich ein fernes Gemurmel von Stimmen zu vernehmen, dazu das Geräusch von Wasser, tropf-tropf und tropf-tropf, in irgendeiner alten Zisterne tief unten.

Alles Einbildung wahrscheinlich, denn hier oben auf dem Felsen ist nur noch die Kirche wirklich intakt. Die Byzantiner errichteten sie an der Felskante selbst, so daß ihr die heransegelnden Schiffe den Salut entrichten konnten. Dieses Bauwerk ist vielleicht das am schönsten gelegene, das die Byzantiner je errichteten: am Rande des Steilhangs, einem Unterpfand der Vorsehung nicht unähnlich, blickt dieses Gotteshaus die liebliche Küste hinauf nach Athen, Saloniki und hinüber nach Konstantinopel. Die Venezianer erkannten sogleich die wunderbare Struktur dieses Bauwerks, und sie fügten ihm einen anmutigen Narthex hinzu. Als später die ganze übrige Stadt zerstört war, die letzte Schiffsladung Malvasierwein den kleinen Hafen dort unten längst verlassen hatte und der Islam ganz Griechenland beherrschte, da verblieb

Hafen von Nafpaktos

nur diese Kirche, dieses edle Echo des großen Vorbildes am Goldenen Horn und seiner prunkvollen Nachbildung an der Piazza San Marco.

Die Hagia Sophia von Monemvasia ist der einzige in diesem Skelett von einer Stadt verbliebene Funke der Inspiration. Die Gläubigen suchen sie immer noch zum Gottesdienst auf, sie kommen aus der Unterstadt oder vom Festland herüber, klettern mühsam den Weg herauf, passieren das alte, narbige Tor zum Kastro. Unter der Kreuzkuppel hier drinnen brennen immer Kerzen und erhellen die Mosaikarbeiten. An der einen Wand hängt ein Bild neueren Datums, das die eigentliche Hagia Sophia darstellt: Das Wunschdenken des Künstlers hat die Kirche in ihrer ganzen Herrlichkeit wiederhergestellt und der Christenheit wiedergeschenkt – eine heilige Jungfrau Maria schwebt über dem Gotteshaus, das sich inmitten der Säulen, Statuen, Obelisken und Denkmäler der Stadt erhebt, an deren Zerstörung Dandolo und seine Venezianer vor langer Zeit mitgewirkt hatten.

Auf der anderen, nordwestlichen Seite des Peloponnes, gleich beim Eintritt in den Golf von Korinth, liegt der kleine Hafen Nafpaktos. Obwohl auf allen Seiten stark befestigt, macht das Kastro einen ziemlich bescheidenen Eindruck, wie es da südwärts nach den peloponnesischen Bergen hinüberblickt. Die Festung ist ein kleines, aber bezauberndes Beispiel für den Kolonialstil der Venezianer; sie ist geradezu das Gegenstück von Monemvasia, das den Besucher auf den ersten Blick fasziniert. Hoch auf dem Berg dahinter steht als Wächter die Zitadelle, dazwischen steigen Bastionen die bewaldeten Abhänge hinunter und verlieren sich zum Fuß des Berges hin in Häuschen, Laubengängen und hübschen Gäßchen. Die Festungsmauern aber reichen bis zur Hafeneinfahrt hinunter, umgürten schützend die Stadt und den Hafen dazu; der Hafen hat einen Leuchtturm auf seiner Mole – oberhalb seiner schaukelnden Jachten entdeckt der Besucher die alten Geschützbettungen, ein kriegerisch-grimmiger Anblick – insgesamt ein abgerundetes Ensemble. Im Sommer parkt eine Omnibusschlange am Hafen,

Tramper aus dem Norden stapeln ihre Rucksäcke unter den Jakarandabäumen des Platzes, Kinder klettern auf den Hafenwällen herum, schauen sich die Kanonen an.

Die Venezianer beherrschten, als ihnen dieser Ort gehörte, die wichtige Einfahrt zum Golf von Korinth, diesem kleinen Binnenmeer mit einer östlichen Ausfahrt in Form eines schmalen, tiefen Kanals, der den Isthmus von Korinth durchschneidet. Dieser Isthmus ist die Landbrücke, die den Peloponnes mit dem übrigen Griechenland verbindet. Heutzutage nehmen viele Schiffe, die, von Westen kommend, nach dem Piräus wollen, diesen Weg. So vergeht vor Nafpaktos kaum ein Augenblick, in dem nicht ein Schiff in Sicht ist. Einige Kilometer weiter westlich, dort, wo das Fährschiff von Patras herüberkommt, befindet sich die Meerenge von Nafpaktos, die Einfahrt in den Golf von Korinth, seine »kleinen Dardanellen«, linker- und rechterhand bewacht von den Festungen Rion und Antirion. Für die Venezianer war dies eine der wichtigsten Küstenstationen, paradoxerweise wurde dieser Stützpunkt für sie erst zu einem Begriff, als sie ihn an die Türken verloren hatten.

Die Türken eroberten Lepanto, so hieß der Ort damals, von den Venezianern im Jahr 1499. Diese Niederlage hatte die Seerepublik der Unfähigkeit von Antonio Grimani zu verdanken, einer jener Admiräle, denen wir bereits im dritten Kapitel begegneten. Der Mann wurde wegen seines Versagens verbannt, was freilich nicht hinderte, daß man ihn später zum Dogen machte. Der Kommandant der Garnison hingegen wurde vor dem Dogenpalast gehenkt. Die Türken verwandelten Lepanto sogleich in ihren Hauptstützpunkt in Westgriechenland. So aber kam es, daß die Schiffe des türkischen Großadmirals, als der Krieg zwischen dem Islam und dem Christentum 1571 seinem Höhepunkt entgegenstrebte, in diesem typisch venezianischen Hafen ankerten, bevor sie in eine der berühmtesten Seeschlachten aufbrachen.

Damals herrschte gerade Krieg auf Zypern. Die türkische Überlegenheit zur See und ihre augenscheinliche Unbesiegbarkeit zu Land schien damals die Existenz der Christenheit selbst zu bedrohen. Die Venezianer waren mittlerweile von ihren meisten ägäischen Besitzungen und von allen ihren Stützpunkten im griechischen Binnenland vertrieben worden. Selbst ihre adriatischen Territorien an der dalmatischen Küste waren nun kaum mehr als Enklaven in Feindesland. Nikosia war erobert. Famagusta wurde belagert. In dieser Extremsituation appellierten die Venezianer, die Arrieregarde sozusagen des Abendlandes, verzweifelter denn je an die christlichen Mächte. Im Oktober des Jahres 1571 kam es schließlich zur großen Konfrontation zwischen den Kriegsflotten der Heiligen Liga und des Osmanischen Reiches.

Vom höchsten Punkt der Nafpaktosfestung aus – dort stehen aromatisch duftende Pinien und Zypressen – hat man den geeigneten Überblick. Am Abend des 6. Oktober 1571 brachen von den ruhigen Gewässern dort unten, wo heute die Schiffe nach Italien oder Piräus vorbeifahren, die zweihundertachtzig türkischen Galeeren auf: sie segelten zwischen den beiden auf ihren Landzungen gelegenen kleinen Festungen hindurch dem offenen Meer entgegen. Auf den Schiffen flatterten die langen Wimpel des Sultans der Türkei, des Bei von Alexandria und des berühmten Korsaren Ali el-Uluji, von dem man sich erzählte, er sei ein abtrünniger Mönch aus Kalabrien. Gerudert wurden die Schiffe von Christensklaven, ihr Admiral war ein türkischer Kommandant mit Namen Ali Pascha – viel allerdings weiß die Geschichte nicht von ihm. Er führte auf seinem Schiff einen geweihten Talisman mit sich, einen Zahn des Propheten Mohammed, eingelassen in eine Kristallkugel; über ihm flog das Banner des Osmanischen Reiches dahin, das noch niemals in Christenhand gefallen war und auf dem sechsundzwanzigtausendmal der Name des muselmanischen Gottes geschrieben stand. Ali Pascha schlug den Ratschlag vieler seiner Kapitäne in den Wind: sie hätten es lieber gesehen, wenn ihre Flotte den sicheren, kanonengeschützten Hafen von Lepanto nicht verlassen hätte, doch Ali Pascha hoffte, durch die Zerstörung der Christenflotte nicht nur das Schicksal von Zypern zu besiegeln, sondern für seinen Sultan auch Kreta und den Rest des venezianischen Imperiums erobern zu zu können.

Westlich von dieser Meerenge, wo heute die Personen- und Autofähren zwischen Rion und Antirion verkehren, drehte und wendete die Christenflotte mit ihren zahllosen Segeln und blitzenden Rudern und sammelte sich zur Schlacht – ihre Schiffe waren aus Spanien, Sizilien, Genua, Neapel, Malta und Venedig gekommen. Der Generalkapitän der Flotte war der vierundzwanzigjährige Don Juan d'Austria, Sohn Kaiser Karl V. und Halbbruder Philipp II. von Spanien. Don Juan war ein heftiger, eingebildeter, aber zweifellos schneidiger Sprößling des europäischen Rittertums. Das Kommando zu führen war nicht einfach für ihn, die Verbündeten hatten oft Streit untereinander, Venezianer und Genuesen waren Erbfeinde, und kurz vor der Schlacht traf noch die Unglücksbotschaft ein, daß Famagusta auf Zypern in Feindeshand gefallen war.

Doch die Flotte, das Flottengewühl, das wir nun dort draußen sehen, sucht ihresgleichen in der Geschichte der Christenheit: sie bestand aus über zweihundert Schiffen und fünfzigtausend Mann Besatzung. Mehr als hundert Schiffe kamen aus Venedig, sie unterstanden dem Kommando des Generalkapitäns Sebastiano Venier und eines gewissen Agostino Barbarigo. Sechzig Schiffe waren von der Lagunenstadt selbst heruntergesegelt, sechzehn unter ihnen waren bemannt mit Strafgefangenen, die übrigen Schiffe mit freien Männern. Weitere fünf Schiffe waren ein Beitrag von venezianischen Adeligen von der *terra firma.* Dreißig kamen von Kreta, sieben von den Ionischen Inseln, acht von den venezianischen Besitzungen in Dalmatien. Der großartigste Beitrag freilich, den die Venezianer leisteten, war ihre Flottille, bestehend aus sechs großen Galeassen. Diese Sonderkonstruktion des Arsenals war eine Mischung aus der traditionellen Galeere, die jahrhundertelang das Hauptkontingent der Kampfgeschwader im Mittelmeer stellte, und aus der großen Segelgaleone, deren sich die nordeuropäische Seefahrt bediente. Diese Galeassen hatten vier Masten, drei Lateinersegel und ein weiteres Segel, das über den Bug vorstand. Sie waren ziemlich breit gebaut, so daß sie nicht nur über schwere Breitseiten verfügten, sondern auch über eine Art Geschützturm vorne am Bug, der mit einem halben Dutzend schwerer Kanonen bestückt werden konnte. Sie waren zum Manövrieren etwas schwerfällig, wir können sie uns gut vorstellen, diese mächtigen Schiffe, die da draußen mit Hilfe der Galeeren zu ihren Schlachtpositionen geschleppt wurden.

Am Morgen dieses 7. Oktober hatten die beiden Flotten Position bezogen, hunderttausend Mann bereiteten sich auf die Schlacht vor. Es war ein Sonntag, der Namenstag der heiligen Justina, für die Christen war dies ein richtiger Kreuzzug. Auf jeder Galeere hob man Kruzifixe in die Luft. Die Männer beichteten bei ihren Schiffskaplänen. Don Juan wohnte in voller Rüstung der Messe auf seinem Flaggschiff, der spanischen Galeere *El Real,* bei. Er hißte später höchstpersönlich am Masttopp die Flagge, die vom Papst geweiht worden war und ein Bild vom gekreuzigten Christus trug. Die Türken bildeten mit ihrer Flotte einen Halbmond mit zwei Seitenflügeln und einer Flottille, die sie als Reserve im Hintergrund hielten. Die Christenflotte bestand aus drei Kampflinien, sie hatte fünfunddreißig Galeeren in Reserve, die sechs venezianischen Galeassen bildeten das mächtige Vorgeschwader.

Es gibt Hunderte von phantasievollen Nachbildungen, die genau illustrieren, wie die Schlacht von Lepanto damals verlief. Marinehistoriker wissen ebenfalls klug und anschaulich darüber zu berichten: wie die beiden Flotten aufeinanderprallten, wie die Türken den linken venezianischen und den rechten genuesischen Abschnitt zu umgehen versuchten, wie die mächtigen Galeassen den wuchtigen türkischen Angriff auffingen, wie Don Juan auf seinem Flaggschiff ständig unterwegs war, seine Flotte zusammenhielt und die am schwersten getroffenen Geschwader verstärkte, wie der Ausgang der Schlacht schließlich in der Mittelfront entschieden wurde, als spanische Soldaten das türkische Flaggschiff enterten und seine Besatzung zwangen, sich zu ergeben. Aber ich hege meine Zweifel, ob wir dieses Schlachtgetümmel von Nafpaktos aus als strategische Ordnung erleben könnten. Es war sicherlich ein schreckliches Durcheinander, wie die meisten Seeschlachten von Aktium bis Midway, und die klassischen Formationen, mit denen die beiden Flotten ihre Operationen eröffneten, brachen schnell in sich zusammen und endeten in einem wilden Schlachtgetümmel, in gnadenlosen Nahkämpfen auf den Decks von angerammten und bereits kränkenden Galeeren.

Jedermann, ob nun Admiral oder Galeerensklave, befand sich in der gleichen Gefahr, und Pardon wurde nicht gegeben. Als die Venezianer zur Linken den Bei von Alexandria aus dem Wasser fischten und gefangennahmen, köpften sie ihn an Ort und Stelle. Als Ali Pascha sich auf seinem Flaggschiff ergab, hackten sie ihm den Kopf vom Rumpf, und nachdem sie das Haupt Don Juan präsentiert hatten, spießten sie es auf eine Lanze und zeigten ihre Trophäe der türkischen Flotte. Barbaro kam durch einen Pfeil ums Leben; das gleiche Schicksal ereilte den Prior Giustiniani vom Johanniterorden, der das maltesische Kontingent befehligte. (Aber es wird auch berichtet, daß ein Nahkampfgetümmel einmal zu einer wüsten Orangen- und Zitronenwerferei zwischen Christen und Muselmanen geriet, unter dem schallenden Gelächter beider Seiten.)

Insgesamt war es eine furchtbare Schlacht. Achttausend Christen und mindestens zwanzigtausend Muselmanen kamen ums Leben. Tausende von Türken wurden gefangengenommen, Tausende von Christen aus ihrer Galeerensklaverei befreit, die osmanische Vorherrschaft zur See wurde in das östliche Mittelmeer zurückgedrängt. Die Christenheit erlebte diese Auseinandersetzung wie eine Errettung. In vielen Teilen Europas begegnet man noch heute Zeugnissen dieses Gefühls – in den Museen allerorten Gemälde dieser Schlacht, dazu eroberte Flaggen und Trophäen, im bayrischen Irsee eine Kanzel in Form eines Galeerenbugs, im schweizerischen Wettingen ein bunt bemaltes Fensterglas. Ja, selbst die Blüte des Barock, so behaupteten manche Historiker, habe ihren Überschwang aus der neuen Hoffnung nach Lepanto bezogen.

Die Venezianer waren die allerglücklichsten Sieger. Die Neuigkeit gelangte in die Lagunenstadt nur einen Tag nach der Unglücksbotschaft von der Eroberung Famagustas durch die Türken. Man begrüßte den Sieg als einen der klassischen Triumphe Venedigs und auch als einen Beweis dafür, daß der alte Mut ungebrochen war, der Geflügelte Löwe von San Marco seine Kraft noch längst nicht eingebüßt hatte. Außerdem waren es die venezianischen »Kanonenboote« gewesen, die die Wucht des türkischen Angriffs aufgefangen hatten. Ganz Venedig eilte zum Markusbecken, als die Galeere *Angelo Gabriele* hereinrauschte, mit einer riesigen türkischen Flagge und einer langen Leine voller Turbans, die vom Heck flatterten, während die Besatzung begeistert Schüsse abfeuerte und »Sieg! Sieg!« brüllte. Prunkvolle Gottesdienste wurden in der Basilika abgehalten, riesige Banketts organisiert, ein Oratorium wurde komponiert, Dutzende von Gassenhauern befaßten sich mit dem Thema, die Piazza erlebte großartige Aufzüge, türkische Gefangene wurden in Ketten vorgeführt, bewacht von einem Stucklöwen und einer Dame in rot-samtenem Gewand, die als Sinnbild für den Sieg stand.

Alle Schranken fielen, die Gesellschaftsschichten vermengten sich, ja selbst die Taschendiebe, so erfahren wir, hatten sich einen Tag beziehungsweise eine Nacht freigenommen. Der Freudentaumel, die Euphorie dauerten Monate. Tintoretto malte ein Riesengemälde von dieser Schlacht. Andrea Vicentino schuf ebenfalls ein solches Schlachtenbild, auf dem er sich selbst als Offizier darstellte, dem das Wasser bis zum Hals stand – herumzappelnd, der Mann, aber ansonsten *impeccable.* Veronese schuf ein großes allegorisches Werk, das sich »Sieg« nannte und gleich über dem Thron des Dogen seinen Platz fand. In der Kirche San Guiseppe

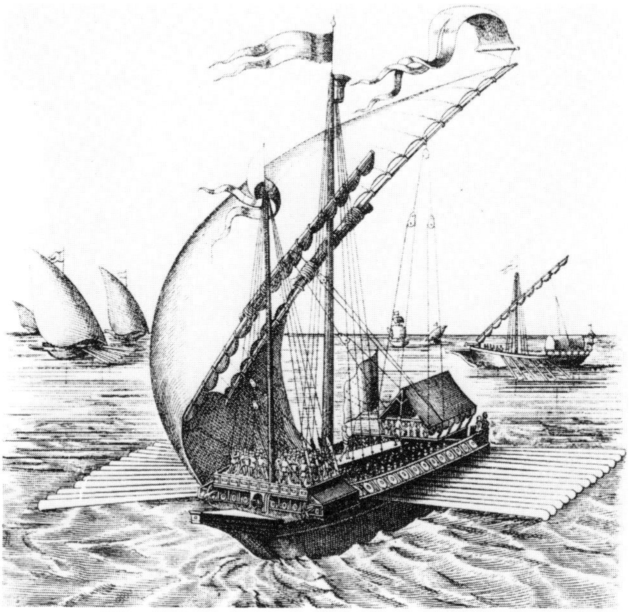

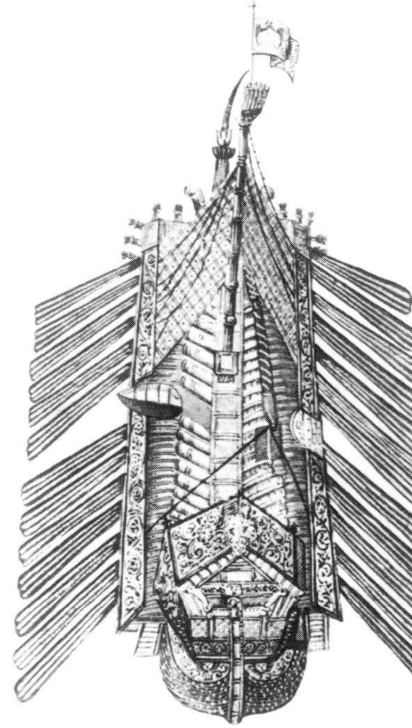

Venezianische Galeasse (größere Galeere) und Trireme (Dreiruderer)

errichtete man einen Altar, der Eingang zum Arsenal wurde neu erbaut, auch gründete man eine karitative Bruderschaft, die Scuola del Rosario, nur um immer wieder diesen 7. Oktober zu feiern.

In allen Kolonien des *Stato da Mar* stößt man auf Gedenkstätten oder Erinnerungsstücke, die die ruhmreiche Rolle der Venezianer und ihrer Flotte bei dieser Schlacht bewiesen. Aber selbst wenn Lepanto Europa damals gerettet haben sollte, das venezianische Imperium wurde durch diese Seeschlacht nicht gerettet. Zypern war schon verloren – der Großwesir in Konstantinopel tat den klugen Ausspruch, daß man dem Türken vielleicht seinen Bart versengt hatte, Venedig aber hatte einen ganzen Arm verloren. Die osmanische Flotte wurde rasch neugebaut oder wieder instandgesetzt: sie unterließ es von nun an, die Christenheit herauszufordern, doch war sie immerhin stark genug, um achtzig Jahre später über das venezianische Kreta herzufallen.

Was nun dieses kleine Lepanto, dieses Nafpaktos betrifft, so wurde es für die Venezianer zu einer Art metaphysischen Besitzes, zu einer Art Kolonie im Geiste.

Ein gutes Jahrhundert später erlebte die Seerepublik ihren offenkundigen Niedergang: ihr Reichtum schwand dahin, ihr Flottenbestand ging zurück, die hart arbeitende Bevölkerung verweichlichte, und der einst so pflichtbewußte Adel wurde zusehends selbstsüchtig und verhielt sich immer verantwortungsloser. Das Imperium hatte sich fast schon aufgelöst – Iraklion hatte sich im Jahr 1669 dem Feind ergeben, und so blieben nunmehr der Seerepublik nur noch die Ionischen Inseln, die Insel Tinos, die Häfen an der Adriaküste sowie drei Inselfestungen vor Kreta. Der Glanz und die Größe von Methoni waren längst entschwunden: Venedig ließ sich seine Schiffe nun von Ausländern bauen, und seine Truppen bestanden vor allem aus Söldnern.

Doch als im Jahr 1684 noch einmal ein Krieg zwischen der Seerepublik und den Türken ausbrach, da legten die Venezianer eine ungewöhnliche Aggressivität an den Tag. Man verstärkte die aus Venezianern und Dalmatiern bestehende Armee der Republik durch deutsche, maltesische und italienische Truppen und beschloß, voraussehbaren türkischen Offensiven durch eine massive Invasion Griechenlands zuvorzukommen. Das war ein überraschender Entschluß, doch besaß Venedig einen Befehlshaber, der kühn und erfahren genug war, um dieses Unternehmen in Angriff zu nehmen. Der Mann hieß Francesco Morosini – derselbe Morosini, der vor fünfzehn Jahren unerschrocken die Stadt Iraklion verteidigt hatte und dessen Haltung die Türken veranlaßt hatte, von seiner blutigen Hinrichtung abzusehen. Auch war er nicht im Kerker oder auf irgendeiner schrecklichen Insel gelandet, ein Los, das damals gewöhnlich den venezianischen Generälen zuteil wurde, die vor dem Feind klein beigegeben hatten. Morosini war der Nationalheld des Tages. Man rüstete eine Flotte auf, musterte eine Armee an, bestehend aus Deutschen, Venezianern, Maltesern, Slawen und Italienern, und im August 1685 landete das venezianische Söldnerheer in Koroni.

Das Unternehmen erwies sich als ein einziger Triumph. Morosini entpuppte sich wieder einmal als ein großartiger Führer, denn als die Türken in der Schlacht von Methoni beinahe schon die Oberhand hatten, da griff Morosini selbst in das Schlachtgeschehen ein und das Blatt wendete sich zugunsten der Venezianer. Der Mann ist unvergessen: die narbige, alte Säule inmitten der Festungsruinen trägt bis auf den heutigen Tag seinen Namen. Es dauerte bloß einige Monate, und er hatte den ganzen Peloponnes erobert, mehr, als Venedig je zuvor besessen hatte; er brachte den Geflügelten Löwen nach Nafpaktos zurück und überquerte den Isthmus von Korinth, um Athen zu erobern; außerdem plante er eine Invasion der Insel Euböa und dachte sogar daran, nach Kreta überzusetzen. Die Signoria konnte das Glück kaum fassen, und man stellte im Dogenpalast eine Büste des Befehlshabers auf, der den Zunamen Morosini der Peloponnesier erhielt. Die griechische Bevölkerung auf dem Peloponnes freilich zeigte sich weniger begeistert, denn zum einen tolerierten die Türken ihren Glauben und zum anderen hatten die Griechen ungute Erinnerungen an die einstige Arroganz der Venezianer. Was Morosini freilich nicht hinderte, auf dem ganzen Peloponnes die übliche venezianische Verwaltung wieder einzuführen. So hatte es nun eine Zeitlang den Anschein, als würde der Name Morea von neuem in die Annalen der Seerepublik Einzug halten.

Diese Hoffnungen erfüllten sich nur dreißig Jahre lang. Was dann zurückblieb, war das großartigste Bauwerk, das die Seerepublik im Niedergang hervorgebracht hat – die Festung Palamidi, die sich oberhalb der Stadt Nauplia (heute Nafplion genannt) erhebt. Die Venezianer hielten die im oberen Ende des Golfes von Argos gelegene Stadt Nauplia durch das ganze fünfzehnte Jahrhundert hindurch. Nauplia war ein wichtiger Ort. Als die Griechen zum Beispiel 1831 ihren Unabhängigkeitskrieg gegen die Türken gewonnen hatten, machten sie Nauplia zur ersten Hauptstadt ihres neuen Griechenland. Im Jahr 1685, als die Venezianer nach hundertfünfundvierzig Jahren zurückkehrten, wurde die Stadt von der Festung Akronauplia überragt. Außerdem gab es dort noch eine Seefestung, sie lag (und liegt) auf einer kleinen Insel unmittelbar vor der Küste und heißt Bourtzi (diese Festung diente übrigens dem türkischen Scharfrichter als sichere Residenz). Die Türken hatten die Stadt noch weiter befestigt und allerorten mit Minaretts bestückt (selbst Bourtzi besaß zwei davon), so daß der Ort dem Besucher stachlig entgegenstarrte. Morosini aber beschloß, eine noch gewaltigere Festung auf dem Berg gleich hinter der Stadt zu errichten. Diese Burg sollte das militärische Oberkommando für den jüngst eroberten Teil Griechenlands beherbergen. Die Festung entwickelte sich zum letzten Meisterwerk, das die Seerepublik im Verlauf ihres imperialistischen Abenteuers hervorbrachte.

Dreifachlampe von Morosinis Galeere, dazu sein Familienbanner

Nauplia oder Nafplion ist auch heute noch die italienischste Stadt auf dem griechischen Festland. Sie spielte eine eher unbedeutende Rolle im griechischen Unabhängigkeitskrieg, in dem so viele mittelalterliche Bauwerke zugrundegerichtet wurden. Die Stadt selbst ist voll eines heiteren Charmes. Die Minaretts freilich sind verschwunden. Der Besucher kann sich in der Seefestung des Scharfrichters ein Zimmer mieten. Gleich am Hafen liegen eine Menge Touristencafés, die venezianische Truppenunterkunft auf dem Hauptplatz hat man in ein Museum verwandelt, und innerhalb der Festungswälle von Akronauplia stehen heute zwei Hotels. Vom Meer steigen pittoreske Gassen herauf, und jedes zweite Haus ist eine Pension. Nauplia ist ein kleiner Ort voller Leben, ein Garnelen-und-Retsina-Ort, Souvenirs und Schiffsausflüge rund um die Bucht.

Aber gleich dahinter ragt düster die Festung. Morosinis Palamidi ist zwar für den Fremdenverkehr etwas aufgepäppelt worden, doch ist die Festung dem Tourismus gegenüber abweisend geblieben. Man hat sie lange nach der Blütezeit Venedigs erbaut, die ganze Anlage strahlt Selbstbewußtsein aus – diese virtuose Konstruktion hat etwas Angeberisches, trotz ihrer Wuchtigkeit vermittelt sie den Eindruck von schwindender Macht. Was freilich nicht hindert, daß einen die Bauweise tief beeindruckt. Palamidi war zur Zeit der Venezianer die mächtigste Festung in ganz Griechenland – oder, wie Fachleute von damals meinten, die einzig wirklich moderne Festungsanlage.

In vielen Schichten steigt sie den kahlen Berg hinauf. Man kann heute hintenherum mit dem Wagen zum Burgtor hinauffahren, doch damals gab es nur einen überdachten Weg direkt vom Hafen. Dieser Weg ging am Ende in eine Steintreppe über, die es auch heute noch gibt – sie soll 999 Stufen haben (hat aber in Wirklichkeit nur 857) und wird tagtäglich von verbissen vor sich hinschwitzenden Touristen benutzt, die häufig unterwegs ihren kühnen Entschluß, zur Burg hinaufzusteigen, bereuen. Dieser mühselige Weg hat damals sicherlich seine Wirkung nicht verfehlt: man kann sie sich gut vorstellen, die nach Nauplia zitierten Lehensherren und sonstigen Bevollmächtigten der Lagunenstadt, die besiegten Generäle und saumseligen Verbündeten, wie sie sich da hinauf mühen, endlich die letzte Stufe hinter sich bringen und das raffiniert zu Verteidigungszwecken hergerichtete Tor passieren: spätestens dann ist ihnen das Lachen vergangen.

In der Festung selbst ist alles eingeplant und ausgeklügelt. Verglichen mit den älteren Zitadellen Griechenlands muß diese Anlage damals um 1690 einen wahrhaft futuristischen Eindruck gemacht haben. Innerhalb der mächtigen Außenmauern gab es acht eigenständige Forts, jedes von ihnen mit seinem eigenen Munitionsbunker, seiner eigenen Zisterne und Kaserne. Im Herzen dieser Anlage lag das Hauptfort mit seinem gewaltigen Wasserreservoir, seinen tiefen Kellern für Munition und Nahrungsmittel sowie einem Feuerbereich, der alle Außenanlagen einschloß. So heißt es zumindest in den Büchern. Zwar bin auch ich überzeugt, daß nichts an der Planung von Palamidi zufällig war und daß jeder Schlitz und Spalt seinen militärischen Zweck hatte, doch fällt es einem heutzutage schwer, diese ganze Funktionalität zu begreifen, ja manchmal erinnern einen all diese Treppenfluchten und Torwege, diese großartigen Steinrampen, Arkaden und Strebepfeiler eher an ein Piranesi-Gefängnis, dessen Treppen hinauf und nirgendwohin führen und dessen Bogengänge nichts anderes abstützen als sich selbst.

Palamidi hat – im Gegensatz zu Methoni und Monemvasia – nichts Organisches, nichts mit seiner Umgebung oder Geschichte Verwachsenes. Dazu protestiert es zu sehr. Dennoch kann man vom höchsten Punkt der Festung aus einen fast schon theatralischen Rundblick genießen. Das Meer liegt glänzend zu unseren Füßen, die Berge erheben sich, in leichten Dunst gehüllt, aus dem Wasser, da drüben entläßt eine Wolke in fadendünnen Schrägen ihren Regen, und jenseits der Ebene entdeckt der Besucher die große Felsenzitadelle von Argos, seit Jahrhunderten nun schon die Zwillingsschwester der Naupliafestung, sie bewachen beide den Golf. Palamidi hat etwas Majestätisches, nur wirkt dieser Charakter überzogen, artifiziell – genauso wie jener letzte »Coup«, den die Venezianer in Griechenland landeten. Sie überforderten sich selbst mit ihrer unerschrockenen Rückkehr nach Hellas. Der Angriff auf Euböa scheiterte, die Pläne, Kreta zurückzuerobern, hat man fallengelassen, und um 1715 herum kamen die Türken wieder ins Land gestürmt. Nauplia fiel nach kurzem Kampf in ihre Hand. Monemvasia leistete überhaupt keinen Widerstand. Die Garnisonen von Methoni und Koroni haben mehr gemeutert, als daß sie kämpften. In drei Monaten war alles vorbei. Die Kolonien der Seerepublik in der Morea gab es nicht mehr. Palamidi war ein Epitaph, und Morosini der Peloponnesier, der heimgezogen war, um sich dort zum Dogen küren zu lassen, starb am Ende tatsächlich in Nauplia, wo er einem der Schauplätze seiner Triumphe lediglich einen Besuch abstatten wollte.

Auf einem Tor über dem unteren Festungsbrunnen placierten die Venezianer, drei Jahre bevor sie endgültig abzogen, den degeneriertesten Geflügelten Löwen in ihrem ganzen Imperium. Er befindet sich immer noch dort, allerdings überwuchert von Feigen und Magnolien,

Methoni, das einstige Modon – »das Auge der Republik«

ganz oben, wo die Stufen von der Stadt herauf enden: ein mickriges Tierchen, ein Knilch von einem Löwen, mit einem Kopf, der für den ganzen Körper viel zu groß ist, und mit einem höchst dürftigen Flügelpaar.

Doch die Venezianer hinterließen in Griechenland am Ende eine Spur, die sich noch tiefer in die Erinnerung der Leute eingraben sollte, als es die Festungswälle von Nauplia bereits getan hatten.

Am 26. September 1687 kampierte ein Oberleutnant aus Lüneburg, der in Morosinis Armee diente, mit seiner Mörsereinheit auf einem Berg namens Mouseion in Athen. Der Blick von dort oben war überwältigend, er läßt sich auch heute noch erleben, man braucht nur durch die harzduftenden Bäume hindurch hinaufzusteigen. Dort oben stand damals schon, und steht auch heute noch, ein Denkmal aus dem ersten Jahrhundert, das dem syrischen Griechenfreund Philopappous zugeeignet ist. Hier irgendwo postierte der Oberleutnant seine Männer. Gen Süden, wo der Besucher von heute den ganzen Schiffsverkehr im Piräus beobachten kann, der sich selbst beinahe schon wie eine Invasion von Flottillen ausnimmt, gen Süden also entdeckte der Oberleutnant die venezianische Flotte, wie sie im Hafen ankerte, er sah sie ganz genau – eine Unmenge von Schiffen mit dem typisch hohen Rumpf und den üblichen Rahsegeln getakelt, eine Flotte, die hier für fünf Tage mit einer Armee von zehntausend Mann vor Anker gegangen war. Dort, wo heute die südlichen Vororte der Stadt formlos dem Meer entgegenwuchern, machte der Oberleutnant damals die Langen Mauern des Themistokles aus, die man vor zweitausend Jahren erbaut hatte und die Athen mit seinem Hafen verbanden. Nach Norden hin, also dort, wo sich heute ein ebenso unübersehbares wie häßliches Häusermeer erstreckt, sah unser Oberleutnant nur das kleine Städtchen Athen. Das waren etwa dreihundert Häuser, mehr nicht, eine eher dürftige Siedlung, gespickt freilich mit den Minaretts der Türken, während zwischen den Hausdächern immer wieder die knopfartigen Kuppeln der byzantinischen Kirchen auftauchten. Darüber hinaus freilich war dann nur mehr Landschaft, die den Lykabettos-Berg umrundete und sich nach den fernen Bergen hin ausbreitete.

Direkt vor dem Oberleutnant aber lag die Akropolis! Heute ist das eine Ruine, damals war es eine Festung, in der die Türken ihre Streitkräfte kaserniert hatten. Die uns heute so vertraute Silhouette sah im Jahr 1687 ganz anders aus, damals war der Parthenon noch intakt: unter den griechischen Kaisern und fränkischen Herzögen hatte er zunächst als eine Art Kathedrale gedient, später machten die Türken aus dem klassischen Bauwerk eine Moschee, die sie an ihrem Nordende auch noch mit einem Minarett verschönten. In dem heiligen Bezirk um den Parthenon herum errichtete man ein buntes Durcheinander aus Hütten, Truppenunterkünften und Geschäften, und das war nun auch der Ort, wo die türkische Kommune von Athen mit ihren dreitausend Personen Zuflucht gesucht hatte. Der herrliche Niketempel, dessen Nachbildung wir heute in der Südwestecke der Akropolis begegnen, wurde von den Türken, da sie Baumaterial für ihre Verteidigungsanlagen brauchten, niedergerissen. Die großartigen Propyläen waren damals schon zum Teil eine Ruine. Schuld daran war ein explodierendes Munitionslager gewesen. Der noch erhaltene Teil der Propyläen aber diente dem türkischen Gouverneur als Harem. Diesem Teil hatte man einen viereckigen Turm aufgesetzt.

Die Akropolis war also eine regelrechte Festung, man nannte sie auch »die Burg«. Türkische Posten schoben Wache auf den steilen Abhängen, auf dem Gipfel befand sich Artillerie. Die Venezianer hatten es bislang nicht geschafft, diesen Stützpunkt zu erstürmen, obwohl sich die übrige Stadt bereits in ihrer Hand befand. Sie hatten versucht, einen Stollen in den Felsen

Die Schlacht von Lepanto. *Gemälde von Veronese (1522–88)*

Die Festung Palamidi, darunter Nauplia

hineinzutreiben, mit dem einzigen Ergebnis freilich, daß sie ihren Obersappeur, der von einem Fels herunterstürzte, verloren. Sie versuchten die Festung unter Beschuß zu nehmen, doch meistens flogen die Geschosse über die Forts hinaus, um jenseits des Berges den Griechen auf die Häuser zu stürzen, was natürlich verärgerte Schadenersatzforderungen nach sich zog.

Doch am 25. September erschien im venezianischen Lager ein türkischer Deserteur, durch ihn bekamen die Venezianer die Neuigkeit zugetragen, daß die Türken ihren ganzen Munitionsvorrat nunmehr im Parthenon selbst lagerten. Daher erließ man Order, daß jetzt vor allem dieses großartige Ziel anzuvisieren sei, und genau das war auch der Grund, weshalb sich der Oberleutnant aus Lüneburg auf dem Mouseion-Berg befand.

Es dürfte kein kompliziertes Ziel gewesen sein. Die Entfernung betrug etwa einen Kilometer, und das attische Licht bewirkte, daß die Akropolis noch näher herangerückt schien: der Betrachter konnte buchstäblich jedes Detail ausmachen. Am 26. September, es war bereits spät am Nachmittag, traf unser Oberleutnant sozusagen ins Schwarze. Das Krachen des Mörsers, das übers Tal hinwegjaulende Geschoß, ein dumpfer Knall, als es an irgendeiner Stelle in den Tempel hineinfuhr, und dann diese gewaltige Explosion, eine Wolke aus Staub und Splittern ging in die Luft, der Erdboden bebte, und als sich der Rauch und der Staub verzogen hat-

Die Akropolis, von den Venezianern 1687 erobert

ten, stand der Tempel der Athene hell in Flammen. Das herrlichste Bauwerk, das die Griechen je errichtet hatten, war eine dachlose Ruine. Das Munitionslager war in die Luft gegangen, dreihundert Türken waren der Explosion zum Opfer gefallen, unter ihnen der Kommandant der Garnison selbst; der türkische Widerstand war endgültig gebrochen – und die Akropolis für immer verunstaltet.

Die deutschen Söldner schämten sich offenbar der Tat ihres Landsmannes, während sich die Venezianer anscheinend weniger bekümmert zeigten. Morosini, so schrieb einer seiner Offiziere, »verfiel in Ekstase«, als er den zerstörten Parthenon erblickte. Er berichtete nach Venedig, daß ein »geglückter Schuß« ihm die Herrschaft über die Festung verschafft habe, und sogleich richtete er dort oben eine venezianische Garnison ein. Nun flatterte das Banner des heiligen Markus über den Propyläen. Morosini hatte sich bereits den berühmten Löwen verschafft, der seit altersher die Hafeneinfahrt zum Piräus bewachte, doch eine Trophäe von der Akropolis selbst, so meinte er, würde die Serenissima sicherlich ebenso erfreuen. Als seine Leute die Poseidonstatue und den Triumphwagen vom Tympanum herunterholen wollten, stürzten die Skulpturen zu Boden und brachen in Stücke. Morosini schickte stattdessen einige zusätzliche Löwen: einer unter ihnen war kopflos, doch man könnte sich ja, so schrieb er leichthin an die Signoria, irgendwo einen anderen Kopf besorgen.

Von dieser Tragödie hat sich die Akropolis nie wieder erholt. Wir steigen nun den Mouseion-Berg hinunter, es geht auf einem sich schlängelnden Weg hinab durch Pinienbäume und dann steil wieder hinauf zur Akropolis auf der Gegenseite des Tales. Wenn wir jetzt die ehrwürdigen Stufen zu dem Heiligtum hinaufsteigen, zwischen den Säulen der Propyläen hindurchgehen und uns plötzlich auf dem heiligen Felsen selbst befinden, dann haben wir ganz unvermittelt den Eindruck von einem Schlachtfeld, den Eindruck, eine bombardierte Stadt zu betreten. Den Parthenon steht noch genauso, wie ihn die Venezianer verlassen haben, ohne Dach und leergeplündert, und in seinem Umkreis liegen zerbrochene Säulen, Stückwerk von Statuen und andere Relikte herum – wie nach einer gewaltigen Explosion eben. Selbst die ständig plappernde Besuchermenge kann diese traurige Atmosphäre nicht vergessen machen. Der giftige Smog, der von den Chemiefabriken im Piräus stammt und die Akropolis häufig regelrecht einhüllt, erinnert mich immer wieder an den schrecklichen Pulverdampf von damals.

Die spätere Laufbahn des Lüneburger Oberleutnants verliert sich irgendwo in der Geschichte, doch unvergessen bleibt dieser rücksichtslose, dieser schlimmste Schlag, den die Seerepublik Venedig in Griechenland führte.

7. Kapitel

Ionisches Weiß und Gold

Ein »Klatsch- und Tratschort« – Bedeutung Korfus – Das System – Umsicht und Bedachtsamkeit – Merkmale Venedigs – Zigeuner – Juden – Bilder und Werte

Die meisten Kapitel der Geschichte des venezianischen Imperiums enden mit Explosionen – aber auch mit Schreckensschreien, Trommelschlägen und Anklagen. Doch wenn wir nun die Nordwestküste Griechenlands hinaufsegeln, vorbei an der herrlichen Bucht von Methoni, an der auf ihrem Hügel gelegenen Burg von Navarino, hindurch durch die Schlachtgewässer von Lepanto, entlang an der schroffen Steilküste des Epirus, dann gelangen wir zu einer großen venezianischen Kolonie, die eine ganz eigene Geschichte hatte. Die Seerepublik gelangte mühelos in ihren Besitz, sie schlug dort alle fremden Angriffe zurück, und die Kolonie blieb bis zum Niedergang und Ende der Republik ein mehr oder minder loyaler Untertan der Serenissima. Die griechische Insel Korfu eignet sich hervorragend zum Vergnügen und als Fluchtziel – »ein kleiner Klatsch- und Tratschort«, nannte Edward Lear den Flecken, und gemessen an den anderen Kolonien des *Stato da Mar,* wo es oft recht hektisch herging, war Korfu vier Jahrhunderte lang ein ebenso liebliches wie angenehmes Refugium. Das Klima war mild, die Landbevölkerung friedlich, und der einheimische Adel paßte sich schon sehr bald dem venezianischen Lebensstil an. In der Lagunenstadt selbst aber war man sich zumindest in einem einig: wenn schon Kolonialdienst, dann auf Korfu.

Auf Korfu spielten die Venezianer, zumindest in der ersten Zeit ihrer Herrschaft, eine wahrhaft staatsmännische Rolle. Ihr übliches Herrengehabe war hier gemildert, sie benahmen sich beinahe schon partnerschaftlich. Auf den ägäischen Inseln, auf Kreta, Zypern und in den griechischen Küstenfestungen waren die Venezianer im Grunde immer nur Nachfolger gewesen, sei es nun von den Römern oder Byzantinern, und so sehr hatte sich alte Legende oft mit neuer Geschichte vermengt, daß die venezianische Historie häufig heidnische Elemente aufweist und venezianische Admiräle sich gern in Gesellschaft irgendwelcher alter Götter bewegten: die neueren Legenden mündeten ein in noch ältere Mythen. Wenn die Venezianer gehen, treten an ihre Stelle die Türken, unbeschriebene Blätter, ungebildete Menschen, es ist, als ob sich die Nacht herabsenkte. Doch auf Korfu haben wir nun zum ersten Mal das Gefühl, daß sich die Venezianer selbst zu Vorfahren und Treuhändern entwickelten, um eines Tages dann die Verantwortung an irgendwelche Nachfolger weiterzugeben.

Als ich eines Tages in der Hauptstadt Korfu in einem Antiquitätengeschäft stöberte, stieß ich auf eine merkwürdige Münze, die von der Insel selbst stammte, sie war vom Geldverkehr verschmutzt und am Rand etwas abgegriffen. Als ich den reizlosen Gegenstand an meinem Hosenboden polierte und mir der Geschäftsinhaber mit Taschentuch und Spucke beistand, entdeckte ich tatsächlich zwei königliche Insignien: auf der einen Seite das Emblem des heiligen Markus, auf der anderen Seite die direkte Nachfolgerin in der Ikonographie des Imperialismus – Britannia mit einem Dreizack, einem Lorbeerblatt und einem Schild, auf dem der Union Jack abgebildet ist. Die Türken radierten, wenn sie eine neue Kolonie erobert hatten, alles Venezianische aus. Die Briten anerkannten zumindest den vornehmen und prachtvollen

Stil ihrer Vorgänger und brachten die Höflichkeit auf, die venezianische Vorgeschichte der Insel zu respektieren.

Die Venezianer bekamen Korfu bei der Aufteilung des byzantinischen Imperiums zugesprochen, doch gelang es ihnen nicht, die Insel für längere Zeit zu halten. Sie fiel in die Hände der Despoten von Epiros, später an den König von Sizilien und danach (bis 1386) an die Fürsten von Anjou. Doch war die Herrschaft, die Verwaltung, der sich die Korfioten fügen mußten, mittlerweile derart heruntergekommen, daß sich die Inselbewohner zum Schutz an die Venezianer wandten. Man schickte eine Abordnung, bestehend aus lokalen Größen, nach Venedig; sie sollte der Signoria das Hilfeersuchen der Korfioten unterbreiten. Die Venezianer brauchten nicht lang überredet zu werden, Korfu war einer der wichtigsten Stützpunkte in der Adria. Dazu kam noch, daß die Lagunenstadt ihren langen Krieg gegen Genua zu einem glücklichen Ende gebracht hatte, so daß sie nun Zeit und Muße hatte – ihr Augenmerk wäre so und so auf Korfu gefallen, sie hätte die Insel so und so erobert.

In den Augen der Signoria war die Adria kaum mehr als ein See. Die Adria war für sie der Golf von Venedig, und wenn der Doge am Himmelfahrtstag auf seinem *Bucintoro,* das war das zeremonielle Flaggschiff Venedigs, auf die offene See hinausfuhr, um sich mit dem Meer zu vermählen, dann war das einerseits eine morganatische Ehelichung des universalen Ozeans selbst, andererseits aber ein intimeres und ganz besonderes Ehebündnis mit einer Braut, die hieß Adria. Die Zufahrt zur Adria, die Straße von Otranto, ist nur fünfzig Meilen breit; die Adria selbst unterscheidet sich erheblich vom übrigen Mittelmeer – das gilt sowohl für die Landschaft als auch für das Klima. Man denke nur an die Ostküste mit ihren karstigen Steilküsten, an die Kalksteinrandgebiete des Balkans, über die immer wieder die *Bora* hinwegbraust, dieser wutentbrannte Sturm aus Mitteleuropa, vor dem die Schiffe eiligst im nächsten Hafen unterschlüpfen und der schon ganze Eisenbahnwaggons von den Schienen gerissen hat.

Seit Generationen schon hatte die Signoria den Standpunkt vertreten, daß jeglicher Schiffsverkehr, der sich in der Adria abspielte, über die Docks, Banken und Warenlager der Lagu-

Korfu. Kupferstich aus dem 17. Jahrhundert

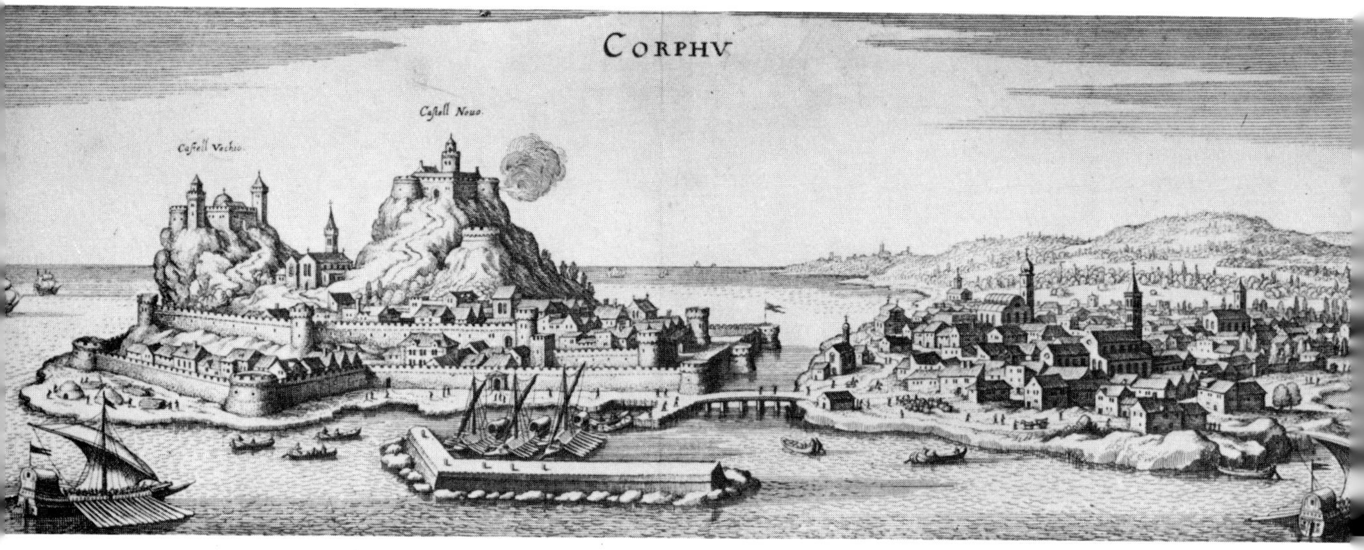

Die albanischen Berge

nenstadt abgewickelt werden müsse. Schiffe, die adriatische Häfen verließen, mußten Kautionen hinterlegen, um zu gewährleisten, daß sie ihre Güter wirklich nach Venedig verschiffen würden; im Falle einer Hungersnot hatten sich die Venezianer das Recht vorbehalten, alle Nahrungsmittel zu beschlagnahmen, deren sie auf den Schiffen habhaft werden konnten, die die Straße von Otranto passierten. Die Herrscher anerkannten diese Oberherrschaft ab und an, und Schiffskapitäne aller Nationen, die an den wachsamen Galeeren der Serenissima vorbei in die Adria schlüpften, hatten das Gefühl, sich plötzlich in halbprivaten Gewässern zu bewegen.

Korfu entwickelte sich zum Gibraltar Venedigs – aber eigentlich auch zu einer Art Pearl Harbour, denn die beiden Kriegsgeschwader, die Venedig in späteren Jahren ständig dort stationiert hatte, waren Venedigs Eingreiftruppe. Diese Geschwader waren, wenn nötig, schnell zur Stelle. Im Jahr 1517 machte der König von Tunis dem türkischen Sultan ein kostbares Geschenk – vier Achtspänner, jedes Gespann von anderer Farbe und Rasse und gewartet von Sklaven mit dem entsprechenden Kostüm, der entsprechenden Hautfarbe. Dieses Geschenk – es war seine zweihunderttausend Dukaten wert – wurde zum Transport einem venezianischen Schiff anvertraut. Doch als dieses Schiff in Syrakus Proviant aufnehmen wollte, sah man sich plötzlich von Piraten umzingelt. Man alarmierte sogleich den Kommandanten in Korfu, dieser schickte drei Kriegsgaleeren los. Noch bevor diese eingreifen konnten, hatten sich die Freibeuter bereits verkrümelt – und das vielfarbene Gestüt konnte seinen Weg fortsetzen.

Für Korfu wie für alle anderen venezianischen Kolonien war die ärgste Bedrohung das Osmanische Reich. Die Stadt Korfu, an der Ostküste der Insel gelegen, veranschaulicht diese Angst. Die Stadt liegt zusammengewürfelt oberhalb ihrer Quais, in der Bucht herrscht ein reges Treiben: Fähren, Frachtschiffe, motorisierte Kaikis und Kreuzfahrerschiffe. Die Landschaft verläuft holprig inseleinwärts, die Insel ist gekleidet in Blau, Grau und Braun, übersät mit reizenden Bergdörfern und abscheulichen Hotels. Einen ihrer Höhepunkte bildet der Pantokrator, auf Venezianisch Monte San Salvatore geheißen, heutzutage zweifach gekrönt – mit einem Kloster und einer Radarstation. Eine heitere Landschaft. Einen scharfen Kontrast dazu, ja den reinsten Gegensatz bildet die jenseits des Meereskanals im Osten gelegene Gebirgskette – grimmige, großartige Berge, auf denen sogar im späten Frühjahr noch Schnee liegt, Berge, die fremd, drohend und unfreundlich herüberblicken. Das sind die Berge von Albanien; Mister Lear, anspruchsvoll und mäkelig wie immer, hat ihnen »eine gewisse Plumpheit, einen Mangel an Feinheit« zugeschrieben. In venezianischen Zeiten lebten dort die unversöhnlichen Türken, heute ist dies das Land der fremdenfeindlichen Albanier. Korfu und Albanien – zwei Welten, voneinander getrennt durch einen Meereskanal, der an seiner schmalsten Stelle nur drei Meilen breit ist.

Man fühlt sich sonderbar, wenn man heute übers Wasser zu diesen abweisenden Bergen hinüberschaut, den Venezianern ist es sicher genauso gegangen. Denn da drüben lauerte der Große Feind. Diese Berge waren ein Auswuchs der gewaltigen Landmasse, die bis nach Konstantinopel, dem Zentrum islamischer Macht, hinunterreichte. Aber Korfu sträubte sich gegen diesen Auswuchs, hinter dem sich eine Weltmacht verbarg, wie ein abwehrbereites Stachelschwein. Was die Türken freilich nicht hinderte, die Insel wiederholt anzugreifen. Bei einem dieser Überfälle, er geschah 1537, töteten sie einundzwanzigtausend Korfioten, die Bevölkerung ging von vierzigtausend auf neunzehntausend Bewohner zurück. Im Jahr 1715 hatten sich die Venezianer vom Peloponnes zurückgezogen und wurden nun auf Korfu von dreißigtausend Türken zweiundvierzig Tage lang belagert – eine Belagerung, die um ein Haar zur Eroberung geführt hätte. Doch die Stadt Korfu war entschlossen, bis zum letzten Mann zu kämpfen, auch ließen ihre Festungsanlagen nichts zu wünschen übrig – die Serenissima hatte dafür Millionen ausgegeben, und im sechzehnten Jahrhundert war Korfu mit siebenhundert Kanonen bestückt.

Mittelpunkt der Stadt war das Alte Fort, die zweitürmige Zitadelle, der wir auf Hunderten von alten Karten und Drucken begegnen. Diese Festung beherbergte in ihrer Umwallung den

Links: Die alte venezianische Festung in Korfu
Rechts: Arkaden in Korfu

Palast des venezianischen Gouverneurs, das Marinekommando und die Lateinische Kathedrale. Sie fiel niemals in Feindeshand, obwohl Admiral Nelson (das erinnert uns wieder einmal an den alten Dandolo) der Ansicht war, man könne die Stadt dadurch erobern, daß man eine Fregatte sozusagen mitten in sie hineinrammte, um dann vom Takelwerk auf die Festungsmauern hinüberzuentern. Wie viele Festungen jener Zeit hatte man auch die von Korfu auf einer Halbinsel errichtet, vom Festland war sie durch einen Graben getrennt, und als Rükkendeckung sozusagen lag dort noch ein offenes, freies Feld, wo die Venezianer den Feind ungehindert unter Feuer nehmen konnten.

Das finstere Äußere der Festung hat sich mittlerweile etwas aufgehellt, und wer sich an einem Sommerabend in Korfu einfindet und erlebt, wie die Glühwürmchen über den Büschen gaukeln und auf der Promenade ein Orchester spielt, dem kommen die Geschichten von einst wie romantische Phantasien vor. Doch nichts daran ist eingebildet, das beweisen schon die Ankerplätze der Galeeren, die sich nicht unweit vom Festungsgraben befinden.

Nach dem schrecklichen Überfall der Türken im Jahr 1537 und unmittelbar vor Lepanto erbauten die Venezianer auf der anderen Seite der Stadt das Neue Fort. Beherrscht von diesen beiden ansehnlichen Festungen und landeinwärts bewacht von mehreren auf den Bergen gelegenen Forts, war Korfu zu venezianischer Zeit eine echte Garnisonsstadt. Der große Mann in dieser Stadt war weder der Gouverneur noch der lateinische Erzbischof, sondern ein Beamter mit dem Titel *provveditore generale* der Levante, ein Militärkommandant, dessen Erlasse in allen venezianischen Kolonien des östlichen Mittelmeerraums Gültigkeit hatten. Als dieser Grande am Tag seines Amtsantritts eintraf, wurde er mit einem fast schon mystischen Zeremoniell begrüßt. Die Oberhäupter der römisch-katholischen und der griechisch-orthodoxen Kirchen hießen Seine Exzellenz willkommen. Ein korfiotischer Adelsmann hatte die Aufgabe, eine Lobrede auf die Tugenden Seiner Exzellenz zu halten. Die Juden mußten die Straßen mit Teppichen auslegen, auf denen der neue Herr vom Hafen in die Stadt gelangte. Die Reliquien des heiligen Spiridon, des Schutzpatrons der Insel, mußten bereitgestellt werden, damit der Venezianer das Knie vor ihnen beugen konnte. Andere Juden mit Blumensträußen in den Händen empfingen die hochgestellte Persönlichkeit vor den Toren des in der Zitadelle gelegenen Palastes, wo dem armen Mann schließlich die gewaltige Verantwortung seines Amtes auf die Schultern geladen wurde.

So wichtig war also Korfu im Rahmen der Überlebensstrategie der Seerepublik. In der Goldenen Bulle, in der sie im Jahr 1387 die Insel zu ihrem Besitz erklärte, gelobte sie, dieses Stück Land nie wieder zu verlassen und gegen alle Feinde zu verteidigen. Dieses Gelöbnis hielten die Venezianer bis zum Ende.

Natürlich regierten auf Korfu venezianische Adlige: ein Statthalter und zwei Berater standen an der Spitze der Verwaltung, die Hierarchie kennen wir von Kreta. Doch bildete Korfu insofern eine Ausnahme, als die Einheimischen – im Gegensatz zu allen anderen Kolonien – an der Regierung tatsächlich bis zu einem gewissen Grad beteiligt wurden. So gab es einen Rat, bestehend aus Adligen der Insel, welcher alle Ämter zu vergeben hatte, selbst die Kommandantur über die Kriegsgaleeren, die in Korfu stationiert waren. (Übrigens war es ein korfiotischer Kapitän, der in der Schlacht von Lepanto das türkische Schlachtschiff kaperte, und ein weiterer Kapitän aus Korfu, der in dieser Schlacht gefangengenommen wurde, hatte das zweifelhafte Vergnügen, für Venedig die Haut abgezogen zu bekommen).

Obgleich diese einheimischen Inselgrößen durchwegs dem griechisch-orthodoxen Glauben anhingen, behaupteten viele unter ihnen, sie seien venezianischer Abstammung, und viele gab es, die sich gerne mit venezianischen Titeln schmückten. Sie hatten ihre eigene Goldene

Adelsliste, die dem venezianischen Goldenen Buch nachgebildet war, und sie vereitelten immer wieder Versuche des Bürgertums, das ebenfalls an der Macht beteiligt werden wollte. Als im Jahr 1537 bei dem türkischen Überfall viele korfiotische Adlige ums Leben kamen, brachte die Signoria in Venedig einen Erlaß heraus, der besagte, daß die dünnen Reihen der Adligen mit Mittelstandsleuten aufgefüllt werden sollten. Das geschah, nur daß die neuen Aristokraten bald genauso hochnäsig wurden wie ihre Vorgänger. In einer etwas abgemilderten Form sollte diese Goldene Liste die Republik Venedig noch lange überdauern. Im Jahr 1797, als es mit der Republik zu Ende ging, enthielt dieses Register zweihundertsiebenundsiebzig Familien, und im Jahr 1925, das war das letzte Jahr seines Erscheinens, waren immerhin noch vierundzwanzig Familien übriggeblieben. Drei von diesen Familien hatten einen Stammbaum, der offenbar direkt nach Venedig zurückreichte, während die anderen Familien aus allen Teilen des Imperiums stammten: aus Kreta, vom Peloponnes, von Zypern, aus Dalmatien, ja sogar aus Konstantinopel – sie alle hatte die Serenissima auf diese Insel gerufen, und sie waren alle gekommen.

Der korfiotische Adel entwickelte sich für die venezianischen Herren nach und nach zur nützlichen Klientel, und die Venezianer wußten sich in diesem Fall sogar etwas anzupassen. Selbst die Bauern auf Korfu beklagten sich selten und bezeigten bei öffentlichen Veranstaltungen zusehends gekonnt ihre Loyalität. Freilich gab es auch hier Einschränkungen, da die venezianische Verwaltung dem einfachen Mann hier wie anderswo auch nicht gerade wohlgesinnt war. Das letzte, was die Venezianer in ihrem Imperium anstrebten, war eine aufgeklärte Arbeiterschicht. So betrug zum Beispiel das Haushaltsbudget für Korfu und die umliegenden Inseln im Jahre 1756 421542 Dukaten, wovon nur achthundertzweiundzwanzig Dukaten für wirkliche soziale Aufgaben abgezweigt wurden. Schulen existierten so gut wie keine auf der Insel, und da die Amtssprache ein venezianisches Italienisch war, hatte das gewöhnliche Volk von der Politik und den Staatsgeschäften so gut wie keine Ahnung.

Außerdem machte sich mit der Zeit die Korruption breit. Der verarmte venezianische Adel der Barnabotti stellte die meisten Kolonialbeamten der Seerepublik, und diese Beamten waren berüchtigt wegen ihrer Käuflichkeit. Auch die Richter waren nicht selten bestechlich, die Steuereintreiber waren Schurken. Der Statthalter lebte auf großem Fuße, es eskortierten ihn die ganze Zeit livrierte Diener, bei Tisch spielte ihm sein Privatorchester auf. Die Soldaten der Garnison dagegen sahen sich, da sie ihren Sold häufig zu spät oder gar nicht ausbezahlt bekamen, gezwungen zu stehlen oder zu betteln, während sich die Kriegsflotte finanziell dadurch über Wasser hielt, daß sie nebenher Handelsware transportierte. Während der Kämpfe des Jahres 1537, als die Türken das Alte Fort heftig bedrängten, scheuten die Venezianer nicht davor zurück, alte Leute, Frauen und Kinder aus der Stadt hinauszutreiben, wo nun die Ärmsten zwischen den feindlichen Streitkräften umherirrten: die Weiber schrien vergeblich um Hilfe, und die Männer zeigten, so wußten Augenzeugen zu berichten, den Wachtposten auf den Festungswällen ihre Kriegsverletzungen, die sie bei früheren Kämpfen für Venedig davongetragen hatten.

Aber der Glaube der Korfioten an das ferne Venedig, an die Königin der Lagune, blieb unerschüttert. Deputationen machten häufig die Reise nach Norden, um dem Großen Rat im Dogenpalast korfiotische Anliegen zu unterbreiten, und in der Regel waren die Ratsherren um Abhilfe bemüht. Die Venezianer hatten dabei stets Kreta mit seinen endlosen Rebellionen vor Augen, sie neigten daher den Korfioten gegenüber zu einer gewissen Nachgiebigkeit. Ihren Statthaltern schärften sie immer wieder ein, sie sollten die Inselbevölkerung gerecht behandeln, und manchmal entsandte die Signoria sogar Agenten, die Geheimberichte über die Lage auf der Insel erstellen sollten.

Die Seerepublik hatte auch nicht vergessen, daß auf Kreta die Venezianer selbst Unabhängigkeitsbestrebungen entwickelt hatten. So aber mußten denn die Kommandanten der beiden Stadtfestungen, das erfahren wir von einem englischen Reisenden aus dem 17. Jahrhundert, bei Amtsantritt schwören, daß sie nicht miteinander verkehren würden, damit sie nur ja nicht auf den Gedanken kämen, irgendwelche Komplotte zu schmieden. Einmal sah sich die Republik zu einem Erlaß gezwungen, der besagte, daß keine Monumente mehr zu Ehren irgendwelcher venezianischer Gouverneure der Insel errichtet werden dürften. Die Herrscher von Korfu waren prominent in ihren Ämtern, aber als Persönlichkeiten sozusagen Unpersonen: die Signoria wollte keine Demagogen in ihren Festungen, sie wollte keine Aufrührer, denen Kreta als Beispiel vorschwebte und die möglicherweise so weit gingen, daß sie eine Inselrepublik des heiligen Spiridon proklamierten.

»Im Hinblick auf die Griechen«, schrieb ein französischer Reisender in Korfu, »verhalten sich die Venezianer ungleich mehr neidisch als verächtlich. Die Munterkeit und der natürliche Scharfsinn der Griechen, ihre größeren Talente und ihre ausgeprägte Begabung für Kunst und Wissenschaft erschienen der neiderfüllten Regierung gefährlich...«

Das war vermutlich richtig. Die Venezianer behandelten diese muntere und launenhafte Bevölkerung mit großer Vorsicht, vor allem in den späteren Jahren ihrer Inselherrschaft. Auf Korfu wie in Venedig selbst wurden die Bürger ermuntert, einander nachzuspionieren und sich der Denunziationskästen zu bedienen, die an bestimmten Straßenecken der Stadt angebracht waren. Besonders feinfühlig reagierten die Venezianer, wenn es um kirchliche, also um griechisch-orthodoxe Dinge ging; so kamen sie mit der orthodoxen Gemeinde sehr gut zurecht. Sie wußten mittlerweile, daß die griechischen Popen ein Politikum waren und daß die Geistlichkeit imstande war, den Patriotismus der Griechen heftig anzuschüren. Die Venezianer wußten auch um die Macht des Dorfgeistlichen: nichts konnte einen korfiotischen Bauern stärker entsetzen als die Vorstellung, exkommuniziert zu werden, eine Taktik, der sich die Dorfgeistlichen nur zu gerne bedienten, und eine Taktik auch, die den Betroffenen teuer zu stehen kam, denn einen solchen Bann rückgängig zu machen, kostete ein hübsches Sümmchen.

So fand denn auch die Geistlichkeit ihren Platz in den oberen Rängen der korfiotischen Gesellschaft. Zwar nahmen sie dem griechischen Erzbischof seinen Titel, um ihren eigenen Prälaten als Erzbischof einsetzen zu können, doch gestanden sie den Griechen einen Metropoliten zu, der in jedem Falle von einer Kongregation einheimischer Geistlicher gewählt werden mußte. Diese Kongregation nannte sich stolz Die Heilige Schar. Gewitzt, wie die Venezianer waren, verehrten sie auch den heiligen Spiridon, den Schutzpatron der Insel, der einen so erstaunlichen Einfluß auf die Korfioten hatte, daß mindestens die Hälfte der Jungen seinen Namen trug. Bei diesem Spiridon handelte es sich um einen zypriotischen Bischof aus dem 4. Jahrhundert, dessen wunderwirkender Leichnam im fünfzehnten Jahrhundert nach Korfu gebracht worden war. Man benannte eine Kirche und einen ganzen Heiligenkult nach ihm: ihm wurden alle möglichen Wunder zugeschrieben – so soll er Seuchen beendet und türkische Paschas besiegt haben. Die Folge war, daß der Heilige zum Mittelpunkt des orthodoxen Glaubens auf der Insel und zu ihrem Stolz und Schutzpatron wurde.

Die Venezianer machten ihn zum Gegenstand eines übertriebenen Kults. Im Jahr 1489 wollten sie den Leichnam des heiligen Spiridon nach Venedig überführen, doch die einhellig flehenden Bitten der Korfioten brachten sie von ihrem Plan ab. Einen solchen Fehler sollten sie nie wieder begehen. Als der Heilige im Jahr 1715 die Insel vor einer türkischen Invasion bewahrte, schickte der Senat als Dankesgabe eine Silberlampe, die man über dem Altar des Hei-

Links: Der Kricketplatz an der Liston-Promenade
Rechts: Der »Leseclub« in Korfu

ligen aufhängte (wo sie übrigens immer noch hängt). Und wenn der einbalsamierte Leichnam des Heiligen in seinem Ebenholzsarg viermal im Jahr im Rahmen einer Prozession durch Korfu getragen wurde, dann sah man den venezianischen Statthalter, seine Berater und den General den dazugehörigen Baldachin halten. Vom Alten Fort wurden neunundzwanzig Salutschüsse abgefeuert, auch die Kriegsschiffe im Hafen gaben Salut, dann zog die Prozession an den Seewällen entlang, und die Galeeren auf dem Wasser draußen zogen neben dem Umzug einher. Während die Priester den Sarg des Heiligen auf ihren Schultern trugen, während Chor und Ministranten ihre Litaneien anstimmten, während die Kranken von ihren erwartungsvollen Verwandten zur Prozession geschleppt wurden, in der Hoffnung, der Heilige könnte sie heilen – während also all diese typisch griechischen Dinge sich abspielten, hielten die vier venezianischen Honoratioren feierlich ihren Baldachin, und sie schauten sehr ernst drein, aber auch, das dürfen wir annehmen, etwas verwirrt.

Die Venezianer mögen den Korfioten mißtraut haben, aber die Insel selbst liebten sie. Mit seiner herrlichen Lage, seinem wunderbaren Klima war Korfu die ideale Kolonie. Ideal auch die Entfernung von der Lagunenstadt – nicht zu nah und nicht zu fern. Korfu war der ideale Rahmen für den Kaufmann, der sich als Landedelmann aus dem Beruf zurückziehen wollte, oder auch für den Staatsbeamten, der in Pension ging. Korfu war beinahe schon eine Insel in Venedigs eigener Lagune, und so war es vermutlich kein Zufall, daß die Sardinas von Korfu, als sie im Jahr 1753 für ihre Kriegsdienste in den Adelsstand erhoben wurden, gleichzeitig ins Goldene Register ihrer Heimatinsel Mazzorbo eingetragen wurden – dieses Mazzorbo ist eine unansehnliche Siedlung, die einige Kilometer nördlich von Venedig liegt.

Die Stadt Korfu hat auch heute noch etwas unverkennbar Venezianisches. Da die Seerepublik vierhundert Jahre lang auf dieser Insel herrschte, vermittelt einem die Stadt einen Eindruck von Kultiviertheit und Wohlstand, wie man ihm selten in griechischen Städten begegnet. Die Stadt liegt immer noch eingeklemmt zwischen den beiden Festungen und der Esplanade, die die Franzosen in späteren Jahren mit Arkaden geschmückt haben. Die Briten indes haben für Musikpavillons und Kricketmöglichkeiten gesorgt. Die Häuser von Korfu sind stattlich und mit Wäsche behangen, überragt zuweilen von einem *palazzo,* den man freilich schon seit langem in ein Wohnhaus mit Miets- oder Eigentumswohnungen verwandelt hat. Hier und da entdeckt der Besucher einige unverkennbare venezianische Campaniles, deren Glocken sonntagvormittags mit vollen satten oder altersschwachen dünnen Tönen zu läuten beginnen.

Hier stößt man auf die schattigen, beflaggten Straßen Venedigs, die Arkadengeschäfte, die Gäßchen, in denen es Obst und Gemüse in Hülle und Fülle und süß duftendes Brot gibt; auf die vor sich hin nickenden, schwarz gekleideten Frauen stößt man hier, auf umherschleichende Marktdiebe, schmeichlerisch sich gebende Geschäftsleute und einherstolzierende Schönlinge. Hin und wieder kann der Besucher einen Blick auf die heiligen Bilder in den alten Kirchen werfen. Die Venezianer brachten nicht nur ihre Festungsbaukunst und ihre Kriegsgaleeren nach Korfu, sondern auch ihre Kaffeehäuser, Konzerte, Opern und ihre Vorliebe überhaupt für kultiviertes Geplänkel: im achtzehnten Jahrhundert oblag es dem venezianischen Marinekommandanten nicht nur, seine Schiffe instandzuhalten, sondern er hatte auch die Aufgabe, den alljährlichen Besuch der Commedia dell'arte-Schauspieler zu organisieren.

»Die Korfioten haben alle ihre schlechten Angewohnheiten von den Venezianern«, schrieb einmal ein britischer Verwaltungsbeamter. Dabei dachte er sicher zum Teil an das etwas träge Temperament der Korfioten. Man entdeckt aber wirklich diese italienische Note, wenn man die Korfioten abends lässig die Liston hinauf- und hinunterflanieren sieht. Die Liston, das ist die gepflasterte Promenade neben der Esplanade, wo die Damen untergehakt emsig aufeinander einreden, Studentengruppen einherziehen, ehrwürdige Herren mit Homburghüten und Dokumenten unterm Arm die jüngsten Neuigkeiten aus Athen erörtern. Diese Sitte des Flanierens wurde von den Venezianern eingeführt – sie war damals ein Privileg des korfiotischen Adels, und diese Liston war tatsächlich nach jener bereits erwähnten Lista d'Oro benannt worden. (Übrigens braucht der Reisende, der diesen Adelskatalog konsultieren möchte, nur die Bibliothek des Corfu Club aufzusuchen. Dieser Club befindet sich in einem kleinen, reizenden venezianischen *palazzo* mit Ausblick auf die Bucht. Die Bibliothek beherbergt eine Fülle nicht nur von Büchern und alten Drucken, sondern auch von Gerüchen nach Leder, Holz und Möbelpolitur. Der Besucher begegnet freundlichen Bibliothekaren und Gelehrten, die tief versunken sind in die alten Geschichten. Wer frisch aus den Bibliotheken von San Marco kommt und ein begeisterter Liebhaber von Venetiana ist, der fühlt sich hier vom ersten Augenblick an wie zu Hause.)

Auch auf dem Land stoßen wir – ungeachtet der zahllosen türkischen Einfälle – auf mannigfache venezianische Spuren. Die Venezianer bauten gegen Ende ihrer Zeit auf Korfu nicht nur die ersten richtigen Straßen, sondern sorgten durch Subventionen dafür, daß die Korfioten ihre Insel mit einem wahren Olivenwald überzogen – das dunkelgrüne Blattwerk und die alten knorrigen Bäume überwiegen in dieser Landschaft, wobei einem die Baumstämme zeitlos wie die Felsen selbst vorkommen. Unter diesen magischen Bäumen gibt es manche, die noch unter den Venezianern selbst – also vor sechshundert Jahren – gepflanzt worden sein sollen. Der Besucher aber, der einen Eindruck davon bekommen will, wie Venedig diese Insel auch in ästhetischer Hinsicht beeinflußte, sollte einen der bewaldeten Berge besteigen, die sich südlich von Korfu erheben. Denn wenn er von hier aus auf das blaue Meer hinunterblickt, wo einst die Galeeren die Küste bewachten, dann entdeckt er die roten Dächer und die weißen Mauern, die ein typisches Merkmal Venedigs sind, dazu die Glockentürme und die Forts und dazwischen immer wieder den Olivenbaum, der diese Insel abtrennte von ihrem balkanischen Hinterland und zu einem echten Bestandteil der mittelmeerischen Idee machte.

Korfu ist eine weitere venezianische Besitzung, wo man auf venezianische Landhäuser stößt – allerdings nicht auf festungsartige Turmhäuser wie auf Naxos, sondern auf heitere und leicht bukolische Häuser inmitten von Mandelbäumen und Gladiolen und Zypressen, an denen sich die Glyzinen hinaufwinden, während die Anemonen im Schatten sprießen. In Kothokini, in der gewellten Landschaft südlich der Stadt Korfu zum Beispiel steht nach wie vor ein Haus der Familie Sardinas, jener Grafen von Korfu und Mazzorbo. Es ist kein sehr großes Haus und hat etwas Schiffsartiges, den Fahnenmast nicht ausgenommen. Doch es hat auch eine unverkennbar feudale Note – der Besucher entdeckt die Privatkapelle in dem kopfsteingepflasterten Innenhof, eine gewaltige Scheune und einen kleinen Weiler gleich außerhalb der Umwallung. Die Sardinas hatten das Recht, strafverfolgten Rechtsbrechern Zuflucht zu gewähren, was sie natürlich nicht unentgeltlich taten. Mit dieser Einnahmequelle und mit den Salinen, die sie auf der Insel besaßen, konnten die Sardinas einige Jahrhunderte lang in großem Wohlstand leben.

Es ist eine wunderhübsche Gegend, die den Sardinas auch heute noch gehört und die sich ihren ursprünglichen Charakter bewahrt hat. Die niedrigen Räume des Hauses wirken zugleich schäbig und herrschaftlich, vollgestopft mit absonderlichen Kuriosa, Wappenhelmen der Familie, alten Porträts, Stammbäumen, aufgemalt auf Pergament. Man fühlt sich an Longhis Venedig erinnert. An einem heißen Nachmittag kommt man hier leicht ins Träumen: man braucht nur in dem weitläufigen Garten zu sitzen, dem Hausherrn gegenüber unter seiner Laube, nebenan erklingt dumpf griechische Radiomusik, und plötzlich hat man dieses Gefühl einer privilegierten Zurückgezogenheit, von dem sich damals vermutlich auch die Sardinas betört fühlten.

Sie wirkten sicherlich etwas exotisch in diesem einfachen Rahmen. Das venezianische Allerheiligste auf Korfu war die kleine Kirche zur Gesegneten Jungfrau in Kassiopi an der Nordküste. Diese Stätte war den Seefahrern immer schon heilig gewesen. Die Römer bauten hier einen Tempel, und durch viele Jahrhunderte hindurch machten die Seeleute, die gen Osten fuhren oder von Osten kamen, hier Station. Als Nero nach Korinth unterwegs war, um als Lautenspieler an den Isthmischen Spielen teilzunehmen, brachte er hier einige Opfergaben dar. In den Anfängen des Christentums wich besagter Tempel einer Kirche, die von den Türken im Jahr 1537 zerstört wurde, und die Venezianer errichteten ihr eigenes Gotteshaus.

Auch diese Kirche genoß bald den Ruf einer großen Heiligkeit. Etwas später im selben Jahrhundert wurde ein junger Mann von venezianischen Richtern zu Unrecht verurteilt: man beschuldigte ihn des Diebstahls und blendete ihn. Der qualvoll Verstümmelte irrte nun verzweifelt auf der Insel herum, bis er eines Tages nach Kassiopi gelangte und die Nacht dort in der Kirche verbrachte. Mitten in der Nacht erwachte er von sanften Händen, die sich ihm auf die Augen legten. Als er die Augen öffnete, erblickte er die Jungfrau Maria, die sich freundlich über ihn beugte. Die Vision entschwand, doch die Sehkraft blieb dem jungen Mann erhalten. Man überbrachte die Neuigkeit sogleich dem Statthalter, der dieses Ereignis für ein Wunder erachtete und auf der Stelle nach Kassiopi eilte, um dort Sühne zu tun. Als Erinnerung an diesen Tag wird auch heute noch in Kassiopi an jedem 8. Mai ein Festgottesdienst abgehalten.

Doch errichteten die Venezianer neben der Kirchentür eine Marmortafel, die als ein typischeres Andenken an die Geschichte von dem geblendeten jungen Mann gelten kann. Diese Tafel hat man hier angebracht, als die Kirche 1538 wiederaufgebaut wurde. Die Inschrift besagte unter anderem, daß das Gotteshaus durch »grausame türkische Piraten« zerstört und nunmehr durch drei gottesfürchtige Venezianer neu errichtet worden sei – die Namen dieser

Männer aber lauteten: Niccolò Suriano, Provveditor der Flotte, Filippo Pasqualigo, Kommandant der Adriatischen See, und Pietro Malipiero, Kommandant der Triremen.

Wer im Landesinneren der Insel Ausflüge unternimmt, stößt zuweilen unter den Bäumen auf das kunterbunte Durcheinander eines Zeltlagers. Neugierig hält der Besucher den Wagen an, und plötzlich – wie Schakale schießen sie heraus aus dem Wald, fallen über einen her, die Zigeuner: sie schreien und weinen und stoßen ihre knochigen Finger zum Wagenfenster herein, hämmern mit ihren Fäusten auf die Windschutzscheibe, wimmeln aufgeregt um den Wagen herum und rennen noch lange hinter dem Besucher her, wenn dieser auf der Straße voller Schlaglöcher die Flucht ergreift: die schrecklichen Flüche, die sie ihm nachsenden, sind ihm zum Glück unverständlich.

Schuld an allem aber haben die Venezianer. Sie ließen die Zigeuner nach Korfu kommen, weil diese Meister in der Pferdezucht waren. Wahrscheinlich nirgendwo anders in Europa haben Zigeuner ein so hohes Ansehen genossen wie auf Korfu. Aber auch in anderen Teilen des venezianischen Imperiums ging es den Zigeunern nicht schlecht – in Nauplia, dem heutigen Nafplion, räumte man ihnen Sonderrechte ein, und in Methoni, das haben wir bereits gesehen, gelangten sie zu Wohlstand durch die Schweinezucht. Nirgendwo sonst jedoch wurden sie so unmittelbar in die gesellschaftliche Hierarchie eingegliedert wie auf Korfu.

Hier bewohnten die Zigeuner ein eigenes feudales Lehensgebiet, das einem von den Venezianern bestimmten Baron unterstand – dies sei, so versichert uns ein korfiotischer Historiker, »ein Amt von keineswegs geringem Gewinn und von einem großen Ansehen gewesen«. Aber auch von einer großen Macht, denn der Baron konnte über seine Lehensleute fast unbeschränkt verfügen. Sie waren seine Privatarmee. Sie waren seine Dienerschaft. Er konnte sie bestrafen, wie immer er wollte, auch den Tod verfügen konnte er. Im Jahr 1502 hören wir von einem korfiotischen Schiffskapitän, der dieses Lehen als Belohnung dafür erhielt, daß er die Blockade von Methoni, das eben von den Türken erstürmt worden war, organisiert hatte. Später ging dieses Lehen an einen der angesehensten Gelehrten der Insel, der sich bei der türkischen Invasion von 1537 hervorgetan hatte. An jedem 1. Mai kamen die Zigeuner in die Stadt, um ihrem Herrn die Ehre zu erweisen. Beim Klang der Querpfeifen und Trommeln marschierten die Zigeuner, das Banner ihres Herrn haltend, durch die Straßen, dann errichteten sie vor seinem Haus einen Maibaum, sangen ein bestimmtes Liedchen zu seinem Lobe und überreichten ihm die fälligen Abgaben.

Dafür genossen die Zigeuner ganz bestimmte kostbare Vorrechte. Sie durften nicht auf die Galeeren eingezogen oder zu Zwangsarbeit für die Seerepublik verpflichtet werden. Sie bildeten ihre eigene Truppeneinheit mit ihrem eigenen Kommandanten. Dank dieser alten Privilegien und dank des Geschicks der Zigeuner bei der Pferdezucht, und sicherlich auch dank ihrer unsteten Lebensweise führten sie im Verlauf der vier Jahrhunderte dauernden venezianischen Besatzung ein hervorragendes Leben. Doch die Zeiten sind vorbei, und so ist es kein Wunder, daß sie nun wieder räuberisch am Wege lagern.

Ein anders geartetes Schicksal erwartete die Juden von Korfu, deren Getto sich immer noch dicht beim Neuen Fort befindet, in dem Straßengewirr hinter der Busstation. Freilich ist dieses Viertel heute schwer zu erkennen, denn die Nazis haben im Zweiten Weltkrieg hier furchtbar gehaust: was einst eine blühende, kultivierte Gemeinde war, ist heute zur Belanglosigkeit zusammengeschrumpft. Einige Geschäfte und Häuser und eine einsame Synagoge sind übriggeblieben. Fast alle jüdischen Bewohner des Viertels wurden in die Arbeitslager oder Gaskammern verschleppt. Doch zur Blütezeit des See-Imperiums war das Judenviertel von Korfu

Juden »huldigen« dem Dogen

die wohlhabendste und einflußreichste Kommune im ganzen venezianischen Kolonialreich. Auch übte dieses Viertel auf die Venezianer eine ganz besondere Faszination aus, da man sich erzählte, daß Judas Ischariot seiner Herkunft nach ein Korfiote gewesen sei – und den leichtgläubigeren Besuchern führte man – als eine der Sehenswürdigkeiten der Insel – auf der Stelle einen der direkten Nachfahren dieses Judas vor.

Die Venezianer konnten dem Judentum nicht entgehen. In allen ihren wichtigen Kolonien und Handelsstationen fanden sie deren Kommunen vor, streitsüchtige Clans, beunruhigend und unentbehrlich zugleich. Die Juden vermittelten und verdolmetschten die Geschäfte – die Juden, die im sechzehnten Jahrhundert in der Türkei lebten, sprachen beinahe alle fünf Sprachen und manche unter ihnen sogar zehn oder zwölf. Die Seerepublik hatte stets eine zwiespältige Einstellung den Juden gegenüber. Vielleicht fühlten sich die Venezianer den Juden etwas zu nah verwandt, denn die venezianische Art, so meine ich, hatte immer schon einen hebräischen Einschlag – das galt für das Auftreten, den Unternehmungsgeist, den Lebensstil, die Abkapselung und selbst das Aussehen der Venezianer. Im Verlauf des drei Jahrhunderte währenden Verkehrs mit der Levante ist, dessen bin ich mir sicher, viel jüdisches Blut in venezianische Adern hinübergeflossen, und die orientalische Note, die einem so oft an venezianischen Dingen auffällt, ist in vielen Fällen nicht muselmanischen oder byzantinischen, sondern eben jüdischen Ursprungs.

In der Lagunenstadt selbst waren die Juden zwar mächtig, aber strengen Einschränkungen unterworfen. Shylock konnte zwar seine Handelsschiffe für den Osten finanzieren, doch durfte man annehmen, daß er erst bei Dunkelheit ins Judenviertel der Stadt heimkehren durfte – dieses Getto war das erste auf der Welt überhaupt, es befand sich zunächst auf der Insel Giudecca, deren Name sich von dem Wort »Jude« herleitete, später im Nordwesten der Stadt, auf dem Gelände einer aufgelassenen Eisengießerei (was ja auch das Wort *getto* bedeutet). Es waren die Venezianer, die den Einfall hatten, den Juden eine spezielle Tracht zu verpassen, da-

Die Bucht von Kotor

mit alle Welt sie erkennen konnte – das war zunächst ein gelber, später ein roter Hut. Auch hat man die Juden hart besteuert, Bürgerrechte besaßen sie keine, und einmal, es war im Jahr 1572, hat man sie der Republik verwiesen.

Nicht für lange freilich, denn Venedig brauchte sie. Sie beherrschten einen Großteil des Handels in Spezereien, Wolle, Zucker und Seidenstoffen. Auf dem Rialto, dem wichtigsten Geldmarkt, erwiesen sie sich als unentbehrlich. Auch achtete man sie als gebildete und verfeinerte Leute, und man holte sich Rat bei ihnen, gleichgültig, ob es sich um Fragen der Gelehrsamkeit oder um Geldprobleme handelte. Die Regeln, denen gemäß sie in dieser fremden Gemeinschaft zu leben hatten, wurden häufig ziemlich lax ausgelegt oder überhaupt nicht beachtet. Die Juden, denen man tagsüber auf der Straße begegnete, sahen alles andere als verfolgt aus – ihre Frauen, so hieß es im sechzehnten Jahrhundert, »sahen fabelhaft aus in ihrer Kleidung, mit ihren Juwelen, Goldketten und Ringen ... sie hatten immer ein herrliches großes Gefolge, Prinzessinnen vergleichbar, die von ihren Hofdamen umgeben sind«.

Was für die Mutterstadt galt, galt auch für die Kolonien: die Juden fühlten sich unter venezianischer Herrschaft im allgemeinen sicher, wenn auch nur selten wohl. Die Venezianer, die doch recht unabhängige Christen waren, behandelten die Juden nur selten mit jenem wilden Fanatismus, dem man bei den meisten europäischen Völkern begegnen konnte. Allerdings bedeutet das nicht, daß den Juden in der Dämonologie des Imperiums nicht eine wesentliche Rolle zukam. Die Unmoral und die sich daraus ergebende Abtrünnigkeit der kretischen Städte wurden jüdischen Frauen in die Schuhe geschoben – wurde ein Gläubiger im sechzehnten Jahrhundert beim Geschlechtsverkehr mit einer Jüdin ertappt, so durfte er sich auf zehn Jahre Galeerendienst gefaßt machen, während man die Jüdin verbrannte. Es war ein jüdischer Henkersmann, der nach dem Fall von Euböa im Jahr 1470 den tapferen Erizzo umbrachte, und ein jüdischer Scharfrichter war es, der dem mutigen Bragadino im Jahr 1571 bei lebendigem Leib die Haut abzog. Es war der Jude Joseph Nasi, von dem man annahm, er habe den Angriff der Türken auf Zypern ausgeheckt. Außer Zweifel stand zumindest, daß dieser Mann für Jahrzehnte ein gefährlicher Konkurrent der Venezianer war, denn er verfügte über ein ganzes Netzwerk von Anlaufstellen und Mitarbeitern im Osten, hatte seine Agenten sowohl in Westeuropa als auch in der Levante sitzen, und was noch wichtiger war – der Sultan hörte auf ihn. Ein anderer Jude – er war als venezianischer Bürger zur Welt gekommen – unterzeichnete im Namen des Sultans jenen Vertrag, durch den Zypern in den Besitz der Türken gelangte. Die Tatsache, daß die Juden 1572 aus Venedig verbannt wurden, war in der Tat zum Teil darauf zurückzuführen, daß sie in den schmachvollen Verlust der Insel Zypern an die Türken mit verwickelt waren, und auch darauf, daß die Seerepublik Venedig im Osten langsam, aber stetig an Macht und Einfluß verlor.

Doch die Juden von Korfu wurden nie vertrieben. Wie die Zigeuner spielten auch sie auf der Insel eine besondere Rolle. Sie lebten nun bereits seit dem Ende des zwölften Jahrhunderts auf dieser Insel. Damals hatte sich hier eine griechischsprechende hebräische Kolonie niedergelassen und man erbaute eine Synagoge. Das erste Beispiel für ein griechisches Prosastück in *dimotiki,* also in der Volkssprache, soll die von Rabbis angefertigte Übersetzung des Buches Jonas gewesen sein. Als im Jahr 1386 sich die korfiotische Deputation nach Venedig begab, um den Schutz der Seerepublik zu erbitten, waren zwei unter den sechs Delegierten Juden. Unter den Venezianern wuchs und blühte die jüdische Kommune, sie spielte bald eine unentbehrliche Rolle in der Kolonie. Man baute eine zweite Synagoge. Das Getto, obwohl umwallt und mit Toren versehen, wurde zum reichsten Viertel der Stadt. Die Juden übernahmen die Sprache ihrer Herrscher und stellten die bedeutendsten Bankiers und Geschäftsleute der Insel. Ohne sie wäre das Finanzsystem Korfu in sich zusammengestürzt. Es war keine Milde, sondern reinster Eigennutz, der die Venezianer veranlaßte, die korfiotischen Juden von der Verbannung auszunehmen.

Trotzdem konnte keiner ihren gesellschaftlichen Status als normal bezeichnen. Sie waren zwar wohlhabend und einflußreich, doch durften sie zum Beispiel kein Land besitzen, sie mußten den Davidsstern auf ihrer Kleidung tragen und konnten jederzeit zu den entwürdigendsten Arbeiten herangezogen werden, die der Staat bereithielt – zum Beispiel zur Fron auf den Galeeren oder zur Tätigkeit des Scharfrichters. Den Griechen versuchte man nicht die alten Vorurteile, die sie gegen die Juden hegten, abzugewöhnen. Der Ostersonntagbrauch, der eine Ersatzhandlung für die Steinigung darstellte und darin bestand, daß man altes Steingut – wenn möglich auf vorübergehende Juden – aus dem Fenster warf, war keineswegs in Vergessenheit geraten.

Doch sie mehrten sich und waren nützlich. Sie schlugen sich tapfer bei der türkischen Belagerung im Jahr 1715: der Kommandant des venezianischen Söldnerheeres, ein deutscher Graf namens Johann von der Schulenburg, war so beeindruckt, daß er der Signoria den Rat gab, sie solle mehr Juden auf der Insel ansiedeln, und sei es nur wegen ihrer militärischen Fähigkeiten. Als die venezianische Herrschaft auf Korfu zu Ende ging, machten die Juden offenbar bereits ein Viertel der Gesamtbevölkerung aus: die Insel kam einem Staate Zion so nahe, wie es noch nie der Fall gewesen war. Niemand betrauerte das Ende der Seerepublik mehr als die Juden von Korfu, nicht ohne Grund, denn unter keiner späteren Herrschaft sollten sie jemals wieder zu solcher Macht und solchem Wohlstand gelangen. Ganz im Gegenteil: das schrecklichste aller Reiche, das sogenannte Dritte, ebenfalls im Norden gelegen, verschleppte diese Juden und ermordete sie. Ihre Umgangssprache bis zu diesem bitteren Ende blieb der venezianische Dialekt des Italienischen.

Das Getto von Venedig

Nur ganz wenige von diesen Juden sind zurückgekehrt. In einer der Synagogen werden heute wieder Gottesdienste abgehalten. Gleich nebenan lebt der Vorsteher der jüdischen Gemeinde, er hat ein Fernsehgeschäft. In der Nachbarschaft leben noch einige andere Juden, die Geschäfte betreiben. Sie machen keinen sehr glücklichen Eindruck. Am Ostersonntag hören sie immer noch das Krachen des Steinguts auf dem Pflaster. Sie zeigen einem ihre Auschwitz-Tätowierungen und führen einen mit einer Spur traurigen Ressentiments in ihrer Synagoge herum.

Neben Korfu gab es noch sechs weitere Inseln – Paxos, Kephallenia, Lefkas, Homers Ithaka, Zakynthos und das südlich vom Peloponnes gelegene Kithira –, sie alle zusammen bildeten die Ionische Kolonie der Seerepublik. Zakynthos, auch Zante genannt, trat nach 1500 als wichtigster Anlaufhafen auf der östlichen Handelsroute an die Stelle von Methoni. Diese Insel gelangte durch die Ausfuhr von Korinthen nach England zu Wohlstand; hier errichteten die Venezianer die lieblichste ihrer Kolonialstädte, ein in seine Bucht eingeschmiegtes Stadtgebilde: allerdings ist davon so gut wie nichts mehr übriggeblieben – ein gewaltiges Erdbeben im Jahr 1953 hat fast die ganze Stadt dem Erdboden gleichgemacht. Kephallenia besaß eine ansehnliche Festung und in späteren Jahren eine reizende kleine Oper, wo häufig Ensembles aus Venedig auftraten. Ithaka, wo nach einer Türkeninvasion im Jahr 1479 überhaupt niemand mehr lebte, wurde von den Venezianern neu besiedelt und brüstete sich später – obwohl die Insel nur einen Umfang von vierzig Kilometern hat – mit einem Inselhauptmann und einer richtigen Adelsfamilie. Das wesentlich weiter im Süden gelegene Kithira aber, auch Auge von Kreta genannt, hatte eine Garnison, drei Festungen und (im Jahr 1545) eintausendachthundertfünfzig Bewohner. Ein Rector der Insel wußte zu berichten, daß ein Großteil des ihm zur Verfügung stehenden Budgets für den Kurierdienst ausgegeben wurde, durch den Iraklion über bevorstehende Türkenüberfälle informiert wurde.

Alle diese Inseln blieben bis zum Ende der Republik im Jahr 1797 venezianisch; der venezianische Stil hat auf ihnen unverkennbare Spuren hinterlassen. In den zwanziger Jahren unseres Jahrhunderts hat man behauptet, das Gesellschaftsleben auf Korfu sei, angefangen beim Gutsbesitz bis hin zur versnobten Angeberei, nach wie vor von Venedig geprägt. Damals waren venezianische Titel noch weit verbreitet, das gleiche galt für die italienische Sprache. Venedig sorgte dafür, daß diese Inseln während der langen türkischen Besetzung Griechenlands *Inseln des Westens* blieben. So aber verwundert es heute nicht, wenn man entdeckt, daß die griechische Umgangssprache auf dem Festland mit vielen türkischen Redensarten durchsetzt ist, während die Umgangssprache auf den Ionischen Inseln nach wie vor mannigfache Italizismen aufweist. Wenn heute abend im Theater von Kephallenia der Vorhang hochgeht, wenn in den vornehmen Hafenhäusern in Korfu die Lichter angehen, wenn im Kothokini-Wohnzimmer der Kaffee serviert wird, und wenn die unermüdlichen Gelehrten im Corfu Club ihre Bifokalgläser zurechtrücken, um in den Bücherregalen nach einem weiteren Band von Saint-Sauveurs *Voyages Historiques, Littéraires et Pittoresques* zu suchen, dann sind dies alles Augenblicke, in denen sich Venedigs imperialer Schatten noch einmal leise regt und selbstzufrieden lächelt.

Auf den Ionischen Inseln erinnert man sich der venezianischen Herrschaft auf liebevolle Weise. Die Venezianer hatten diesen Inseln die Türken erspart, sie hatten den griechisch-orthodoxen Glauben respektiert, die Inseln hatten unter ihnen eine Art Wirtschaftswunder erlebt, und sie waren beschenkt worden mit den schönsten Städten Griechenlands. Aber am bedeutendsten war wohl die Tatsache, daß die Venezianer den Fortbestand eines gewissen Hellenismus ermöglicht hatten, was ihnen, obgleich nicht in ihrer Absicht gelegen, hoch anzu-

Zante

rechnen ist. Es kann durchaus sein, daß die Venezianer die griechische Lebensweise nicht sonderlich bewunderten, und daß sie alles taten, um diese Art zu leben durch ihre eigene Architektur, ihr eigenes Protokoll, ihre eigene Gesellschaftsform und ihre eigenen Opern und festlichen Umzüge zu unterdrücken. Sie interessierten sich nicht besonders für die griechische Klassik, höchstens für ein paar Erinnerungsstücke, um zu Hause ihre Paläste damit auszuschmücken. Doch unter Venedigs Ägide wurde Korfu – wie schon Kreta davor – zum Zufluchtsort für all das, was im Griechentum lebendig und kreativ war.

Künstler, Gelehrte und Denker kamen, vor allem als Kreta verloren war, auf die Ionischen Inseln. Manche unter ihnen blieben für immer, andere reisten weiter nach Venedig. Auch die *stratioti,* die griechischen Soldaten im Dienste der Seerepublik, kamen: die Türken hatten sie aus ihren Quartieren auf dem griechischen Festland verjagt, und so tauchten sie nun mit ihren Pferden auf Zakynthos auf, um sich hier niederzulassen. In den langen Jahren zwischen dem Fall Iraklions und dem griechischen *Risorgimento* im neunzehnten Jahrhundert waren diese Inseln Bollwerke des Hellenismus – hier blieb die typisch griechische Dimension des Denkens und Fühlens erhalten. Es war kein Zufall, daß das venezianische Nauplia der Sitz der ersten unabhängigen griechischen Regierung war, während der erste griechische Präsident von Korfu stammte.

Die Venezianer zogen friedlich ihrer Wege, als sie von Napoleon vertrieben wurden, und an ihre Stelle traten die Briten, deren Benehmen nicht viel anders und deren Absichten so ziemlich die gleichen waren. Als die Briten im Jahr 1864 dann ihrerseits freiwillig gingen, entwikkelten sich diese Inseln zum fortschrittlichsten und kultiviertesten Teil des neuen Griechenland, eine Tatsache, für die nicht zuletzt den Venezianern Dank gebührt. Sie hatten auf den Ionischen Inseln vier Jahrhunderte lang geherrscht, und ihre wesentlichste Leistung hatte darin bestanden, daß sie diese Inselgruppe sich selbst überließen, als sie entdecken mußten, daß sich auch hier das Griechentum unverwechselbar durchzusetzen begann.

In diesem einen Fall also bildete das venezianische Imperium ein Glied in der historischen Kette, wo Traditionen der einen Epoche an die andere weitergereicht werden. Eines der bekanntesten venezianischen Monumente ist der Kardaki-Brunnen am Stadtrand von Korfu. Es handelt sich dabei eigentlich um einen antiken Wasserspeier an der Berglehne über dem Meer, wo sich die Schiffe mit Wasser versorgten. Verwittert in seiner blattwerküberwucherten Grotte lauert dort ein Geflügelter Löwe, der den Wasserspeier mit erhobener Tatze und angriffslustig funkelndem Blick bewacht. Wenn das Licht richtig leuchtet, kann man sie sich leicht vorstellen, die Galeerenbesatzungen des Korfu-Geschwaders, wie sie ihre Wasserfässer den gewundenen Pfad zum Brunnen hinaufrollten und dort oben miteinander scherzten und lachten oder ihre verschwitzten Köpfe ins kühle Wasser tauchten.

Solche Phantasien sind ganz schön, doch in Wirklichkeit herrscht hier eine völlig andere Atmosphäre. Denn zweitausend Jahre bevor die Venezianer hier ihren Brunnen bauten, plätscherte das Wasser von Kardaki durch den heiligen Bezirk eines Tempels, der sich oben auf dem Hügel erhob und dem Apollo geweiht war. Bevor sich die Ruderknechte Venedigs diesen Pfad hinaufmühten, sprangen hier zahllose Generationen griechischer Seeleute an Land, auch sie schwitzend und fluchend, um ihre eigenen Schiffe mit Wasser zu versorgen. Man braucht Phantasie, um sich die Venezianer in Kardaki vorzustellen, doch die alten Griechen in Kardaki: solche Bilder stellen sich fast von selbst ein – sie leben hier fort, großartig und zeitlos, inmitten der grünblauen See, des Lichtgesprenkels der Bäume und der milden Inselluft, während von dort unten das schrille, leidenschaftliche Geplapper der Kinder heraufdringt, die auf dem Kiesstrand griechische Spiele aus unvordenklicher Zeit spielen.

8. Kapitel
Adriatica

Herzöge von Dalmatien – Korčula – Pragmatischer Imperialismus –
Das Löwenhaus – Küstenstützpunkte – Über Piraten –
Sand im Getriebe – Fürstenhochzeit – Ein Schimmer in der Ferne

Wenn wir nun Korfu mit seinem Zwillingswahrzeichen hinter uns lassen und uns vorsichtig nordwärts den Meereskanal hinauftasten, wo uns heute, dessen dürfen wir uns sicher sein, albanische Ferngläser beobachten, so, wie damals die Reisenden von schwenkbaren türkischen Kanonen verfolgt wurden, wenn wir also diesen Seeweg nehmen, vorbei an der Kassiopikirche, wo wir ein Gebet murmeln, dann gelangen wir in die Straße von Otranto und befinden uns bald in heimischen Gewässern. Alles in der Adria weist nach Norden, es ist wie eine magnetische Anziehungskraft, die den Reisenden, egal ob im zwanzigsten oder im fünfzehnten Jahrhundert, unwiderstehlich zur Lagune, nach Venedig zieht.

Den Venezianern gelang es selten, an der italienischen Küste dieses Meeres Stützpunkte für längere Zeit zu halten, doch hat es in ihrer imperialistischen Geschichte vom dreizehnten bis zum achtzehnten Jahrhundert keine Zeit gegeben, in der sie ohne Häfen und Anlaufstellen an der jugoslawischen Küste gewesen wären. Dieser herrliche Küstenstreifen, den sie ganz allgemein Dalmatien nannten, war, was seinen Glauben anlangt, in erster Linie katholisch, und so betrachteten die Venezianer diese inselreiche Gegend als eine Erweiterung ihres Inselimperiums, so wie sie die Adria letztlich als eine bloße Erweiterung ihrer Lagune betrachteten. Der Herzog von Dalmatien war der früheste auswärtige Würdenträger, den der Doge einsetzte. Auch erinnern wir uns, daß der Vierte Kreuzzug, der eigentlich nach dem Heiligen Land gehen sollte, hier zum ersten Mal von seinem geplanten Kurs abwich, um Zadar zu erobern und wieder der venezianischen Herrschaft zu unterstellen.

Es ist ein höchst komplizierter Küstenstreifen. Die jugoslawische Küste von Istrien bis zur albanischen Grenze im Süden ist, wenn man sie nach der direkten Vogelfluglinie bemißt, über sechshundert Kilometer lang. Doch wenn man alle Inselküsten und Einschnitte ins Land hinein mit einbezieht, dann kommt man doch auf ansehnliche dreitausend Kilometer. Angeblich gibt es siebenhundertfünfundzwanzig Inseln, darunter fünfhundertacht Riffs und Klippen, davon sechsundsechzig bewohnt. Auch die ethnische Zusammensetzung war etwas kompliziert: zur Zeit der Venezianer lebten im Hinterland ausschließlich Slawen, während die Einwohnerschaft in den Küstenstädten noch aus dem Römischen Reich stammte. In politischer Hinsicht war die Lage unsicher: manchmal stürmten die Ungarn, wenn sie einen ihrer Expansionsschübe hatten, an die Küste, und später waren es wieder die Türken, die von den Bergen herunterdrängten.

Doch einige Jahrhunderte lang waren im Grunde die Venezianer hier die Herren: mal eroberten sie ein Gebiet dazu, mal verloren sie einen Landstrich, mal herrschten sie direkt, mal setzten sie Stellvertreter ein, mal regierten sie durch Überredungskünste, mal stießen sie auf Gegner, mit denen sie einfach nicht fertig wurden, aber aufgegeben, klein beigegeben haben

Der Hafen von Kotor

Korčula

sie nie. Denn wenn sie die Herrschaft über diese Küste verloren, dann verloren sie auch die Adria. Das war der Grund, weshalb die Venezianer bereit waren, in dieser Gegend jeden Feind zu bekriegen, ganz egal, ob es sich um Byzantiner, Magyaren, Türken oder gewöhnliche Piraten handelte.

Dalmatien war für Venedig fast schon ein Stück seiner selbst: es gab zahllose Bilder und Bande, die Lagunenstadt und Slawenküste zusammenhielten – ähnlich wie eine Villa und ihr Garten zusammengehören. Böse Mäuler, die über die Venezianer herzogen, nannten diese gerne »Slawen und Fischersleute«, womit sie freilich nicht so unrecht hatten, denn der Einfluß war wechselseitig: Venedig beeinflußte nicht nur das Aussehen und das Lebensgefühl Dalmatiens, sondern Dalmatien beeinflußte auch den Charakter Venedigs.

Es gibt kaum einen Kilometer dieser kurvenreichen Küste, kaum eine unter diesen sechshundertneunundfünfzig *unbewohnten* Inseln, wo der Besucher nicht konfrontiert wird mit Spuren der Lagunenstadt – das können ein Campanile, ein Name oder auch irgendwelche gespenstischen Kiel- oder Heckteile an einem der Sandstrände sein, wo die Galeeren einst vor Anker gingen.

Wenn wir nun die Küste hinaufsegeln, dann laufen wir als erstes einen der venezianischsten Häfen von ganz Dalmatien an, und dieser Hafen soll für alle anderen stehen. Gemeint ist die Inselstadt Korčula, von den Venezianern damals Curzola geheißen oder auch Kerkyra Negra, eine Hafenstadt, ungefähr fünfhundert Kilometer nördlich von Korfu gelegen und einst eine Subkolonie dieser Kolonie.

Zum erstenmal kam ich in Korčula eines Winterabends an, die kleine Stadt sah sehr dunkel, sehr verlassen aus, wie sie da auf ihrem Hügel hockte, immer noch schützend umgeben von ihren Festungswällen. Vor den Stadtmauern, dort, wo sich die Supermärkte befinden und einige Cafés sich um die Busstation drängen, stieß ich auf etwas trübes Licht, dort gab es ein bißchen Bewegung. Doch als ich die steilen Stufen zum Stadttor hinaufstieg, in der Stadt selbst die kleine Piazzetta überquerte, um jenseits in die gewundenen Gassen einzudringen, begegnete ich keiner Menschenseele. Als ich aber die gewaltig ragende Kathedrale erreichte, die an dem beengenden Platz mitten in der Stadt liegt, hörte ich Orgelmusik: so drückte ich das knarrende Tor auf und trat ein.

Selbst wenn dies der Planet Mars gewesen wäre, ich hätte auf der Stelle gewußt, daß die Venezianer wieder einmal vor mir dagewesen waren. Die Kathedrale des heiligen Markus in Korčula ist zwar keine genaue Nachahmung ihres berühmten Vorbildes in Venedig, denn ihr Äußeres weist keine besondere Ähnlichkeit auf. Doch wenn man genauer hinschaut, stößt man auch bei dieser Kirche auf jedes wesentliche Merkmal, das die venezianische Basilika auszeichnet. Ein paar Nonnen sangen, als ich eintrat, mit krächzenden Stimmen einen Hymnus, der Vorsinger war ein einsamer Priester vorne am Altar, und begleitet wurden die Nonnen von einer arg beleibten Schwester am Harmonium, die übergenau ihre *tempi* setzte. Es war ziemlich dunkel hier drin, aber alles kam mir bekannt vor. Der Mosaikboden erbebte unter meinen Fußsohlen, ähnlich wie die alten, angestoßenen Bodenbilder in der Basilika selbst. Der Stein schien im Zwielicht zu glühen wie der warme rote Backstein von San Marco. Und um mich herum spürte ich sie mehr als daß ich sie sah, die säulengeschmückten gewaltigen Denkmäler, die die Venezianer ihren Staatsdienern gerne als Gedenkstätten errichteten.

Ganz Korčula ist so – voll von Andeutungen und Erinnerungen, ein Erlebnis à la Proust für diejenigen, die von der venezianischen Madeleine bereits gekostet haben. Die Stadt ist nach einem raffinierten Gitterprinzip gebaut, ähnlich einem krummen Fischskelett, wohl um zu verhindern, daß der Meerwind im Winter ungehindert durch die Straßen fegt. Doch im Laufe der Zeit wurde dieser exakte Plan immer wieder durchbrochen, durch Balkone und Vorbauten, durch Erneuerung und Verfall. Heute in dieser Stadt herumzuwandern ist ein typisch venezianisches Erlebnis. Zuweilen tauchen Schiffe am Ende von schattigen Straßen auf. Die Glocke der Kathedrale läutet die Jahrhunderte ein und aus, Ding-Dong-Dang, sie läutet tags und sie läutet nachts. Hin und wieder eine Korčula-Katze, ein Nachfahr sicherlich jener Schiffskatzen von Giudecca oder Canareggio, sie schleicht vom Rinnstein zur Mülltonne, ein typisch venezianisches Schleichen.

Von Budva und Kotor aus im Süden, von Split und Zadar, von Fiume und Pula im Norden und von vielen anderen Hafenstädten aus kontrollierten die Venezianer mit strenger Hand die gesamte Adriaküste. Selten wagten sie sich von den Städten weiter weg: die Grenze, die sie sich selbst setzten, war die weißgraue Mauer des Karst, die parallel zur See einige Kilometer weiter landeinwärts verlief. Selbst die Küstenebenen zwischen den Häfen interessierten sie nicht sonderlich. Ihre Vorgehensweise war pragmatisch, manchmal vorsichtig tastend. In der ersten Zeit beließen sie der alteingesessenen Obrigkeit, den Gutsbesitzern und Geistlichen ihre Würden, sie verlangten von ihnen lediglich Unterstützung in Kriegszeiten sowie einen symbolischen Jahrestribut – Öl für die Basilika aus Pula zum Beispiel, Marderfelle aus Vis, Rohseide von der Insel Rab.

Doch mit der Zeit übernahmen sie selbst die Herrschaft. Zwar schafften sie nicht die alten Ämter und Würden ab, doch sorgten sie dafür, daß venezianische Kandidaten diese zugesprochen bekamen – zunächst waren es einheimische Honoratioren, später dann häufiger Adlige aus Venedig. Diese halb unabhängigen Stadtgemeinden von Dalmatien, die sich bis dahin so mancher Rechte erfreuten, welche sie noch von den Römern übertragen bekommen hatten, wurden von den Venezianern nach und nach in Kolonien der Seerepublik verwandelt. Nun waren es wirklich nur mehr Venezianer, die die wichtigsten Ämter bekleideten. Die Venedig ergebenen Einheimischen dagegen avancierten zu Ehrenbürgern der Lagunenstadt oder erhielten sogar Rang und Namen im Goldenen Buch der venezianischen Aristokratie.

Um diese Hegemonie errichten zu können, mußten die Venezianer die Ungarn von der Küste fernhalten – zunächst mit Waffengewalt, später mit Geld. Als sie das geschafft hatten, behielten sie Dalmatien fest in der Hand: sie nutzten den Küstenstreifen für ihre Zwecke bis zum Ende. Sie holzten die Wälder ab, weil sie ständig Nutzholz für den Schiffsbau brauchten. Sie verschifften Berge istrischer Steine zum Häuserbau in die Lagunenstadt. Sie rodeten um ihre Festungen herum ganze Landstriche, um den heranrückenden Feind rechtzeitig unter Feuer nehmen zu können. Sie beuteten schamlos das Seefahrergeschick der Dalmatier aus, denen sie, verglichen mit anderen Nationen, jämmerliche Löhne bezahlten. Sie zwangen die eingesessene Oberschicht, Italienisch zu sprechen, womit sie einen weiteren Keil zwischen Land- und Stadtbevölkerung trieben. In Trogir (dem damaligen Trau) lernten die Adligen Italienisch durch speziell zu diesem Zweck herbeigeschaffte Sprachlehrer, und die Namen der alteingesessenen Familien wurden venezianisiert – aus Cubranović zum Beispiel wurde Cipriani, einen Einspruch konnten sich die Dalmatier sparen. Sogar an den Reliquien vergriffen sich die Kolonisatoren: hier ließen sie einen Arm des heiligen Iwan (manche behaupten, nur wegen des kostbaren Rings an seiner Hand) mitgehen, dort einen Fuß des heiligen Trifone, und die sterblichen Überreste einer ziemlich unbekannten Märtyrerin, die Heilige Euphemia geheißen, blieben ebenfalls nicht verschont.

Die üblichen Aufstände schlugen sie mit der üblichen Begeisterung nieder. In dieser Hinsicht ging Dandolo mit bestem Beispiel voran: er warf das riesige Heer des Vierten Kreuzzuges gegen Zadar, plünderte und brandschatzte die Stadt und machte alle Festungsanlagen dem Erdboden gleich. Von da an sprangen die Venezianer mit dalmatischen Rebellen hart um. Vincenzo Capello, der 1514 in Hvar einen Aufstand niederzuschlagen hatte, bekam folgende Instruktion mit auf den Weg: »Geht gegen die Schuldigen vor mit welch strengen Mitteln auch immer. Diese Mittel sollen der Gerechtigkeit und Würde unseres Staates entsprechen. Doch haltet Euch zu jeder Zeit die Sicherung Unserer Interessen vor Augen.« Diese Sicherung von Interessen aber bedeutete, wenn von den Anführern solcher Strafexpeditionen wahrgenommen, nichts anderes als massenweise Hinrichtungen durch Erhängen oder aber Verbannungen. Hier wie in Korfu war die Denunziation ein beliebtes Mittel der Polizei, und die jeweiligen venezianischen Gouverneure – mal hießen sie Grafen, mal Capitanos, mal Podestas – waren unumschränkte Herrscher innerhalb ihrer Stadtwälle.

Die Jugoslawen behaupten gerne, die Venezianer hätten den Dalmatiern nur eines beigebracht – die Kunst, gotteslästerlich zu fluchen. Sicher ist jedenfalls, daß sie an dieser Küste immer Fremdlinge blieben und daß sie am Rand der slawischen Welt am liebsten in Festungen lebten, die abgeschirmt auf irgendwelchen Landzungen oder Halbinseln lagen. Doch wo es Unzufriedenheit mit ihrer Herrschaft gab, da gab es auch unverbrüchliche Treueverhältnisse. Über fünfhundert Jahre lang hielten die Venezianer dieses Küstengebiet besetzt: Zeit genug für die Dalmatier, um aus ihrem Dasein als Kolonisierte das Beste zu machen. Venedig war ihr Lehensherr, aber auch ihr Kunde, ihr Abnehmer: ein unablässiger Zustrom von dalmatischen Produkten, ob Leder oder Gemüse oder was auch immer, gelangte nach Norden in die Lagunenstadt. Die Seeleute von der Insel Brač aber beluden ihre Schiffe mit Wein und betrieben sie als Kneipen auf den Kanälen von Venedig. Auch ermöglichte das Seeimperium den Dalmatiern mannigfache Karrieren: wer fähig und talentiert unter ihnen war, konnte in einem Maße zu Amt und Würden gelangen, wie es auf dem schmalen Küstenstreifen unterm Karst undenkbar gewesen wäre. Dalmatische Künstler gelangten zu Ruhm in Venedig. Wir hören von einem Dalmatier als Erzbischof in Famagusta, und bei dem Mann, der die Stadt Chalkis

Die Erstürmung von Zara. Gemälde von Tintoretto (1518–94)

an die Türken zu verraten versuchte (wir begegneten ihm im dritten Kapitel), handelte es sich um einen Kanonier aus Korčula.

Als es Zeit war für Venedig, das Land zu verlassen, wurde dies von so manchen Dalmatiern bedauert. Im nördlichen Istrien ist diese Art von Loyalität nie ganz verschwunden, so daß man selbst heute noch einer gewissen Sehnsucht nach Italien begegnet. In der im Süden gelegenen Stadt Perast aber begrub die Bevölkerung, als die Venezianer abzogen, das Banner des heiligen Markus zu einem feierlichen Requiem unter dem Kirchenaltar. Es sollte noch eineinhalb Jahrhunderte dauern, bis die Dalmatier, nunmehr voll von bitteren Erinnerungen an die letzten Kriege und Besatzungszeiten, anfingen, den Geflügelten Löwen von den Wappen und Gedenktafeln zu entfernen.

Der Geflügelte Löwe! Der Löwe von San Marco tauchte auf einer venezianischen Flagge, so erzählt man sich, zum ersten Mal während eines Feldzugs auf, der die Venezianer nach Dalmatien führte, und so begegnet der Reisende auch heute noch an der dalmatischen Küste einer gewaltigen Kollektion von Geflügelten Löwen in den unterschiedlichsten Stilen, Stimmungen und Körperhaltungen.

Vom architektonischen Standpunkt aus gesehen erwies sich dieses Emblem als segensreich; elegant und muskulös zugleich, verlieh dieses Wappentier jedem Festungswall seine Besonderheit, und sorgsam ausgeführte Torbogen wurden durch den Löwen erst vollendet. Er war ein Symbol für den Frieden manchmal, manchmal für den Krieg. Er war religiösen Ursprungs,

Links: Das venezianische Arsenal in Zadar
Rechts: Korčula, das Stadttor zum Land hin

diente später freilich säkularen Zwecken. Manchmal trug er eine Fahne, manchmal ein Schwert, manchmal den Hut des Dogen. Oft war seine Darstellung ungelenk, disproportioniert, was freilich nicht hinderte, daß er fast immer das Markus-Evangelium zwischen seinen Tatzen hielt. War das heilige Buch geschlossen, so bedeutete das nichts Gutes – Venedig äußerte auf diese Weise entweder sein Mißvergnügen, oder es erinnerte an eine Strafaktion, oder aber es drohte mit einer solchen. Doch konnte es sich auch um eine bloße Zurschaustellung militärischer Macht handeln – das Buch zwischen den Pranken des Riesenlöwen vor dem Arsenal in Venedig war unverkennbar geschlossen. Lag das Buch jedoch offen an seiner Stelle und konnte man in ihm den frommen Spruch PAX TIBI MARCE, MEA EVANGELISTA (»Friede sei mit Dir, mein Evangelist«) entziffern, so bedeutete dies ein Unterpfand für Schutz und Ordnung, ja manchmal sogar für Gerechtigkeit, ein Unterpfand und Symbol, das jedermann verstand.

In Dalmatien stellte man die verschiedensten Gattungen von Geflügelten Löwen auf, und viele von ihnen befinden sich immer noch an Ort und Stelle. Manchmal verrät nur mehr ein leerer Fleck den Platz, wo der Löwe einst stand, und manchmal hat man ihn aus seinem Steinwappen herausgemeißelt, um an seine Stelle den roten Stern des kommunistischen Jugoslawien zu setzen. Sein Kopf kann völlig verwittert sein, oder der Rumpf kann ihm fehlen. Doch hat man das Tier in der Regel heil gelassen, so daß es auch heutzutage noch bei jeder Reise die dalmatische Küste hinauf eine Art Leitmotiv bildet. Manchmal ist das Tier überschlank, manchmal von einer massiven Eckigkeit – man fühlt sich an Zerrspiegeleffekte erinnert.

Manchmal trägt es ein etwas kränkliches Grinsen zur Schau, wie manchmal auf Fotos von Politikern zu sehen. Manchmal reichen seine Flügel nach hinten über den Schwanz hinaus, und manchmal scheinen sie ihm am Bauch zu kleben. Manchmal wird seine amphibische Natur erkennbar, dann steht das Tier mit den Vorderpfoten an Land, mit den Hinterpfoten im Meer. Und manchmal ist es alles andere als ein Löwe, dann meint man, einen verunstalteten Greifvogel oder gar einen Frosch vor sich zu haben.

In Trogir gab es einen Löwen, dessen Buch die Inschrift enthielt: »Lasset Gott erstehen und Seine Feinde lasset in die Winde sich verstreuen.« Einen Löwen in Rovinj gab es, in dessen Buch es hieß: »*Vittoria* Tibi Marce, Mea Evangelista«. Budva hatte einen Löwen, dem man offenbar gleich *zwei* Bücher zur Verfügung gestellt hatte. Piran besaß einen Löwen mit der Inschrift: »Seht den Geflügelten Löwen! Ich pflücke Erde, Meer und Sterne...« Dem mächtigsten Löwen des *Stato da Mar* aber, so glaube ich, begegnen wir über dem Sanmicheli-Tor in Zadar, in der Stadt also, die jahrhundertelang das militärische Hauptquartier Venedigs an dieser Küste beherbergte. Doch in derselben Stadt, in derselben Straße stößt der Besucher auf eine wahre Ausgeburt von einem Löwen, das Werk wurde 1792 aufgestellt – das Tier grinst zahnlos vor sich hin, deutet mit einer Art Huf auf sein Buch, trägt so etwas wie ein Federkleid, einem Truthahn nicht unähnlich, und auf seinem Kopf hat es einen Blitzableiter in Form eines Palmbaumes.

Von dem Löwen in Trogir erzählt man sich, er habe, als es mit der Seerepublik zu Ende ging, sein Buch geschlossen, und für die einfacheren Gemüter unter den Slawen besitzt das Wappentier immer noch magische Kräfte: man begegnet ihm auch heute noch an Bauernhäusern, manchmal freilich noch schlimmer verunstaltet, aber mit der wichtigen Aufgabe, Unheil vom Hause abzuhalten.

Dies ist eine Seefahrerküste. Der Küstenstreifen hat Seeleute hervorgebracht, so, wie andere Gegenden Bauern oder Bergleute hervorbringen. In diesen Küstengewässern herrscht ein reger Schiffsverkehr. Es ist ein Kommen und Gehen der Fährschiffe, das sommerliche Tragflächenboot schießt übers Wasser, die Fischerboote eilen mit ihrem nächtlichen Fang nach Hause. Manchmal schippert man um eine Landzunge herum und entdeckt plötzlich eine Bucht, vollgepfropft mit Schiffen, die gerade überholt werden – riesige russische Linienschiffe liegen im Trockendock, auf Tankern wimmelt ein Heer von Schweißern. Auf entlegenen Inseln stößt man unvermutet auf kleine Werften, sie erinnern mehr an Autowerkstätten – plötzlich sieht man sich einem einsamen Dampfer mit gewaltigem Schornstein gegenüber, oder man entdeckt einen Kran, dessen Ausleger über die Pinienbäume herüberschaut. Kleine graue Kriegsschiffe drängen sich an Hafenmolen. Zuverlässige alte Dampfer transportieren Dorfbewohner, Tiere, Motorräder und Steigen mit Obst und Gemüse von Insel zu Insel.

So wie es heute ist, war es auch damals. Dalmatien war die eigentliche Quelle venezianischer Seemacht. Die Hälfte der venezianischen Schiffsbesatzungen stammte aus Dalmatien. Von hier kamen die Seeleute, deren seemännisches Geschick im ganzen Mittelmeer einzigartig war, Seeleute, die später auch einen Großteil der Besatzungen der österreichischen Marine bildeten. Die Städte an dieser Küste waren Marinestädte. Hvar, damals Lesina geheißen, beherbergte das Hauptquartier der venezianischen Adriaflotte, es besaß ein Arsenal, um seine Schiffe zu bewaffnen, und ein Theater, um seine Seeleute bei guter Laune zu halten. Poreč in Istrien, damals hieß es Parenzo, beherbergte den Hauptsitz der venezianischen Lotsengilde, worauf die Stadt vermutlich stolz war, denn die Mitglieder dieser Gilde gehörten zu den *pedotti grandi,* denen allein es gestattet war, die großen Galeassen aus der Lagune hinauszusteuern.

Viele der stolzesten Gedenkstätten an dieser Küste erinnern an Siege zur See im Namen der venezianischen Sache. Lepanto war das Trafalgar dieser Küste, davon redeten die alten Männer in den Kaminecken, diese Schlacht wurde Jahr für Jahr von vielen Hafenstädten gefeiert. Kaum eine Kathedrale Dalmatiens, die kein Denkmal aufzuweisen hätte, das nicht der in dieser Schlacht gefallenen Helden gedächte – Erinnerungsstücke an die venezianische Zeit sind unerschöpflich. Hier eine Galeerenlaterne, dort ein Engel, zusammengebaut aus eroberten Kanonen, oder ein Wappenschild, durch Kampfesmut dem Feind entrissen. Das bereits erwähnte Stadttor von Korčula hat man damals errichtet, um der Schlacht von Lepanto zu gedenken, ebenso die Säule der heiligen Justina in Koper, dem ehemaligen Capodistria, am anderen Ende der Küste. An dem zum Meer hin gelegenen Stadttor von Zadar erinnert eine Tafel an die Galeeren der Stadt, wie sie triumphierend aus dieser Schlacht zurückkehrten, und in einer schattigen Toreinfahrt in Trogir entdeckt der Besucher einen Hahnenkopf, eine einstige türkische Bugfigur, die man seit 1571 an dieser Stelle als Beutegut und Siegestrophäe zur Schau stellt.

Am südlichen Ende der jugoslawischen Küste, nicht weit von der albanischen Grenze, stoßen wir auf einen heftigen Einschnitt in der ansonsten doch recht glatten Küstenlinie – wir haben es hier mit einem weitläufigen Fjord zu tun, der Bucht von Kotor, einst Cattaro genannt. Dieser Fjord bricht auf eine fast schon vulkanische Weise in die Binnenlandmasse hinein. Was man zunächst bloß für eine weitere Bucht hält, zeigt sich, wenn man hineinsegelt, als eine Folge von Salzseen, die etwas theatralisch Düsteres an sich haben und durch einen schmalen Kanal miteinander verbunden sind. Dieser Kanal nennt sich Straße von Verige und wird überragt von den Lovćen-Bergen Montenegros. Der düstere Hafen war viele Generationen lang ein wesentlicher Stützpunkt für die venezianische Marine. Die Venezianer versperrten die Zufahrt mit Hilfe von Ketten, um die absolute Sicherheit der hier liegenden Schiffe zu garantieren. Auf Lepantani aber, das ist die Landzunge zwischen den beiden Seen, unterhielten sie, was man heute als einen Erholungsort bezeichnen würde – bei dem Namen soll es sich um eine Verballhornung von *le puttane,* »die Huren«, handeln.

Am Ostufer dieses Golfes liegt ein Ort mit Namen Perast. Dieser Ort spielte in der Geschichte der venezianischen Marine eine besonders wichtige Rolle. Perast ist heute kaum mehr als ein kleines Dorf, das sich am Ufer hinzieht, mit dem üblichen venezianischen Campanile, ein, zwei Cafés an der Straße, ein paar Palmen und einigen verstreuten Zypressen auf dem kahlen Hügel. Damals war Perast freilich ein beliebter Altersruhesitz für venezianische Schiffskapitäne, die dort auf Terrassen über dem Wasser ihre hübschen Villen errichteten – Villen, die heute inmitten von Blumendüften, Vogelgezwitscher und Hahnengekräh verfallen und zu denen man über krummgetretene, mit Eisenklammern zusammengehaltene Steintreppen hinaufgelangt. Manche dieser Häuser haben Wappenschilder über ihren Eingängen, eines oder zwei waren kleine, mit Balkonen und Spalieren geschmückte Paläste, die einst, so stelle ich mir vor, stolz und kühn aufs Wasser hinausschauten.

Hier gründeten die Venezianer eine Schule für Seeleute, die sie in einem großen Gebäude am Ufer unterbrachten – Mittelpunkt sicherlich der Aufmerksamkeit der umwohnenden Seebären im Ruhestand. Aus dieser Schule gingen viele Jahre lang die Seeoffiziere der Republik hervor, und so hervorragend war die Kadettenausbildung in Perast, daß es am Ende eine ganze Menge berühmter venezianischer Seefahrer gab, die diese Schule absolviert hatten. Im Jahr 1626 begann Peter der Große die russische Marine aufzubauen: er schickte seine ersten Marinekadetten zur Ausbildung nach Perast. Er ging nach England, um dort zu lernen, wie man Kriegsschiffe baut, doch in der Kunst der Seefahrerei verließ er sich auf diese venezianische Ausbildungsstätte an der Adria.

Links: Dalmatinische Küste: Transport auf dem Wasser
Rechts: Türkischer Pirat. Fantasiebild aus der damaligen Zeit

Piraten aller Nationen trieben hier ihr Unwesen – Genuesen, Katalanen, Araber, Türken, ja gelegentlich sogar Engländer und Holländer. In der Zeit zwischen 1592 und 1609 fielen den Seeräubern in der Adria sage und schreibe siebzig Schiffe, die nach der Lagune unterwegs waren, in die Hände: manchmal leisteten die Seeleute heftigen Widerstand, manchmal ließen sie ihr Schiff – die abgeschlossene Versicherung machte es möglich – kurzerhand im Stich. Schon im zehnten Jahrhundert hatten slawische Piraten Venedig überfallen und von einer Massenhochzeit in der Kirche San Pietro di Castello alle Bräute weggeraubt. In den darauffolgenden Jahrhunderten wurde man dieser Pest nie so recht Herr – aus dem einen Unterschlupf vertrieben, verkrochen sich die Piraten einfach an anderer Stelle. Im Jahr 1571, also dem Jahr der Schlacht bei Lepanto, sorgte Sultan Selim II. dafür, daß sich in Ulcinj, einer Hafenstadt, die südlich von Kotor liegt, eine Schar arabischer Seeräuber einnistete, um die venezianische Seefahrt zu stören. Die Araber brachten ihre Negersklaven mit, die dunkelhäutigen Menschen, denen wir heute noch in dieser Stadt begegnen, sind deren Nachkommen.

Die schlimmsten Schurken aber waren die sogenannten Uskoken, die ihren Unterschlupf im Norden, in Segna hatten, dem heutigen Senj: der Ort liegt, so kommt es einem vor, immer noch auf der Lauer über seiner halbmondförmigen Bucht. Die Uskoken waren die berüchtigsten Übeltäter. Ihren Namen bezogen sie vermutlich von dem serbokroatischen Wort *kok,* was so viel wie »springen« heißt. Die Uskoken waren christliche Flüchtlinge von der Ostseite des Gebirges, die sich den Türken mit List und Gewalt entzogen hatten. Nun gelangten sie mit ähnlich brutalen Mitteln zu Wohlstand an der dalmatischen Küste. Sie waren Bestien, aber tapfer. Ivo, der Schwarze, ihr größter Anführer, soll mit einer Handvoll Gefährten dreißigtausend Türken vertrieben haben. Einmal, so wurde erzählt, kehrte er heim von einer Schlacht, in der rechten Hand trug er seine abgeschlagene linke. Die Venezianer behaupteten, die Uskoken verfügten über übernatürliche Fähigkeiten und ließen sich von weisen Frauen in Höhlen beraten.

Die Uskoken entwickelten auf See dieselben Fähigkeiten und Vorurteile, die ihnen an Land das Leben gerettet hatten. Sie waren fanatische Türken- und Moslemhasser, was jedoch nicht bedeutete, daß sie auf christliches Beutegut verzichtet hätten. Mit ihren langen Haaren, ihren weit herunterhängenden Schnurrbärten und den Eisenringen, die sie im Ohr trugen, wurden sie zum Schrecken aller Seeleute. Den Türken, die sie erwischten, nagelten sie gern den Turban an den Kopf, und gelegentlich schnitten sie ihren Gefangenen bei lebendigem Leib das Herz aus der Brust (ja wir hören sogar von einem venezianischen Kommandanten, dessen Herz bei einem Siegesbankett als Hauptgericht serviert worden sein soll).

Viele Schiffskapitäne ließen ihre Schiffe lieber auf Grund laufen, als daß sie eine solche Gefahr riskierten: »Als flüchtete ein Wal vor einem Delphin«, merkte dazu ein englischer Reisender verachtungsvoll an, doch wahrscheinlich war der Mann noch nie einem dieser langhaarigen Uskoken draußen auf dem Meer begegnet. Senj entwickelte sich zum Zufluchtsort für viele Schurken und Fahnenflüchtige aus mannigfachen Ländern. Die Bewohner dieses Ortes wurden schlimm behandelt. Die Geistlichen von Senj – was blieb ihnen anderes übrig – segneten die Unternehmungen der Piraten. Mit der Zeit kam es so weit, daß die Einwohner der Stadt zu jedem Raubzug ihren finanziellen Beitrag leisteten, um später allerdings auch an der Beute beteiligt zu werden: ein Zehntel davon ging an die Franziskaner- und Dominikanerklöster.

Ihre Blütezeit erlebten die Uskoken im sechzehnten Jahrhundert. In dieser Zeit erfreuten sie sich der Protektion der österreichischen Habsburger. Ihr Beutegut schlugen sie auf dem großen internationalen Markt von Triest los, von dort wurde die Ware in die habsburgischen Territorien weiterverkauft. Das brachte die Venezianer ganz besonders in Harnisch. Die Lagunenstadt bekriegte die Uskoken ingrimmig sowohl zu Land als auch zur See. Als sie ihnen einmal eine Niederlage beigebracht hatten, hackten sie den Leichen die Köpfe ab, steckten sie auf Lanzen, die sie wiederum um den ganzen Markusplatz herum zur Schau stellten. Doch die flinken Piratengaleeren, die auf jeder Seite mit zehn Ruderern bemannt waren, waren schwer zu fangen. Erst Anfang des siebzehnten Jahrhunderts machte man ihrem Unwesen ein für allemal ein Ende. Der letzte Uskokenstreich war der beste: in Senj gab es zur Bemannung der Galeeren nur mehr eine Handvoll Desperados, denen die Unternehmungslust freilich nicht vergangen war – zum letzten Mal kaperten sie ein venezianisches Schiff, mit der Fracht im Wert von viertausend Zechinen machten sie sich aus dem Staub.

So schlimm war der Schaden, der dem venezianischen Handel durch die Seeräuber entstand, daß sich die Signoria um andere Handelsrouten nach dem Osten bemühte, nur um diese gefährlichen Gegenden der Adria zu vermeiden. So aber kam es, daß venezianische Kaufleute ihre Waren in das an der albanischen Küste gelegene Durres (damals Durazzo genannt) verschifften. Von dort ging die Reise in Karawanen weiter: man benutzte die einstige römische Straße, die Via Egnatia, die über Thessaloniki und Thrakien in die Türkei führte. Die venezia-

SANCTVS PETRVS

nischen Postverbindungen im Winter gingen von Kotor aus durch die Berge von Montenegro nach Konstantinopel. Im sechzehnten Jahrhundert richteten die Venezianer eine parallele Route ein, deren Ausgangspunkt allerdings viel weiter im Norden lag, so daß man nun die Adria fast vermeiden konnte.

Das war nun wahrhaft ein imperiales, ein imperialistisches Konzept, und es war ganz in der Ordnung, daß dieses Konzept als Basis sozusagen die Stadt des römischen Kaisers Diokletian hatte, der selbst ein geborener Dalmatier war. Die Stadt Split bestand damals fast nur aus dem riesigen, am Wasser gelegenen Palast des Kaisers, der von den Stadtbewohnern in einen wahren Ameisenhaufen aus Wohnungen, Geschäften, Kaufhallen und Piazzas verwandelt worden war. Im Zentrum der Stadt aber stand das Mausoleum des Diokletian, aus dem man eine Kathedrale gemacht hatte. Es war Daniele Rodriga, ein venezianischer Jude, der als erster vorschlug, man solle diesen ungewöhnlich günstig gelegenen Ort, der damals ein ebenso pittoreskes wie provinzielles Städtchen war, zum Ausgangspunkt der neuen Handelsroute machen: im Jahr 1591 autorisierte ihn die Signoria, Schritte in dieser Richtung zu unternehmen.

Der Mann zog sein Unternehmen ganz groß auf. Man baute eine völlig neue Stadt außerhalb der Umwallung des Diokletian: so entstand Spalato mit seinen Herbergen, Warenhäusern, Zollstationen, Krankenhäusern und einer Quarantänestation. Auch die Festungsanlagen des Hafens wurden erneuert, die Straßen ins Landesinnere verbessert. Man entwickelte speziell für die kurze Seereise von Venedig nach Split ein neues Galeerenmodell mit flachem Kiel und einer relativ kleinen Besatzung, bestehend aus hundertzwanzig Seeleuten und vierzig Soldaten. Jeden zweiten Monat machte eines dieser Schiffe die doppelte Reise: sobald es Venedig erreicht hatte, um dort seine Fracht zu löschen, wechselte die Besatzung auf das nächste Schiff, das sogleich nach Split zurückfuhr.

Der Plan klappte wunderbar. Karawanen, bestehend aus Hunderten von Pferden, kamen die Berge herunter zur Küste gestapft: sie kamen aus Armenien, Persien, ja sogar Indien. Zum ersten Mal gelangten Seidenstoffe, Gewürze, Häute, Wolle, Teppiche und Wachs auf dem Überlandweg nach Venedig – eine gewaltige Enttäuschung nicht nur für die Seeräuber der Adria, sondern auch für die kaufmännische Konkurrenz, die mit ihren Karavellen mühsam das Kap der Guten Hoffnung umschiffen mußte. Split war ein großer Wurf, die Stadt entwickelte sich für den Rest der venezianischen Epoche zum wichtigsten Hafen an der dalmatischen Küste und ist auch heute noch die lebendigste und weltläufigste Küstenstadt Jugoslawiens...

Den Uskoken sei's gedankt! Wildere Seeteufel als sie gab es nicht: ihre Raubzüge durch die Adria zu unterbinden, sei, so rief ein venezianischer Senator einmal aus, »als ob man versuchte, fliegende Vögel mit bloßen Händen aus der Luft zu fangen«. Die Uskoken sollen selbst in ihrer besten Zeit nie mehr als tausend Mann stark gewesen sein, doch so schnell sollte sie keiner vergessen.

Aber da gab es noch anderen Sand im Getriebe der venezianischen Macht- und Handelsmaschinerie an der dalmatischen Küste. Ragusa hieß die Stadt, heute heißt sie Dubrovnik. Ihre Kaufleute zeichneten sich durch einen ungewöhnlichen Unternehmungsgeist aus, ihren Flotten begegnete man auf mannigfachen Meeren. Im zwölften und dreizehnten Jahrhundert unterstand die Stadt der venezianischen Oberherrschaft, die Seerepublik hatte einen Gouverneur dort sitzen. Doch Ragusa ließ sich auf die Dauer nicht bevormunden und entwickelte sich

Dubrovnik im Jahr 1667. Maler unbekannt

bald zu einer Handels- und Hafenstadt, die zum erbitterten Konkurrenten der Seerepublik wurde.

Wer versuchen möchte, die Bedeutung Dubrovniks im Mittelalter zu erfassen, sollte nach Cavtat hinüberfahren, das ist ein Städtchen, das auf einer Halbinsel jenseits der Bucht von Lokrum im Süden liegt. Von hier aus bekommt der Besucher einen Gesamteindruck von Dubrovnik. Rechterhand erheben sich steil und baumlos die Kalksteinberge, linkerhand liegt die grüne Insel Lokrum. Dubrovnik von hier aus gesehen wirkt hart, isoliert, es hat etwas Verschwörerisches, wie es da zwischen den Bergen und dem Meer sich erhebt.

Eine harte Stadt – der Eindruck bleibt, so meine ich, wenn man die Bucht überquert und an der Mole, unterhalb der Festungsanlagen landet. Eine schöne, aber unerbittliche Stadt. Es fehlt ihr die Nachgiebigkeit, die Sanftmut Venedigs. Erbaut aus strahlendem und undurchdringlichem Marmor, eingeschlossen von mächtigen Stadtmauern, die Festungsanlagen überall wehrhaft bezinnt, so liegt die Stadt eng verpackt an der Küste, doch es geht ihr die Großzügigkeit ab, die ein Merkmal ehrwürdigen Alters ist – Dubrovnik wirkt seltsam modern, rigide geplant, dem Besucher gekonnt vor Augen geführt, es erinnert an eine Modellstadt auf einer Messe für Stadtplanung.

Ein Großteil der Stadt wurde im sechzehnten Jahrhundert durch ein Erdbeben zerstört, aber danach wiederaufgebaut. Das Dubrovnik von heute ist im wesentlichen das Ragusa von damals – dieser Dorn im Auge der Seerepublik. Flüchtig betrachtet erinnert dieser Ort durchaus an Venedig, und die meisten Besucher glauben wahrscheinlich, dies sei eine venezianische Stadt. Die Stadtväter wurden unvermeidlich von der Serenissima beeinflußt, sie war damals das Leitbild, dem alle Städte an dieser Küste nacheiferten. Obwohl die Bewohner Dubrovniks fast durchwegs Slawen waren, übernahmen sie mit großem Eifer italienische Einflüsse. Sie holten sich Künstler und Handwerker aus Italien, kleideten sich nach der letzten italienischen Mode, nahmen sich die italienische Literatur, ja die Lebensweise der Italiener überhaupt zum Vorbild. Sie erfanden sich sogar italienische Stammbäume. Ihre Verfassung war der venezianischen nachgebildet, mit dem einzigen Unterschied allerdings, daß sie ihrem Dogen – um den Machtwünschen von Möchtegern-Despoten vorzubeugen – eine Amtszeit von jeweils nur einem Monat einräumten. Auch nannten sie den Mann nicht Doge, sondern Rector. Dieser Rector durfte seinen Palast nur in Begleitung von vierundzwanzig rot livrierten Bediensteten sowie einer Musikkapelle verlassen.

Doch das war nur der äußere Anstrich, wer näher hinschaut, entdeckt ein anderes Dubrovnik. Die Stadtbewohner gaben ihre serbokroatische Sprache niemals auf. Die Einflüsse der italienischen Renaissance wurden umgewandelt, und die Stadt blieb im Grunde slawisch. Die Placa, ihre berühmte Hauptstraße, hat etwas Strenges, etwas Metallenes, sie erinnert an einen Paradeplatz. Dem Palast des Rector fehlt die festliche, sinnenfreudige Note, die ein typisch venezianisches Merkmal ist. Der Stil dieser Stadt hat, obwohl es ihm nicht an Feinheit mangelt, etwas Abwehrendes, so als habe die Stadt immer schon in dem Gefühl gelebt, völlig allein auf der Welt zu sein. Die Bewohner sprechen über Dubrovnik wie über eine immer noch unabhängige Republik, die belagert wird von den Kräften der Veränderung.

Dubrovnik war in der Tat ein Phänomen in der europäischen Geschichte, und sein Schutzpatron, der heilige Blasius (der die ungewöhnliche Fähigkeit hatte, gewöhnliche Erkältungen zu kurieren), erwies sich als ein beinahe genauso mächtiger Protektor wie der heilige Markus von Venedig. Heute gibt es ein zweites Dubrovnik außerhalb der alten Stadtmauern: es sind die Ferienvillen, die sich an der Küste nordwärts und südwärts ausbreiten und jenseits der dalmatischen Hauptverkehrsstraße in die Berge hinaufklettern. In seiner Blütezeit freilich bestand Dubrovnik lediglich aus der umwallten Stadt mit kaum mehr als einem Kilometer Durchmesser und einem Umfang von vielleicht drei Kilometern. Doch so überragend waren die Talente der Politiker, Wirtschaftsleute und Seefahrer dieser Stadt, daß dieser abgelegene und winzige Staat zu einer Weltmacht, zu einer der großen Seemächte seiner Zeit heranwuchs.

Ende des sechzehnten Jahrhunderts war die von Dubrovnik beförderte Schiffstonnage vermutlich genauso groß wie die der Seerepublik, überall in der Welt stieß man auf Schiffe, Seeleute und Händler aus Dubrovnik. Wir begegnen einem Mann aus Ragusa, der zum Islam übertrat und das indische Fort Diu Anfang des sechzehnten Jahrhunderts gegen die Portugiesen verteidigte. Wir begegnen einem anderen Mann aus Ragusa, der als Kommandant eines Schiffes der spanischen Armada von Lissabon lossegelte. Wir begegnen einem dritten Mann aus Ragusa, der in den Silberminen von Potosi ein Vermögen machte. Kaufleute aus Dubrovnik waren auf dem ganzen Balkan tätig, sie hatten Hunderte von Handelsniederlassungen in Bulgarien, Serbien, in den Donauprovinzen und in Konstantinopel, selbst in England waren sie wohlbekannt. Es studierten so viele junge Leute aus Dubrovnik im Ausland, daß die gesellschaftliche Hierarchie der Stadt in zwei Gruppen zerfiel – in die Salamanchesi, die von der Universität Salamanca, und in die Sorbonnesi, die von der Sorbonne. Die Diplomaten, die Dubrovnik hervorbrachte, lavierten sich so geschickt durch die Zeitläufte, daß Zyniker ihrem Staat den Spitznamen *settebandiere,* Republik der Sieben Flaggen, gaben.

Richtig ist auch, daß jedes Jahr eine Karawane, bestehend aus Adligen der Stadt, nach Konstantinopel aufbrach, um dem Sultan den jährlichen Tribut zu entrichten. Was freilich der ganz besonderen Unabhängigkeit dieser Republik keinen Abbruch tat. Sie wurde von einem bemerkenswert aufgeklärten Adel regiert. Den Sklavenhandel hat man dort schon sehr früh verboten. Das gleiche galt für die Folter. Im Jahr 1347 gründete man ein städtisches Altersheim, und der Bildungsstand war beeindruckend. Das patriotische Empfinden der Leute war ausgeprägt. Berichte über Revolutionen oder Staatsstreiche existieren keine, und am Ende hat die Republik Ragusa die von Venedig tatsächlich um einige Zeit überlebt.

Um genau zu sein, Dubrovnik hat niemals einen richtigen Krieg gegen Venedig geführt, aber Scharmützel hat es immer wieder zwischen den beiden Handelsmächten gegeben. Die Beziehungen waren ständig unterkühlt, und die Schiffskapitäne von Ragusa setzten sich über den Anspruch Venedigs auf eine Vorherrschaft zur See ständig hinweg. Die Venezianer errichteten in der Nähe von Ragusa einige Festungen zu Überwachungszwecken. Die Stadt ihrerseits war so sehr darauf bedacht, sich die Venezianer vom Leibe zu halten, daß sie im Jahr 1699 den Türken ein Territorium im Norden und Süden der Stadt überließ, um sozusagen für einen *cordon sanitaire* zwischen dem heiligen Blasius und dem heiligen Markus zu sorgen. Expansionsbestrebungen kannten die Raguser überhaupt keine, ihre Republik war der reinste Kaufmannsstaat, der ausschließlich von seiner Geschäftstüchtigkeit und eben vom Handel lebte. Auch fremdenfeindlich waren die Raguser nicht: in der Regel konnten dort auch Ausländer Minister werden (unter den erfolglosen Bewerbern befand sich auch ein gewisser Machiavelli). Doch sie wachten eifersüchtig über ihre Unabhängigkeit, die sie erfolgreich zu wahren wußten – durch die Blütezeit und durch die Zeit des langsamen Niedergangs der Seerepublik Venedig hindurch, bis eines Tages, es war im Jahr 1806, ein französischer Feldwebel einen Napoleonischen Erlaß in der Stadt verlas, daß der Staat Ragusa hiermit erloschen sei.

Ragusa brachte diese Selbständigkeit durch die Jahrhunderte hindurch eine Menge Vorteile, aber vielleicht auch einige Nachteile ein. Die Stadt gewann sicherlich an Selbstsicherheit und an Wohlstand und unternahm wesentlich mehr als ihre unterjochten Küstennachbarn, um den Fortschritt des Westens zu assimilieren. Doch sie büßte, so meine ich, dieses Gefühl einer Weltläufigkeit und Weltverbundenheit ein, das einer der besseren Aspekte des Imperialismus ist.

Dubrovnik blieb immer in einer gewissen Isolierung stecken, die Stadt hatte etwas Widerborstiges, wie dies oft bei abgekapselten Kommunen der Fall ist, dazu aber auch etwas Wehmütiges. Wenige Bürger von Dubrovnik würden einem heute recht geben, und ebenso wenige Raguser von damals hätten einem recht gegeben, wenn man bemerkt hätte, daß einem doch der Geflügelte Löwe auf den Mauern dieser entschlossenen kleinen Stadt fehlt – und mit ihm die Wärme venezianischer Genialität, die es trotz aller ihrer Fehler vermochte, überall dort, wo sie zum Zuge kam, ihr eigenes Licht, ihren eigenen Stolz und ihre eigene Phantasie zu verbreiten.

Sand im Getriebe... Da gab es hoch droben in den Bergen ein Rätsel, das die Venezianer nie ganz lösten. Über der Bucht von Kotor, fast schon in Sichtweite von Dubrovnik, ragten die Schwarzen Berge in den Himmel – Crna Gar hießen sie auf Serbokroatisch, Monte Negro im venezianischen Dialekt. Als Gott die Welt erschaffen hatte und müde seines Tuns heimwärts zog, da schleppte er an einem Sack mit unbenutzten Steinen, doch der Sack platzte auf seinem Weg durch den Himmel, und so entstand – Montenegro. In dieser gewaltigen Auftürmung von Felsen lebten Bären, Luchse, Wölfe, Laubfrösche, Geier, illyrische Vipern und riesige Forellen in den Bergseen. Dort oben lebten auch die erstaunlichsten Nachbarn Venedigs in Dalmatien, die Montenegriner. Sie waren zuweilen Feinde, gelegentlich Verbündete – aber immer mußte man sie sich vom Leibe halten.

Die Montenegriner besaßen zur Zeit der Venezianer meistens keine eigene Küste: neiderfüllt schauten sie hinunter auf die venezianischen Siedlungen an der Bucht von Kotor, denn sie lebten in ihrem Adlerhorst dort oben, in dem Gebirgsmassiv mit Namen Lovćen, in dessen unwirtlicher und unzugänglicher Landschaft sie ihr Hauptstädtchen Cetinje errichtet hatten. Der Weg dort hinauf war ebenso gefahrvoll wie spannend. Die venezianische Stadt Kotor lag gleich am Fuß des Gebirges selbst, je einen halben Tag in seinem Schatten, und es brauste dort ein Gebirgsbach herab, so daß man sich in einem Alpendorf glaubte. Gleich hinter dem Städtchen kletterte ein Pfad steil und schwindelerregend ins Gebirge hinauf, er konnte die Steigung nur durch dreiundsiebzig Serpentinen bewältigen. Dem Fremden kam dieser steinige Maultierpfad unpassierbar vor, doch es war der einzige Weg, der vom Meer nach Cetinje hinaufführte, der einzige Weg auch, auf dem man den spärlichen Warenverkehr Montenegros abwickelte – auf dem Rücken von Maultieren und Eseln, auf den Schultern auch von Menschen. Wenn man von der Mole in Kotor aus, zu welcher Tageszeit auch immer, dort hinaufschaute, dann sah man sie, die winzigen schwarzen Gestalten, die dort an der Bergwand entlangkrochen.

Dieser Pfad hieß die Leiter von Cattaro. Obwohl dieser Weg heute an einer anderen Stelle beginnt, und obschon man jetzt von einer Straße sprechen kann mit nur fünfundzwanzig Serpentinen, ist die Fahrt dort hinauf nach wie vor ein Abenteuer. Um genau nachzuvollziehen, wie sich die venezianischen Kaufleute, Diplomaten und Spitzel gefühlt haben mögen, die damals widerstrebend diesen Weg nach Cetinje hinaufkletterten, sollte man diese Tour am besten Anfang Winter machen, wenn bereits der erste Schnee gefallen ist, die Straße allerdings noch befahrbar. Es sind zwei total verschiedene Welten. Dort unten liegt das Mittelmeer – Türme und Villen, von den Venezianern errichtet, an der Küste der Oleander. Dort oben liegt der Balkan, weiß, felsig, fragwürdig. Wenn man die letzte Serpentine hinter sich hat, befindet man sich plötzlich in einer ganz absonderlichen Landschaft, hier und da durchbrochen von Schneisen, die von Lawinen herrühren könnten, kein Wasser hier oben, kein Erdreich, höchstens ein paar dornige Büsche. Das ist Montenegro, das sind die Schwarzen Berge. Man kommt an einer winddurchpeitschten Siedlung vorbei, die auf der schneebedeckten Ebene an einem Abhang sich hinkauert, und dann – nichts mehr, keine Hütte, keine Scheune, nichts. Bis man endlich, inmitten dieser Ödnis, in einer Mulde und von Bergen umgeben auf das Dorf Cetinje stößt.

Von hier aus bekämpften die Montenegriner alle Eindringlinge, insbesondere aber die Türken. Generationenlang bildeten sie die erste Verteidigungslinie gegen den Islam: sie waren die einzigen auf dem Balkan, die den Kampf niemals aufgaben. Ihre Straßen schmückten sie mit Türkenschädeln, und ihren Kindern bleuten sie einen heftigen Patriotismus ein. In ihrer Blütezeit hatten sie Fürstbischöfe – die sogenannten Vladikas – zu Oberhäuptern. Das waren kämpferische Geistliche, die weltliche und kirchliche Autorität in ihrem mächtigen Amt vereinigten. Im Gegensatz zu den Venezianern glaubten die Montenegriner fest an die Kraft und den Einfluß der einzelnen Persönlichkeit. Barden besangen in Lobliedern die montenegrinischen Anführer, ein Brauch, der den Venezianern völlig fremd war. Der größte unter ihren Helden, der Fürstbischof Petar Njegoš, hätte die Vorsichtsmaßnahmen, mit denen die Venezianer ihre Verfassung abgesichert hatten, gewiß nicht lange überlebt. Ein gelehrter Theologe, eine große Sprachbegabung, ein begabter Jurist, der erste Dichter der montenegrinischen Literatur, ein baumlanger zwei Meter großer Mensch, das war also das Idol des montenegrinischen Volkes, ein Idol, das nach seinem Tode ein prächtiges Begräbnis auf dem Berg Lovćen selbst erhalten sollte, wo auch heute noch sein Mausoleum steht. Prahlerisch, selbstüberheblich und entsetzlich abergläubisch, waren die Montenegriner stets bis zu den Zähnen bewaffnet; ihr Äußeres wurde von einem englischen Schriftsteller noch im Jahr 1911 als »soldatenhaft, männlich und doch auch etwas theatralisch« beschrieben.

Die Venezianer betrachteten die Montenegriner mit zwiespältigen Gefühlen, denn schließlich waren diese auch Christen. Sie waren tapfere Streiter gegen die Türken. Auch war Kotor ihr einziges Tor zur Welt, und dort machten sie Geschäfte mit den Bankiers, Kaufleuten und Agenten der Seerepublik. Es waren venezianische Gelder, die die Montenegriner in die Lage setzten, das Lösegeld für ihren Fürstbischof Danilo zu bezahlen, als dieser von den Türken zum Tod durch Kreuzigung verurteilt worden war. Es war eine venezianische Druckerpresse, auf der im Jahr 1493 im montenegrinischen Kloster Obod das erste Buch in serbokroatischer Sprache gedruckt wurde, weniger als ein halbes Jahrhundert nach der Erfindung der Druckkunst. Die reichen Montenegriner zogen sich, wenn sie ihres wilden Lebens in den Bergen müde waren, gelegentlich auf ihr Altenteil nach Venedig zurück, und verschiedene montenegrinische Anführer wurden von der Seerepublik in den Adelsstand erhoben.

Andererseits waren die Montenegriner äußerst schwierige Nachbarn. Ihr Wunsch nach einem Zugang zur Adria bedeutete für die Venezianer eine ständige Bedrohung der Stellung, die sie sich an der Küste erkämpft hatten. Die Häuser von Kotor und Perast mußten gegen die Partisanen unter den Montenegrinern befestigt werden. Außerdem scheuten die Venezianer, die gegenüber den Türken nach wie vor eine ambivalente Politik betrieben, davor zurück, sich mit diesen kompromißlosen Feinden des Islam allzu eng zu verbünden. Sie erteilten den Montenegrinern wiederholt Abfuhren, enttäuschten sie oder ließen sie im Stich, weigerten sich, ihrer Armee zu helfen, wenn diese tödlich bedroht war, enttäuschten sie bei diplomatischen Verhandlungen und heckten einmal sogar ein Komplott zusammen mit den Türken aus, das die Ermordung des montenegrinischen Fürstbischofs zum Ziel hatte.

Andererseits darf man behaupten, daß es vom fünfzehnten bis zum siebzehnten Jahrhundert die wilde Entschlossenheit der Montenegriner war, die die adriatische Küste und möglicherweise Venedig selbst vor den Türken bewahrte. Bis zum Ende des venezianischen Imperiums trugen die Montenegriner dort oben ihre Kämpfe aus – in den windigen Straßen von Cetinje bekommt man einen atmosphärischen Nachgeschmack von dieser Zeit. Etwas wie eine rauhe Herausforderung liegt in der Luft. Petar Njegoš' kasernenartiger Palast, auch Biljarda genannt nach jenem Billardtisch, den der russische Zar als Staatsgeschenk schickte und der mühselig über die Leiter von Cattaro zur Hochebene hinaufgeschleppt wurde, dieser Palast kauert immer noch in seiner unbequemen Haltung dort oben. Auf dem weißen Gipfel des Lovćen aber kann der Besucher das einsame Grab des großen Fürstbischofs ausmachen, es ist tief verschneit.

Lange nachdem die Venezianer die Bucht von Kotor verlassen hatten, verlieh Nicolas von Montenegro der kleinen Hauptstadt eine völlig andere Bedeutung. Ihm kam es darauf an, in die geschlossene Gesellschaft der Monarchen zugelassen zu werden, die damals in ganz Europa die großen Herren spielten: im Jahr 1910 ließ sich Nicolas zum König ausrufen. Die europäischen Mächte nahmen ihn ernst. Der König von Italien ehelichte eine seiner Töchter, der König von Serbien eine zweite, und bei zwei weiteren Töchtern handelte es sich um jene Großherzoginnen, die Rasputin am russischen Zarenhof einführte. In den Dorfstraßen von Cetinje richtete man großartige Gesandtschaften ein. Nicolas baute sich selbst einen Palast, der bis in die letzten Winkel vollgestopft war mit signierten Porträts, Ritteremblemen, Andenken an Zaren, Kaiser und Königinnen, wie sie zu einem Königshaushalt eben gehören. So wurde aus der Hauptstadt der Montenegriner, die die Venezianer von unten am Fuße des Berges so permanent heimgesucht hatten, am Ende die Hauptstadt von Ruritanien – bis zum Ersten Weltkrieg freilich nur, der all diesen vermeintlichen Pomp hinwegfegte und nur Museen hinterließ.

Hier nun eine Geschichte am Rande, die davon handelt, wie der Sohn von Ivo dem Schwarzen von Montenegro im Jahr 1484 die Tochter des venezianischen Dogen Pietro Mocenigo heiratete:

Der Fürst schrieb an den Dogen folgendes Briefchen: »Horchen Sie her, mein Doge! Wie die Leute schwatzen, habt Ihr in Eurem Haus die herrlichste der Rosen, Eure Tochter, und in meinem Haus habe ich den allerhübschesten Jüngling, meinen Sohn. Laßt uns die beiden zusammentun.« Der Doge aber antwortete: »Oh ja, laßt uns das tun.« Ivo der Schwarze machte sich auf nach dem Palast des Dogen in Venedig, mit großartigen Geschenken aus Gold, und man beraumte die Hochzeit für den folgenden Herbst an. »Mein Dogenfreund«, sagte Ivo, »Ihr werdet mich erleben mit sechshundert ausgesuchten Gefährten, und wenn ein einziger unter ihnen ist, der sich als schöner erweisen sollte denn mein Sohn Stanitscha, dann gebt mir weder Braut noch Mitgift.« Der Doge war hochbefriedigt, und Ivo segelte nach Montenegro zurück.

Doch als der Herbst sich näherte, da wurde Stanitscha von den Pocken befallen, und sein Gesicht ward schrecklich verwüstet und seine ganze Schönheit zerstört. Ivo der Schwarze erzählte dem Dogen nichts von alledem, doch als die Botschaft aus Venedig eintraf, daß alles zur Hochzeit bereit sei, da versammelte er sechshundert Männer, um nach Venedig aufzubrechen: und sie waren die schönsten aller Männer, mit edel geschwungener Braue und stolzem Blick, sie kamen von Dulcigno und von Antivari, die Adler von Podgoritza waren unter ihnen, und Männer bis hin zum grünen Lim waren gekommen.

»Was ist Eure Meinung, meine Brüder«, fragte Ivo sie, »sollen wir einen von Euch für die Hochzeit an die Stelle von Stanitscha setzen und ihm nach seiner Rückkehr die Hälfte der reichen Geschenke überlassen, deren er teilhaft werden wird als der vermeintliche Bräutigam der Tochter des Dogen?« Die jungen Männer stimmten dem Vorschlag zu, Obrezovo Djuro wurde zum bestaussehenden der Männer erklärt und dazu ausersehen, die Rolle des Bräutigams zu spielen. So schifften sie sich, blumengeschmückt, nach Venedig ein.

Sie trafen in der Lagunenstadt ein, und der Doge Mocenigo war voller Erstaunen ob der Schönheit des Obrezovo Djuro, den er für den Sohn des Fürsten nahm. »Sicherlich ist er der allerhübscheste von ihnen«, sagte er, man feierte die Hochzeit, eine ganze Woche lang gab es Banketts und Festlichkeiten. »Mein Dogenfreund«, sagte Ivo, als diese Woche zur Neige ging, »wir müssen in unsere Berge heimkehren.« Der Doge überreichte Djuro, den er für Stanitscha hielt, einen goldenen Apfel als ein Unterpfand für die eingegangene Ehe, zwei Damaszenergewehre, zwei Tuniken von feinstem Leinen, dazu golddurchwirkt, und viele andere Dinge. So segelten sie davon mit der schönen Tochter des Dogen.

Als sie die Schwarzen Berge erreichten, machte man die Braut mit ihrem richtigen Gatten, dem von den Pocken entstellten Stanitscha, bekannt. »Das ist dein richtiger Gatte, mein Sohn Stanitscha«, sagte Ivo der Schwarze. Die Braut war überaus zornig ob dieser Enttäuschung, denn die Hälfte der kostbaren Geschenke des Dogen sollte nun Djuro gehören, wo doch die Tochter des Dogen die Tuniken selbst mit Gold durchwirkt hatte. »Wenn ich Stanitschas Weib sein soll«, erklärte sie, »dann muß Stanitscha mit Djuro kämpfen, um die verlorenen Tuniken aus Gold zurückzuholen. Wenn nicht, werde ich einen Dorn pflücken und mein Gesicht mir zerkratzen, mit dem Blut will ich einen Brief schreiben, den mein Falke auf geschwindestem Wege nach dem großen Venedig bringen wird.«

So tötete Stanitscha Djuro mit einem Wurfspieß, der diesem den Kopf durchbohrte. Krieg war die Folge in den Schwarzen Bergen, und Ivo sah die ganze Ebene bedeckt bis fernehin mit Pferden und Reitern, alle in Stücke gehauen. Die jungen Männer erhoben sich so wutentbrannt im Namen des ermordeten Djuro, daß sich Stanitscha gezwungen sah, die Berge zu verlassen und in ein fernes Land zu fliehen, während seine Braut heimkehrte nach Venedig als Jungfrau.

Der Küste Dalmatiens, obwohl an vielen Stellen zerfressen von der Beize des Tourismus, eignet eine besondere Ästhetik. Das liegt natürlich zum Teil an der Herrlichkeit der Landschaft selbst, an dieser unvergleichlichen Mischung aus Meer, Insel und Kalksteinbarriere. Es liegt aber auch am Klima, das für gewöhnlich sanft und mild ist, was freilich nicht hindert, daß das Meer plötzlich zu kochen und die Wolken zu rasen beginnen können, wenn die *Bora* über die Adria herfällt. Es liegt vermutlich auch an der Natur der Bewohner, beinahe alle Slawen, selbst in den Städten, ein zäher, untersetzter Menschenschlag, ein bißchen eingetrübt durch den Alltag des Kommunismus, in Kriegszeiten zur Gewalttätigkeit neigend, Männer, die einem im Gasthaus unwirsch und finster gegenübersitzen. Doch wer Geduld mit ihnen hat, der kann erleben, wie sie sich lockern, nett und gefällig werden.

Was jedoch dieser Küste ihre Eigenart verleiht und keinen Vergleich mit anderen Küsten zuläßt, ist diese besondere Mischung aus lateinischen und slawischen Einflüssen – ein Geschenk Venedigs an Dalmatien. Die Geschichte hat einiges davon ausradiert: Spuren italienischer Kochkunst gibt es fast keine, und die italienische Sprache hat man systematisch abgeschafft: selbst in Städten wie Zadar, Rijeka und in den istrischen Hafenstädten, die zwischen den beiden Weltkriegen wieder italienisch wurden. Doch kann man an dieser langen Kette von Küstenstädten einen kraftvollen Zauber ausmachen, der einzig und allein, so glaube ich, auf diese reizvolle Vermischung der Temperamente zurückzuführen ist. Ich vertrete ganz und gar die Theorie, nach der Vittore Carpaccio aus Koper in Istrien kommen soll, denn die kühle Gedrängtheit seiner Sehweise, die sich so ungewöhnlich von dem pathetischen Stil eines Tizian und Tintoretto oder von den zarten Mysterien eines Giorgione abhebt, widerspiegelt vollkommen diese dalmatische Mischung, in der Überladenheit und Naivität, Meer und Karst zusammengehen.

All diese Städte sind einander ähnlich, gleich sind sie sich nicht. Jede von ihnen besitzt ihre Piazza, die nach wie vor als Zentrum einstiger venezianischer Macht erkennbar ist. Viele von ihnen besitzen auch eine jener eleganten kleinen Loggias, die die Venezianer mit Ziegeln deckten und die sie mit Säulen und mit ihrem Löwenemblem schmückten; gelegentlich dienten sie als kleinere Gerichtshöfe und auch als Schlafstellen für die Reisenden. Wahrscheinlich begegnet man noch einigen Patrizierhäusern, entfernten Verwandten der *palazzi* am Canal Grande, meistens mit venezianischen Emblemen geschmückt, aber seit langem schon in Wohneinheiten aufgeteilt oder vom Volkssyndikat mit Beschlag belegt. Und mit Sicherheit stößt der Reisende mitten in der Stadt auf das stolze Zentrum christlicher Andacht – die Kathedrale.

Man kann die Kathedralen Dalmatiens nicht eigentlich als venezianische Bauten bezeichnen. Die meisten unter ihnen wurden unter der Ägide Venedigs gebaut oder umgebaut, und die venezianischen Architekten nahmen sich oft bestimmte Kirchen der Lagunenstadt zum Vorbild. Doch ihr magischer Reiz entsteht meist durch die slawische Note, die durch das Italienische hindurchschimmert. Es sind sehr sinnliche Bauwerke, beinahe immer aus leuchtendem Marmor oder sanftem Sandstein gemacht, Bauwerke mit einer intimen Atmosphäre, die durch die kleinen Seitenkapellen und durch den dunklen Kirchenchor entsteht. Bauwerke auch, die sonderbar ausgeschmückt sind mit heiligen und profanen, belehrenden oder nur frivolen Bildern. Wenn sie einem vom Religiösen her – ich denke zum Beispiel an die Kirche von Korčula – manchmal wie Miniaturausgaben der Basilika von San Marco vorkommen, so legen sie doch häufig einen kühnen Individualismus, ja sogar eine Exzentrik an den Tag, geprägt durch den eigentümlichen Geschmack des einheimischen Künstlers oder durch lokal bedingte Umstände.

Die Kathedrale San Lorenzo in Trogir erscheint einem zunächst als ein besonders herrliches Beispiel mittelalterlicher venezianischer Baukunst, ein Beispiel aus jener Periode, in der die Romanik in die Gotik überging. Bei diesem Stück Architektur handelt es sich um ein klar gegliedertes Ensemble, bestehend aus Piazza, Loggia und Patrizierhaus: es fällt leicht, sich vorzustellen, wie der Architekt seine Idee direkt von einem *campo* in Venedig bezog. Doch im stark gewölbten Narthex dieser Kirche entdeckt der Besucher ein auf den ersten Blick befremdendes kleines Wunder: ein großes Portal, das einen beinahe schon gewalttätigen Eindruck hinterläßt und dessen Stil derart vital und kraftvoll ist, daß kein venezianischer Künstler der Urheber sein kann. Es ist das Werk des aus dem dreizehnten Jahrhundert stammenden kroatischen Bildhauers Radovan – bewacht von zwei Löwen, die zu den stämmigsten und gröbsten gehören, die das venezianische Imperium je hervorgebracht hat: es sind durch und durch slawische Löwen, die wie Söldner hier ihre Wachtposten bezogen haben.

Die Kathedrale von Sibenik – unter den Venezianern hieß die Stadt Sebenico – ist eine weitere Unabhängigkeitserklärung. Der Hauptarchitekt dieses berühmten Bauwerks war ein Dalmatier, der in Venedig studiert hatte und nur unter seinem italienischen Namen Giorgio Orsini bekannt ist. Er heiratete eine Venezianerin und besaß mehrere Häuser auf verschiedenen venezianischen Gebieten. Doch seine Kathedrale, die zunächst ein venezianisches Déjà-vu-Erlebnis zu vermitteln scheint, erweist sich beim näheren Hinsehen als sehr unvenezianisch. Ihr Inneres vor allem ist alles andere als venezianisch. Vom Narthex bis zum Altar steigt es an in einer Reihe von Stufen, allerdings nicht auf die anmutige Weise, die zum Beispiel ein Merkmal der Kirche Santa Maria dei Miracoli in Venedig ist: das dunkle Schiff gleitet nicht zum Hochaltar hinauf, nein, es stapft dort hinauf, Stufe um Stufe, in diesem seltsamen Halbdunkel. Auch von außen gesehen wirkt die Haltung dieser Kirche, wenn man sie länger betrachtet, merkwürdig kühn und kraftvoll, ja fast etwas piratenhaft, und an ihrer Rückseite stößt der Besucher auf siebzig von Bildhauerhand geschaffene Köpfe, die offenbar jenen Bürgern der Stadt nachgebildet waren, deren Knausrigkeit es ihnen nicht erlaubte, sich an den Kosten des Kirchenbaus zu beteiligen. Diese Köpfe erinnern einen an die abgeschlagenen Häupter von gefangengenommenen Feinden, manche unter ihnen sind schnurrbärtig, verstockt und ohne Reue, andere wiederum sehen ganz unschuldig drein, oder sie sind entgeistert, bestürzt.

Ihren verblüffendsten Ausdruck findet diese zwitterhafte Ästhetik in dem Inselstädtchen Rab, das unter den Venezianern Arbe hieß, achtzig Kilometer nördlich von Zadar liegt und von dem alten Uskokenschlupfwinkel Senj aus mit der Fähre erreicht werden kann. Rab ist ein winziger Ort, liegt auf einer Art Landzunge, ist ungefähr einen Kilometer lang und drei schmale Straßen breit, doch seine Silhouette war jedem venezianischen Seemann an dieser Küste vertraut und ist heute noch unverkennbar. Vier hohe Campanile bilden sein Emblem, sie stehen in einer Reihe an der Westküste und hinterlassen einen sonderbaren Eindruck, selbst dann, wenn der Tourismus die Strände übervölkert.

Von wo aus man immer in dieser Stadt, die durchzogen ist vom Duft der umliegenden Pinienwälder, meerwärts strebt, scheinen einen diese vier hohen Türme wie Orientierungszeichen zu sich heranzuwinken – zuerst geht es schmale gepflasterte Straßen hinunter, hindurch

durch alte Steinbögen, die von Kletterpflanzen überwuchert sind, vorbei an der dunklen kleinen Loggia in der Mitte des Städtchens, vorbei an eigenartig bekrönten Palästen und hoch ummauerten Gärten, bis man schließlich am Ende der Halbinsel, gleich am Meer, die italienisierte Fassade der kleinen Kathedrale entdeckt, die auf ihrer eigenen Piazzetta steht.

Nebenan liegt ein kleines, angenehm schattiges Belvedere, wo man sich aufs Wasser hinauslehnen und den vorbeifahrenden Schiffen zuschauen kann. Doch der Blick des Besuchers wandert nicht lange müßig umher, denn plötzlich entdeckt er über dem Haupteingang der Kirche das eigentliche Ziel, zu dem ihn die vier ernsten Türme hingeführt haben. Es ist die nackteste, traurigste und vielleicht wahrhaftigste Pieta, die es gibt: voll tiefsten Kummers streichelt die Jungfrau Maria den Gekreuzigten, der sich von den Qualen des Kreuzes noch in Schmerzen windet. Nichts ist weiter entfernt von dem zuversichtlichen Glauben der venezianischen christlichen Kunst als diese Pieta; ein Klumpen Karst, aus dem diese bittere Vision herausgemeißelt wurde.

Nordwärts geht nun die Reise, hindurch zwischen den Inseln einerseits und den Einbuchtungen der Küste andererseits. Der Meerbusen hier nennt sich Kochende Bucht, zu Recht, wie sich herausstellt, denn wenn der Nordwind hier einfällt, dann scheinen die Wellen zu sprudeln, zu zischen, zu dampfen, als brenne ein Feuer unter ihnen. Wir kommen vorbei an Rijeka, das früher Fiume hieß und wo die Venezianer mit der Kirche San Guido eine bemerkenswert ungenaue Kopie ihrer geliebten Salutekirche geschaffen haben; vorbei an Pula, das zeit seines Lebens Flottenstützpunkt gewesen ist, sei es nun unter den Römern, Ungarn, Österreichern, Italienern oder heute den Jugoslawen; bis wir schließlich ganz im Norden auf die Halbinsel Istrien stoßen. Dies war die der Lagunenstadt nächst gelegene Besitzung des *Stato da Mar,* von Venedig nur durch Triest und das Lagunengebiet Venezia Giulia getrennt.

Hier endet Dalmatien, und ab hier haben die kleinen Küstenstädte etwas unverkennbar Venezianisches. Diese Städte gaben dem Dogen einen seiner ersten Nebentitel: *dux totius istriae.* Bis zum Ende des Zweiten Weltkrieges blieben sie italienisch. Ein für allemal Jugoslawien zugehörig erklärt wurden sie erst im Jahr 1975, und sie weisen immer noch eine ansehnliche italienische Bevölkerung auf. Selbst heute fällt es einem noch schwer, sich daran zu halten, daß

Links: Die Kathedrale in Sibenik
Rechts: Piran in Istrien

Capodistria nun Koper heißt, Parenzo Poreč, Rovigno Rovinj. Eine mächtige Nostalgie durchdringt diese Städte, die heute vom Alltagsgrau des Kommunismus überzogen sind. Jedes Wochenende strömen die Leute von hier zu Tausenden über die italienische Grenze, um sich mit Jeans, Süßigkeiten und Ersatzteilen einzudecken, aber sicherlich auch, um sich an Stil und Farben zu freuen, an die sie sich während der jahrhundertelangen venezianischen Oberherrschaft gewöhnt hatten.

Diese recht melancholische Halbinsel – sie wurde im Verlauf der Jahrhunderte immer wieder von Seuchen heimgesucht – war für Venedig eine seiner ältesten Besitzungen. Zur Lagune brauchte man mit dem Schiff nur einen Tag und eine Nacht, selbst im Mittelalter. Stärker als alle anderen Niederlassungen des Imperiums erinnern die istrischen Häfen an Venedig selbst. Sie können beim Besucher einen zugleich traurigen und beunruhigenden Eindruck hinterlassen, wenn sich dieser plötzlich mit einigen äußeren Merkmalen konfrontiert sieht: hier ein Spritzer echten venezianischen Rots, gegen den Himmel der Schattenriß einer unverkennbaren venezianischen Maschikulisstruktur, dazu eine kleine perfekte Replik des Campanile von San Marco, die sich über den Dächern erhebt, das alles freilich in diesem fremden Rahmen, das Hinterland besteht aus schlichten Bergen und Pinienwäldern, während man das Städtchen selbst häufig, durch Bürokästen, Touristenhotels und Mietshäuser à la Corbusier eingezwängt, in die Enge getrieben hat.

Aber es gibt ein einfaches Gegenmittel. Man tue, was die Venezianer taten. Man steige zu der Höhe hinauf, die sich hinter – sagen wir – Koper erhebt, es ist ein strahlender Frühlingstag, das Meer trägt winzige weiße Schaumkrönchen, und die Küste ist eine lange klare Linie, man könnte meinen, jemand habe sie mit feiner Tusche nachgezogen. Mit Picknick und Fernglas lasse man sich dort oben zwischen den Nadelbäumen nieder, und wenn nun die Sonne unterzugehen beginnt, dann kann der Besucher durch sein Fernglas am Horizont im Westen eine graue Trübung ausmachen, ja einige Umrisse vielleicht sogar, seien sie nun eingebildet oder Wirklichkeit, mit einem goldenen Schimmer umgeben. Gleich am Wasser drängen sich natürlich eine ganze Menge Bauwerke. Eine Andeutung von einem Turm dazu. Und dort, dieser winzige schwache Fleck auf der Linse, diese goldene Staubflocke – ist das nicht ein vergoldeter Engel?

Es ist dieses Mal keine nostalgische Kopie, die wir vor Augen haben, keine Projektion von Stilen, Glaubensüberzeugungen oder Strategien. Da drüben – das ist Wirklichkeit. Wir sind fast ans Ende unserer Seereise gelangt und blicken nach Venedig hinüber.

9. Kapitel

Der Niedergang

Heimwärts auf den Wegen des Imperiums – Imperiale Schaustücke – Vor- und Nachfahren – Hoch zu Roß und aus der Traum

So segeln wir nun über die Bucht von Triest unserem funkelnden Reiseziel entgegen, geleitet zwar nicht – wie die Seefahrer von einst – von einem Aufblitzen der Sonne auf der Spitze des Campanile, aber immerhin doch geleitet von dem Wissen um seine Präsenz dort drüben. Immer noch kommen viele Schiffe den Golf von Venedig heraufgefahren, und auch ihr Ziel heißt *La Dominante:* Tanker sind darunter, die Rohöl für die Raffinerien der Lagune bringen, Frachtschiffe für die geschäftigen Docks der Stadt selbst, Kreuzfahrtschiffe mit dröhnender Discomusik, Tragflächenboote aus Triest und hier und da einige Schiffe der italienischen Kriegsmarine, deren Fahrzeuge die allerschönsten sind, schlank und elegant wie die Galeeren vor ihrer Zeit, so werden sie heute abend wohl an der Riva degli Schiavoni, dem Quai der Slawen, keinen Steinwurf vom Arsenal entfernt, vor Anker gehen.

Auch wir kehren auf dem kaiserlichen Weg zurück: wir passieren die Zufahrt zum Lido, wie einst die Kreuzfahrer und die Banditen von den Kykladen und Petrarcas Kurierschiff, von Kreta kommend, ein erobertes Banner hinter sich herziehend; und wie die arme Caterina Cornaro und der große Morosini mit all seinen Siegen und Niederlagen; und wie die zahllosen Handelsschiffe, Galeassen, Pilgergaleeren und Truppentransporter, die heimkehrten zu irgendeiner Zeit in der langen Geschichte des venezianischen Imperiums, triumphierend nach einem Sieg oder bedrückt von einer Niederlage.

Riva degli Schiavoni, vom San-Marco-Campanile aus gesehen

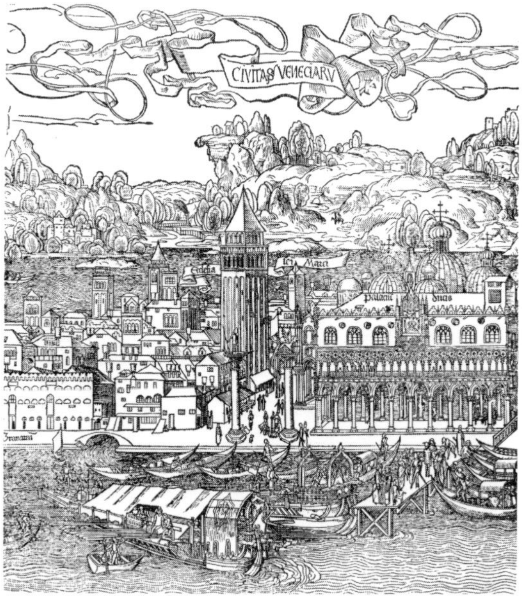

Links: Venedig im Jahr 1480, von Breydenbach
Rechts: San-Marco-Campanile, neu errichtet im Jahr 1902, nachdem der frühere Glockenstuhl zusammengebrochen war

Ein verlassenes, aber immer noch finster dreinschauendes Fort begrüßt uns, wenn wir die Zufahrt zum Lido passieren, geschmückt natürlich mit einem gewaltigen Löwenemblem. Das ist das Fort San Andrea, entworfen von demselben Sanmicheli, der die Befestigungsanlagen von Zadar und Iraklion erbaute. Die Kanonen dieses Forts, die im Jahr 1797 das Feuer auf eine französische Fregatte eröffneten, lieferten Napoleon jenen *casus belli,* den er benötigte, um der venezianischen Republik ein Ende zu machen. So segeln wir in die ruhigen Gewässer der Lagune hinein, die zur offenen See hin durch die Kette von Lidoinseln geschützt ist. Da liegt sie nun vor uns in ihrer morgendlichen Pracht, die Serenissima mit ihren golden glänzenden Kuppeln, ihrem Wald von Campanile, ihrer Salute-Kirche und der rosafarbenen Masse des Dogenpalastes. Nachdem wir nun die Kolonien der Seerepublik bereist haben, kommt uns Venedig mehr denn je als eine imperiale Stadt vor, vollgestopft mit fremdem Beutegut, mit Andenken und Erinnerungen an das lange Abenteuer. Die Lagunenstadt herrscht heute über nichts und niemanden mehr, sie ist lediglich eine unter zwanzig italienischen Provinzhauptstädten, doch das Charisma der Oberherrschaft ist ihr geblieben – und das Beutegut natürlich auch.

Wir gehen an Land, wo Dandolo vor fast achthundert Jahren in See stach, und diese Vorstellung ist jetzt, da wir ankommen, genauso erregend wie damals, als wir von hier losfuhren. Die Piazzetta ist nach wie vor eine Stätte, geeignet zum Empfang und zum Abschied von Fürsten und Kreuzfahrern. Der Geflügelte Löwe und der heilige Theodor begrüßen uns von ihren

Säulen herunter. Dandolo ist von Konstantinopel niemals heimgekehrt, es sei denn in Form eines Säckchens voller Knochen. Doch wenn er heute wiederauferstehen würde, er könnte den Schauplatz um sich herum sogleich erkennen, und zweifellos würde er sich über den offenkundigen Erfolg, den das von ihm in Angriff genommene Unternehmen im Lauf der Jahrhunderte zeitigte, freuen. Er war ein furchteinflößender alter Mann, aber er liebte seine Stadt, und diese Stadt liebt ihn noch immer: an seinem schlichten Haus nicht weit von der Rialtobrücke, San Marco Nr. 4172, entdecken wir eine Gedenktafel, die Inschrift in lateinischer Sprache. Bis auf den heutigen Tag hat es in diesem Venedig immer wieder Dandolos gegeben, die den Alten für sich als Urahn in Anspruch nahmen.

Wir sind zurückgekehrt an den Ort, wo unsere Reise begann, mit dem Unterschied allerdings, daß wir nun überall in dieser Stadt auf Spuren des Imperiums stoßen. Venedig hat – im Gegensatz zu London – die Erinnerungen an seine großartige Mission nicht einfach abgeschüttelt. In einem ästhetischen Sinne zumindest hat die Lagunenstadt den Osten immer noch in Besitz – damals wie heute begegnen sich hier Orient und Okzident auf die allernatürlichste Weise: der Turm der Gotik geht zusammen mit der byzantinischen Kuppel, die Spitzbögen haben sich eingefunden neben den Rundbögen, Spuren des Islam tauchen als Ornament auf Kunstwerken des Christentums auf, es schreiten Basilisken und Kamele durch Bildwerke hindurch, und die duftige Leichtigkeit des Ostens hat sich hier mit dem Fleiß des Nordens zusammengetan. Augsburg begegnete Alexandria in diesen Straßen vor langer Zeit, und nichts paßt besser in diese venezianische *mise-en-scène* als die Scheichs in ihren Burnussen, denen man heute hier so oft begegnet: sie füttern die Tauben auf der Piazza, führen ihre verschleierten Gemahlinnen durch die Merceria oder probieren ihre japanischen Kameras an dem heiligen Theodor auf seiner Säule dort oben aus.

Überall um uns herum die prahlerischen Schaustücke des Imperiums – Venedig, so hat George Eliot einmal bemerkt, sei »ein Geschöpf, mit einer imperialen Haltung zur Welt gekommen«. Der Dogenpalast ist voll von diesen Schaustücken, voll von gewaltigen allegorischen Studien: Venedig, gekrönt von der Fama, Venedig, umringt von den Tugenden und das Szepter der Oberherrschaft empfangend. Doch gibt es auch einschlägigere, realitätsbezogenere Darstellungen, zum Beispiel Bilder von der Eroberung Zadars oder von Vettore Pisano, wie er im Jahr 1378 Kotor einnimmt. Draußen, gleich neben der Porta della Carta, begegnen wir den vier kleinen Ritterfiguren aus Porphyr, die uns früher schon auffielen, als Beutegut der Venezianer bei der Plünderung Konstantinopels nämlich. Ganz in der Nähe befinden sich die ornamentgeschmückten Säulen aus der gleichen Zeit, und wo wir auch hinschauen, überall Marmorplatten wie geäderte Seide, Porphyrpaneele und die verschiedenartigsten antiken Skulpturen, die die Venezianer von jenem Kreuzzug als Beute heimbrachten.

Die Piazza ist, wenn wir sie so betrachten, reinstes Imperium. Ihre Form und ihre Maße zeugen von einer historischen Bedeutung, an die kein anderer Stadtstaat heranreicht: Napoleons »feinstes Empfangszimmer in Europa« war eigentlich eine Wandelhalle, in der man alles, was im östlichen Mittelmeerraum Rang und Namen hatte, treffen konnte. Schier maßlos ragt der Campanile über uns in den Himmel, allerdings ist es nicht mehr der Campanile aus Dandolos Zeiten, der stürzte im Jahr 1902 in sich zusammen. Doch sieht man dem Campanile von heute immer noch an, daß er gleichzeitig Glocken- und Leuchtturm war. Auf seiner Spitze steht der Engel, erhaben unter seinem Heiligenschein, um die Schiffskapitäne, wenn sie vorbeifahren, zu grüßen. In der Loggetta entdecken wir Jupiter, der die Rolle von Kreta spielt, Venus, die die Insel Zypern personifiziert, sowie Venezia, verkleidet als Justitia. Ganz in der Nähe die drei bronzenen Fahnenstangen, an denen bei Staatsfeierlichkeiten die Flaggen wehten – je nach der historischen Lage die von Zypern, Kreta, Euböa oder vom Peloponnes. Der riesige

Links: Triumphierende Venezia, Gemälde von Veronese (1522–88)
Rechts: Reliquien in der San-Marco-Basilika, darunter Knochen des heiligen Theodor und des heiligen Markus, der Schutzpatrone Venedigs

Platz um uns herum ist genauso übervölkert, abwechslungs- und farbenreich, unterhaltsam und teuer, was seine Preise betrifft, wie er es immer schon gewesen ist. Auch damals, in kolonialen Zeiten, als hier – wie wir erfahren – »Türken, Libyer, Parther und andere Monstren des Meeres« verkehrten.

Den Vorsitz hat, wie immer, die Basilika, heute freilich nicht mehr die Privatkapelle des Dogen, ja nicht einmal mehr eine Staatskirche, aber immerhin nach wie vor der Sitz des Patriarchen von Venedig, nach wie vor die Weihestätte von allem, was da venezianisch ist, nach wie vor ein buntes magisches Durcheinander von mannigfachen Riten, Ungewöhnlichkeiten und Nuancen des christlichen Glaubens. Ihre Fassade scheint fast zusammenzubrechen unter dem Gewicht der goldenen Ornamente, der Bildwerke, der Bruchstücke alter Kunst sowie der Marmorschnörkel und der nachträglichen Verzierungen und architektonischen Neuerungen, die nach Dandolos Epoche hinzugekommen sind. So aber hat man den Eindruck, als wolle sich dieses ganze anmutige und lebhafte Bild bewegen, würde aber niedergehalten vom bloßen Gewicht seiner prunkvollen Herrlichkeit. Die flachen byzantinischen Kuppeln aus dem dreizehnten Jahrhundert hat man mit zwiebelförmigen Gebilden überdeckt, so daß der Eindruck heute ein orientalischer ist, auf jeder Kuppelspitze entdecken wir ein goldenes Tändelwerk, das dem Ganzen einen Akzent üppigen Glanzes aufsetzt.

In dieses unnachahmliche Bauwerk haben die Venezianer in den acht Jahrhunderten, die wir nun durchreist haben, ganze Schiffsladungen von Beute hineingestopft. Die Basilika ist ein einziges Elsternnest, voll mit gestohlenen Reliquien, Abendmahlskelchen, geweihten Kirchengeräten und Kleidungsstücken, Gebeinen, Fingern, Haarlocken und Phiolen mit dem Blut zahlloser Heiliger, und voll auch mit herrlichen Altargemälden aus den zerstörten Kirchen des byzantinischen Reiches, mit wunderbaren Gewändern und Bischofsringen aus Griechenland, aus der Ägäis und dem Nahen Osten. Von der Zen-Kapelle, die einst den zeremoniellen Zugang zu der Basilika bildete, wird behauptet, ihre Wände bestünden aus den Porphyr- und Marmorgrabplatten byzantinischer Kaiser. Die Pala, der goldene Altaraufsatz von San Marco mit seinen tausenddreihundert Perlen, dreihundert Saphiren, dreihundert Smaragden und fünfzehn Rubinen, ist geschmückt mit köstlichen Emailarbeiten, die die Kreuzfahrer ebenfalls aus Konstantinopel mitbrachten. Und aus dem byzantinischen Kaiser Johannes II. Komnenos, dem ursprünglichen Schutzpatron, hat man den Dogen Ordelafo Falier gemacht.

In ihrer eigenen Kapelle, die, vom Hochaltar aus gesehen, zur Nordseite hin liegt, begegnen wir der Nikopeia, dem Allerheiligsten des Imperiums. Sie leistete den byzantinischen Kaisern über lange Zeit hin gute Dienste, doch die Dienste, die sie der Seerepublik leistete, waren länger und besser. Die Venezianer erkoren die Nikopeia – wie schon die Byzantiner vor ihnen – zu ihrer Madonna Victoria. Vor ihrem Bild hielt man zu Beginn von Kriegen Bittmessen und nach dem Sieg Dankesmessen ab. Diese Madonna, ursprünglich eine ziemlich einfache Darstellung, wurde von den Venezianern ausgeschmückt und trat später dann in einem üppig mit Juwelen besetzten Rahmen auf. Ihr Blick hat etwas Rauchiges und zugleich Beruhigendes – so gab sie ihren Segen den Admirälen mit auf den Weg, wenn sie in See stachen, oder sie begrüßte auf diese Weise die loyalen *condottieri*.

Im Jahr 1979 haben zwei junge Rabauken vom Festland einige Juwelen vom Rahmen der Madonna gestohlen. Sie hatten sich in der Basilika, als man diese zur Nacht abschloß, versteckt, und als der Wärter am nächsten Morgen die Kirche wieder aufschloß, da verabreichten sie ihm einen kräftigen Hieb über den Schädel und stürmten mit ihrer Beute davon. Die Juwelen hat man bald zurückerlangt. Zufällig hielt ich mich am Tag des Diebstahls in Venedig auf, und so ging ich zur Basilika, um dem Bittgottesdienst beizuwohnen, den der Patriarch sogleich abhielt. Selten sah man Geschichte so eindrucksvoll in Szene gesetzt. Im Gotteshaus herrschte ein Gefühl tiefer Trauer, Nonnen seufzten, Geistliche schneuzten sich laut, und es war ein großes stilles Klagen um die Entweihung dieses heißgeliebten Kleinods, das einst freilich ebenfalls Beutegut gewesen war.

Vieles in dieser Stadt erschließt sich einem leichter, wenn man die alten imperialen Handelswege einmal bereist hat. Was ist mit diesen verwitterten Reliefkarten, denen wir auf der Fassade von Santa Maria Zobenigo begegnen, und was haben sie hier zu suchen? Es sind Nachbildungen der Festungen von Split, Korfu, Iraklion und Zadar, und sie haben deshalb hier etwas zu suchen, weil Angehörige der Familie Barbaro, die die Schirmherrschaft über diese Kirche hatte, an all diesen Orten an Kämpfen teilgenommen haben. Was für ein Held ist das, der sich dort oben auf der Mauer von San Zanipolo zurücklehnt, umgeben von römischen Soldaten? Es ist der streitbare Doge Pietro Mocenigo, der ehemalige Generalkapitän zur See, dem wir mit seinen Galeeren im Zypern-Kapitel begegneten und dessen Grabinschrift kurz und bündig

*Die vier Tetrarchen an der Südfassade von San Marco; ein goldenes Reliquiar aus der Kirche zu den Heiligen Aposteln
in Konstantinopel, heute in der Schatzkammer der Basilika; die Pala d'Oro*

Reliefkarten an der Fassade von Santa Maria Zobenigo, die Festungsstädte Split und Zadar darstellend

lautet: *Aus der Beute von Feinden.* Kommt uns der Anblick der Begräbniskirche San Michele auf der Friedhofsinsel nicht irgendwie vertraut vor? Der Eindruck ist richtig, denn das Vorbild dieser Kirche ist Orsinis Meisterwerk, die Kathedrale in Sibenik, gewesen.

Die sterblichen Überreste von Morosini, dem Peloponnesier, die man damals von Nauplia nach Venedig gebracht hat, liegen bestattet – fast hat man es schon erwartet – unter der größten Grabplatte von ganz Venedig, in der Kirche San Stefano, ganz in der Nähe vom Campo Morosini. Die sterblichen Überreste des Pisano – wir erinnern uns: des Siegers von Chioggia – und von Venier – das war der Sieger von Lepanto – befinden sich ebenfalls ganz in der Nähe, in der Kirche San Zanipolo: der erste liegt unter einer Steinstatue aus dem vierzehnten Jahrhundert begraben, der zweite unter einer Bronzearbeit aus dem zwanzigsten Jahrhundert. Die sterblichen Überreste von Jacopo Pesaro, seines Zeichens Bischof und Admiral, liegen in dessen eigener Familienkapelle in den Frari bestattet – alles, was dieser Mann unternahm, hatte Stil, so daß man kaum überrascht ist, wenn man entdeckt, daß sich gleich neben seiner Grabstätte jenes berühmte Altargemälde befindet, das die Familie Pesaro zeigt, wie sie vor der Jungfrau und ihrem Kind niederkniet – dieses Gemälde stammt von Tizian, Jacopo Pesaro hat es bei dem Maler selbst in Auftrag gegeben. Der Besucher sollte sich die Grabstätte des Bragadino im Südschiff von San Zanipolo genau anschauen. Sie ist ausgeschmückt mit Sinnbildern der Tapferkeit und der Tugend, mit geflügelten und ungeflügelten Löwen, mit Cherubim, aber auch mit Wappenschildern, und auf einem Basrelief wird das schreckliche Ende des Generals dargestellt, seine Erniedrigung vor dem Ali Pascha am Stadttor von Famagusta, und wie ihm bei lebendigem Leibe auf dem Marktplatz neben der Kathedrale die Haut abgezogen wurde. Im Mittelpunkt der ganzen Komposition befindet sich freilich eine kleine Steinurne: hier liegt, endlich zur letzten Ruhe gebettet, die jammervoll behandelte Haut des Helden, die man unter Lebensgefahr und großen Opfern von Konstantinopel nach Venedig heimgebracht hat.

Der größte Geflügelte Löwe, der während jenes Sturms auf Methoni am mächtigsten gebrüllt haben muß, steht Wache oben am Tor zum Arsenal, diesem Haus der Macht des imperialistischen Unternehmens. Um ihn herum sehen wir vier weitere Löwen, freilich ohne Flügel, aber alle Trophäen des Imperiums. Ganz zur Rechten jener Löwe, den man irgendwann

Die Pferde von San Marco; seit siebenhundert Jahren stehen sie nun schon hier

wieder mit einem Kopf versehen hat und der von der heiligen Insel Delos in den Kykladen stammt. Morosini hat ihn in seiner Botschaft aus Athen erwähnt. Ganz zur Linken steht jener andere Löwe, der am Hafen Piräus Wasser zu speien pflegte, das Löwentor dort verdankte ihm in der Tat seinen Namen. In der Flanke dieses Tieres entdecken wir eine runenhafte Inschrift, eingekerbt, so glaubt man, im Verlauf eines Gefechts für die griechisch-orthodoxe Sache, die leidenschaftlich von der Warägergarde verteidigt wurde, denn die Waräger taten beinahe alles für ihre byzantinischen Kaiser.

Das Arsenal hinter diesen Löwen ist bis auf den heutigen Tag eine Schiffswerft. Es ist stark vergrößert worden in den Jahrhunderten seit seiner Gründung, doch wer auf der Holzbrücke noch vor seinen beiden Wachtürmen steht, der hat genau den Werftbereich im Blickfeld, wo in den Jahren des Imperiums die venezianischen Kriegsschiffe in so unglaublichen Mengen gebaut wurden. Zu Füßen des Besuchers segelten sie aufs Meer hinaus, das heißt, sie pausierten nur noch kurz bei der Intendantur am Quai, wo man sie mit Nahrungsmitteln, Waffen und Munition versorgte, damit sie auf den Handelswegen Venedigs jeder Situation gewachsen seien. Auch heute noch werden dort Schiffe gebaut oder instandgesetzt, und in einem Schuppen liegt nun sicherlich der letzte Abkömmling des *Bucintoro,* das war, wie wir nun wissen, das zeremonielle Flaggschiff des Dogen. Vermutlich legt man für den nächsten prunkvollen Aufzug letzte Hand an die Staatsgaleere.

Hier liegt auch die Griechenkirche, sich gefährlich schräg über den Rio dei Greci neigend, dazu das Hellenische Institut. Das war das Zentrum der griechischen Kommune in Venedig. Von Kretern und Korfioten gegründet, bildete es eine Art Zufluchtsort für die verbannten oder aus ihrem Lande vertriebenen Schriftsteller, Philosophen und Theologen. Diese Kirche besitzt eine berühmte Sammlung von Bildern der Venezianisch-kretischen Schule. Gleich um die Ecke liegt die Scuola der Schiavoni, die mildtätige Bruderschaft der Slawen. Sie war ziemlich einflußreich in Venedig und stellte eine große Anzahl der Arsenalarbeiter, aber auch viele Seeleute, und sie beauftragte einen ihrer Landsmänner, das Bauwerk für sie auszuschmücken: Carpaccio der Istrier, dessen feingesponnene Phantasien, die alle von Heiligen, Städten, Drachen und kleinen Hunden handeln, diesen Bau zu einem der herrlichsten Kleinode Venedigs machen.

Man entkommt dem Imperium in den Straßen und Schatzkammern Venedigs einfach nicht, in den Museen sind eroberte türkische Flaggen ausgestellt, riesige Holzmodelle von irgendwelchen Forts in den Kolonien, dazu zahllose Bilder, die Aspekte dieses Imperiums zum Gegenstand haben, und über die ganze Stadt verstreut, so sagt man, gibt es die Körper von fünfzig toten Heiligen, dazu zahllose Körperteile als Reliquien, ein Großteil davon imperiales Beutegut, vieles darunter den Türken weggeschnappt, zum Beispiel das Haupt des Kirchenlehrers Athanasius. Die Dogen, an die man sich nach wie vor am besten erinnert, sind diejenigen, die – wie Dandolo, Morosini oder Venier von Lepanto – mit ihren Flotten imperialistische Abenteuer bestanden haben. So aber überrascht es uns kaum, wenn wir erfahren, daß Bajamonte Tiepolo, dessen Staatsstreich im Jahr 1310 durch einen Steinmörser vereitelt wurde, den eine alte Dame in der Merceria auf den Kopf seines Standartenträgers fallen ließ – es überrascht uns also kaum, wenn wir erfahren, daß dieser Schurke sich früher schon mit den Kolonialherren in Methoni angelegt hatte.

Löwen des Arsenal; der Geflügelte Löwe hält Wache über dem Haupteingang; ganz rechts ein Löwe von der Insel Delos; ganz links der Löwe von der Hafeneinfahrt in Piräus; die Herkunft des mittleren Löwen ist unbekannt

Das Wunder vom Wahren Kreuz, *Gemälde von Gentile Bellini (1429–1507)*

Der Palazzo Querini-Stampalia am Canal Grande erinnert den Besucher daran, daß viele aristokratische venezianische Familien an kolonialistischen Unternehmungen beteiligt waren: die Querinis zum Beispiel waren die Feudalherren von Stampalia in der Ägäis. Der Palazzo Vendramin-Calergi dagegen erinnert daran, daß es viele Familien in den Kolonien gab, die ihr Glück in der Metropole machten – die Calergis zum Beispiel waren ursprünglich Griechen, die von Kreta stammten. (In dem nach ihnen benannten Palast befindet sich heute übrigens das Casino der Stadt.) Bei dem Museum für Naturgeschichte, das zwischen der Rialtobrücke und dem Bahnhof liegt, handelt es sich um den einstigen Fondaco dei Turchi, um das türkische Kaufmannszentrum, das man hier im Jahr 1621 gründete, in dieser Ruhepause zwischen dem Verlust Zyperns und dem Einfall der Osmanen in Kreta.

Zwar begegnen wir in den Annalen des venezianischen Imperiums nur wenigen Frauen, doch unvergessen bleibt sicherlich die tragische Heldin Caterina Cornaro. Der letzte venezianische Palast, den sie bewohnte, nennt sich auch heute noch Palazzo Cornaro della Regina, allerdings beherbergt er heute das städtische Leihhaus, auch Monte de Pietà genannt. Ein Tagesausflug nach Asolo, Caterinas pastorales Lehen in den Hügeln, ist sehr beliebt, und man kann nur sagen: er lohnt sich. Gentile Bellinis berühmtes Gemälde, das in der Galleria dell'Accademia hängt und *Das Wunder vom Wahren Kreuz* heißt, zeigt uns eine Caterina, wie sie stämmig, fromm und eng in ihr Korsett eingeschnürt, am Rand eines Kanals kniet, hinter sich mehrere Hofdamen. Ein Basrelief in der Kirche San Zanipolo zeigt den Empfang Caterinas als Königin von Zypern: auf dem Grab ihres Beschützers Mocenigo werden der neuen Königin die Schlüssel der Stadt Famagusta ausgehändigt. Vor einigen Jahrhunderten hat man ihre sterblichen Überreste von der Apostoli-Kirche in die San-Salvatore-Kirche umquartiert – hier liegt sie nun in einer prunkvollen Totenkapelle, der Sakristan ist gern bereit, den Teppich mit einer ehrfurchtsvollen Geste wegzurollen und dem Besucher zu zeigen, wo genau die arme Königin in ihrem härenen Gewand begraben liegt.

Wem es leicht fällt, all diese imperialen Schriftzeichen in der Textur Venedigs auszumachen, dem fällt es auch leicht, in den Zügen seiner Bewohner zu lesen. Die Stadt Venedig ist niemals stärker sie selbst als mitten im Sommer, wenn die Stadt bis in die letzte Mansarde hinauf vollgestopft ist mit gewinnbringenden Besuchern. Das war damals genauso, als *La Dominante* in der Welt noch dominierte. Die Touristenhorden von heute sind die Pilger, Handelsreisenden, Seeleute und Bittsteller von gestern. Das Hotel Danieli, die Pensione Accademia und die Jugendherberge am Giudecca-Kanal sind lediglich die Nachfolger der Gasthäuser, von denen zu Enrico Dandolos Zeiten die ganze Südseite der Piazza voll war. »Florian«, »Quadri« und die Cafés, deren Streichorchester auf dem Platz so heftig miteinander wetteifern, schließen an jene Geschäfte an, die im Jahr 1580 ihren europäischen Gästen zum ersten Mal Kaffee servierten. Die Biennale für Moderne Kunst und das Filmfestival am Lido sind die unmittelbaren Nachfahren der großen venezianischen Handelsmesse zu Pfingsten, auf der sich die Kaufleute aus Ost und West trafen, um Aufträge zu erteilen und entgegenzunehmen, Warenmuster vorzustellen und natürlich auch etwas Industriespionage zu betreiben.

Im Getto von Venedig leben immer noch Juden, es geht ihnen heute besser als den letzten Generationen, ihre Synagogen sind hübsch restauriert worden. Es leben in Venedig immer noch Griechen, die in ihre Kirche San Giorgio zum Gottesdienst gehen. Armenier leben in Venedig, die zusammen mit den Venezianern vor den Türken nach Westen zurückgewichen sind: sie haben ihr eigenes Inselkloster, die entsprechende Kirche und Schule dazu – das ist die bedeutendste Armenisch-Katholische Schule, die es gibt, und sie wird besucht von Studenten aus Istanbul, Damaskus und Teheran. Vor allem aber sind es die Slawen, die für das venezianische Imperium viel geleistet haben und deren Spuren der Besucher in der Lagunenstadt auch heute noch allerorten begegnet.

Im Jahr 1797, als die Seerepublik ihren letzten Atemzug tat, erreichte den Dogen aus Dalmatien eine wahrhaft beherzte Botschaft. Sie lautete: »Setzt Eure Krone auf und kommt nach Zara!« Später waren es wieder slawische Verstärkungen aus Dalmatien, die auf ihren Schiffen in letzter Minute in die Lagunenstadt hineinsegelten und dem Dogen die letzte Chance zum Widerstand gegen Napoleon boten. Doch Doge Ludovico Manin hatte viel zu viel Angst, um dieses Angebot anzunehmen, ja er geriet in eine regelrechte Panik, als die loyalen Slawen vor seinem Fenster ein *feu de joie* abfeuerten. Venedig war damals halb slawisch, man konnte die Stadt nicht mehr als italienisiert im üblichen Sinne bezeichnen. Die nachdenklichen blauen Augen, die stämmigen Schultern der Lastschiffer und Marktleute, sie alle kommen von der dalmatischen Küste, die so lange das Rekrutierungsgebiet der Seerepublik gewesen war. Der Gondoliere selbst aber, dieses Symbol der Stadt Venedig, hat in seinen Adern oft das meersalzige Blut der Leute aus Perast oder Hvar.

Aber es gibt da noch einen anderen Wesenszug, den man eher spürt, als daß man ihn bemerkt: eine feine, flüchtige Note, eine höfliche Geste, ein gezwungenes Achselzucken, die einen daran erinnern, daß die Venezianer zwar unerschrocken unter dem Banner des Evangelisten kämpften und stolz die Christenkultur gegen die Türken verteidigten, was jedoch nicht hinderte, daß die venezianischen Imperialisten sehr wohl Verbindungen zum Islam unterhielten, ja sogar eine gewisse Sympathie für diesen empfanden.

...Venezias Töchter ihrer Mitgift sich freuten *(so schrieb Byron)*
Aus dem Plündergut fremder Völker, und der unerschöpfliche Osten schüttete
in ihren Schoß Juwelen in strömender Pracht...

Am Ende noch ein Wort zu der herrlichsten, zu der ergreifendsten Beute, die die Venezianer je machten. (Wir meinen hier nicht die Nikopeia, denn sie half nicht, das venezianische Imperium vor dem Untergang zu bewahren, sie half nicht, Byzanz vor seinen Feinden zu schützen, genauso wenig, wie sie meiner eigenen Person im Jahr 1979 half, als ich sie anflehte, sich bei der Volksabstimmung zur Autonomie von Wales doch hilfreich einzuschalten.) Nein, wir meinen nicht die Nikopeia, sondern eine andere Beute, die noch majestätischer ist als der Löwe von Piräus, der im Grunde einen tieftraurigen, irgendwie speichelleckerischen Eindruck hinterläßt, eine Beute, die noch berückender ist als die Pala d'Oro, eine Beute, die noch herzbewegender ist als die kleinen Kaiser, die Hand in Hand auf der Piazzetta stehen. Wir meinen die vier Goldenen Pferde von Konstantinopel, die Quadriga von San Marco, diesen Inbegriff allen Beuteguts, dieses Bild patriotischer Selbstschätzung.

Die Geschichtsschreibung kennt keine imperialen Trophäen wie diese. Zwar wurden die vier Goldenen Pferde beschädigt durch die Wechselfälle der Zeit und des Krieges. Zwar haben sie einen Großteil ihrer Vergoldung eingebüßt. Zwar hat man sie auf dem Zentralbogen an der Fassade der Basilika falsch – das heißt in zwei Paaren und nicht als Quadriga – postiert. Doch das tut alles nichts zur Sache, denn diese vier Pferde stellten acht Jahrhunderte lang das allerhöchste Symbol Venedigs dar. Sie galten als mächtig, aber immer auch als großmütig. Wenn der Geflügelte Löwe für die Autorität der Seerepublik stand, dann standen die Goldenen Pferde für die Großmut und Beständigkeit der Serenissima. Als im Jahr 1379 der genuesische Admiral Pietro Doria mit seiner Flotte vor der Zufahrt zur Lagune lag, da prahlte er, er werde erst dann abziehen, wenn er »den Pferden von San Marco Zaum und Zügel angelegt habe«: im selben Jahr noch wurde die Belagerung aufgehoben, Doria starb, und seine Männer mit ihren Schiffen hatten sich schmählich ergeben.

Wer immer die Goldenen Pferde geschaffen hat, die Venezianer sahen sie als die ihren an. Das Symbol dieser Quadriga wurzelte im Bewußtsein dieser Stadt wie kein anderes Bild. Tintoretto nahm in seiner monumentalen Kreuzigung eines dieser Pferde als Modell für das Offizierspferd des römischen Zenturio. Carpaccio hieß den heiligen Martin eines dieser Pferde besteigen. Canaletto holte sie – es war ein ebenso berühmter wie launiger Einfall – von ihrem Zentralbogen herunter und baute sie auf der Piazzetta auf. Dichter, angefangen bei Petrarca, bis Goethe, haben der Quadriga Lobeshymnen gesungen. John Ruskin hat ihre Präsenz dort

Blick auf den Canal Grande und die Piazza, von San Giorgio Maggiore aus gesehen

oben mit den Worten zu beschreiben versucht: »...strahlend in ihrer Fülle voll goldener Kraft«, und Max Beerbohm meinte, sie bewirkten, daß er sich *gewöhnlich* fühle.

Während des langen Niedergangs der Seerepublik blieben die Pferde unversehrt, denn Venedig wurde nie das Opfer einer Invasion oder einer gelungenen Revolution. Erst als die Republik im Jahr 1797 für null und nichtig erklärt wurde, hat man die Pferde – zum ersten Mal seit sechs Jahrhunderten – von ihrem Platz heruntergeholt und nach Paris geschafft, wo man sie für einige Jahre zwischen den Tuilerien und dem Louvre aufstellte. Dann brachte man sie von dort in einer Prozession, die unter anderem aus Kamelen und Raubtieren in fahrbaren Käfigen bestand, zum Arc de Carrousel, wo man sie als die berühmtesten Kriegstrophäen Napoleons postierte (wobei Napoleon freilich, obwohl dies gar nicht so charakteristisch für ihn ist, den Vorschlag ablehnte, sich selbst, zusammen mit diesen Pferden, auf einem Triumphwagen verewigt zu sehen).

Nach der Schlacht von Waterloo hat man die Quadriga an Venedig zurückgegeben, aber ihr Stolz war nie wieder der gleiche, Venedig hatte nun für immer seine Unabhängigkeit verloren. Am Ende war es doch gelungen, den Pferden Zaum und Zügel anzulegen. Doch im Jahr 1848, als der Halbjude und venezianische Patriot Daniele Manin einen heroischen, aber zum Scheitern verurteilten Aufstand gegen Wien anführte, da erlangte die Quadriga ihre symbolische Bedeutung zurück, freilich nur für ein paar Monate. Und als die Lagunenstadt am Ende, das heißt nach dem *Risorgimento,* zu einem Bestandteil des italienischen Königreiches wurde, da hat man sie dort oben gelassen – geliebte Freunde, aber niemals mehr trotzige Herausforderung.

Um ihrer Sicherheit willen hat man sie während der beiden Weltkriege von dort oben entfernt, und im Jahr 1977 beschloß man, sie ins Innere der Markuskirche zu schaffen, um sie vor der salzigen und schmutzigen Luft zu schützen. Zum Bedauern der zahllosen Liebhaber der Goldenen Pferde verfügte die zuständige Behörde, die Quadriga sei von ihren Sockeln herunterzuholen, zu restaurieren und in einem der Räume hinter dem Zentralbogen als Museumsstück aufzustellen.

Da stehen sie nun, Sonne bekommen sie keine mehr. Durch die Tür zu ihrer letzten Zufluchtsstätte kann der Besucher noch einmal ihre Formen bewundern, ihre stolze Haltung und ihre Silhouette gegen das Halblicht, welches durch die Fenster hereinfällt. Sie haben einen Vorderhuf angehoben, es ist eine edle Bewegung, eine Begrüßung fast. Die Köpfe haben sie, brüderlich, möchte man meinen, einander zugewandt. Aber Leben ist nun, da die Macht und die große Idee Venedig verlassen haben, keines mehr in ihnen. Die Venezianer sagen gerne, daß, immer wenn die Goldenen Pferde von ihrer Stelle fortgeschafft wurden, ein Imperium seinen Untergang erlebte – das Byzantinische Imperium im Jahr 1204, das Seeimperium Venedig im Jahr 1797, das Imperium Napoleons im Jahr 1815, das Kaiserreich im Jahr 1918 und das Dritte Reich Hitlers im Jahr 1945. Doch dieser letzte Umzug der Quadriga ist nun kaum mehr als ein Nachruf, ein langer Abschied, verbunden mit der Erkenntnis, daß der Glanz und die Herrlichkeit Venedigs vergangen sind und nur die Formen bleiben.

Draußen vor der Basilika ist man im Begriff, vier Nachbildungen aufzustellen, sie sind aus Bronze, man hat sie in Mailand hergestellt. Es sind gekonnte Kopien, die Proportionen, die Größe, alles stimmt, selbst die künstliche Patina. Doch sie leben nicht. Es fehlen ihnen die Beulen und Kratzer, es fehlt ihnen die Geschichte, die mächtige Erfahrung der echten Goldenen Pferde von San Marco. Sie haben es nicht miterlebt, wie der alte Dandolo am Goldenen Horn an Land stürmte, sie haben niemals die großartigen Galeeren willkommen geheißen, wenn sie heimkehrten, übervoll von Flaggen und Gewinnen einer ihrer abenteuerlichen Reisen auf den Meeren des Imperiums.

Namensregister

Arbe, Jugoslawien: *Rab*
Astypaläa, Kykladen: *Stampalia*
Bocche di Cattaro, Jugoslawien: *Boka Kotorska; Bucht von Kotor*
Boka Kotorska, Jugoslawien: *Bocche di Cattaro; Bucht von Kotor*
Byzanz: *Konstantinopel, Istanbul*
Candia: *Kreta*
Candia, Kreta: *Iraklion*
Canea, Kreta: *Chania*
Capodistria, Jugoslawien: *Koper*
Cattaro, Jugoslawien: *Kotor*
Cephalonia, Ionische Inseln: *Kephallenia*
Cerigo, Ionische Inseln: *Kithira*
Cetinje, Jugoslawien: *Cettigne*
Chalkis, Griechenland: *Khalkis; Negroponte*
Konstantinopel, Türkei: *Byzanz; Istanbul*
Korfu, Ionische Inseln: *Kerkyra*
Coron, Griechenland: *Koroni*
Kreta: *Candia*
Curzola, Jugoslawien: *Korčula*
Dubrovnik, Jugoslawien: *Ragusa*
Dulcigno, Jugoslawien: *Ulcinj*
Durazzo, Albanien: *Durres*
Durres, Albanien: *Durazzo*
Euböa, Griechenland: *Evia; Negroponte*
Evia, Griechenland: *Euböa; Negroponte*
Fiume, Jugoslawien: *Rijeka*
Bucht von Kotor, Jugoslawien: *Boka Kotorska; Bocche di Cattaro*
Hvar, Jugoslawien: *Lesina*
Iraklion, Griechenland: *Candia*
Istanbul, Türkei: *Byzanz; Konstantinopel*
Ithaka, Ionische Inseln: *Ithaki*
Ithaki, Ionische Inseln: *Ithaka*
Kephallenia, Ionische Inseln: *Cephalonia*
Kerkyra, Ionische Inseln: *Korfu*
Khalkis, Griechenland: *Chalkis; Negroponte*
Kithira, Griechenland, Ionische Inseln: *Cerigo*
Koper, Jugoslawien: *Capodistria*
Korčula, Jugoslawien: *Curzola*
Koroni, Griechenland: *Coron*
Kotor, Jugoslawien: *Cattaro*
Lepanto, Griechenland: *Nafpaktos*
Lesina, Jugoslawien: *Hvar*
Lefkas, Ionische Inseln: *Santa Maura*
Lissa, Jugoslawien: *Vis*
Methoni, Griechenland: *Modon*
Modon, Griechenland: *Methoni*
Morea, Griechenland: *Peloponnes*

Napoli di Romania, Griechenland: *Nauplia; Nafplion*
Nauplia, Griechenland: *Napoli di Romania; Nafplion*
Nafpaktos, Griechenland: *Lepanto*
Nafplion: *Napoli di Romania; Nauplia*
Negroponte, Griechenland: *Euböa; Evia*

Parnzo, Jugoslawien: *Poreč*
Patrai, Griechenland: *Patras*
Patras, Griechenland: *Patrai*
Perast, Jugoslawien: *Perasto*
Perasto, Jugoslawien: *Perast*
Piran, Jugoslawien: *Pirano*
Pirano, Jugoslawien: *Piran*
Pola, Jugoslawien: *Pula*
Poreč, Jugoslawien: *Parenzo*
Pula, Jugoslawien: *Pola*

Rab, Jugoslawien: *Arbe*
Ragusa, Jugoslawien: *Dubrovnik*
Rijeka, Jugoslawien: *Fiume*
Rovigno, Jugoslawien: *Rovinj*
Rovinj, Jugoslawien: *Rovigno*

Santa Maura, Ionische Inseln: *Lefkas*
Santorin, Kykladen: *Thira*
Skutari, Türkei: *Usküdar*
Sebenica, Jugoslawien: *Sibenik*
Segna, Jugoslawien: *Senj*
Senj, Jugoslawien: *Segna*
Sibenik, Jugoslawien: *Sebenica*
Spalato, Jugoslawien: *Split*
Split, Jugoslawien: *Spalato*
Stampalia, Kykladen: *Astypaläa*

Tenos, Kykladen: *Tinos*
Thira, Kykladen: *Santorin*
Tinos, Kykladen: *Tenos*
Trau, Jugoslawien: *Trogir*
Trogir, Jugoslawien: *Trau*

Ulcinj, Jugoslawien: *Dulcigno*
Usküdar, Türkei: *Skutari*
Vis, Jugoslawien: *Lissa*
Zadar, Jugoslawien: *Zara*
Zakynthos, Ionische Inseln: *Zante*
Zante, Ionische Inseln: *Zakynthos*
Zara, Jugoslawien: *Zadar*

Zeittafel — Venedig

Gegen Ende des 13. Jahrhunderts hatte die Republik Venedig ihre Unabhängigkeit gesichert, ihre aristokratische Regierungsform entwickelt und die Stadt so zu bauen begonnen, wie wir sie heute kennen.

Vierter Kreuzzug bricht von Venedig auf	1202
Baubeginn der Kirche San Zanipolo	1234
Einführung der patrizischen Autokratie	1297

Durch das ganze 14. Jahrhundert hindurch führte Venedig einen erbitterten Kampf gegen seinen Hauptrivalen Genua. Dieser Kampf endete mit der Niederlage der Genuesen bei Chioggia, das vor der Haustür Venedigs liegt. Es folgte eine Zeit der Konsolidierung der Patrizierherrschaft in der Lagunenstadt.

Tiepolo-Verschwörung gegen die Republik	1310
Baubeginn der Frarikirche	1330
Baubeginn des Dogenpalastes, so, wie wir ihn heute kennen	1340
Doge Marin Faliero wird wegen Hochverrats enthauptet	1355
Genuesen ergeben sich bei Chioggia	1380

Als Genua besiegt war, eroberten die Venezianer eine Menge Territorien auf dem Festland, so daß sich ihr Herrschaftsbereich Mitte des 15. Jahrhunderts beinahe bis nach Mailand erstreckte. Das Ende dieses Jahrhunderts brachte den Höhepunkt ihrer Erfolge mit sich, was sowohl den Neid als auch die Bewunderung von ganz Europa erregte.

Venedig eignet sich Bassano, Belluno, Padua und Verona an	1403–5
Geburt Gentile Bellinis	ca. 1429
Geburt Giovanni Bellinis	ca. 1430
Venedig eignet sich Treviso, Friuli, Bergamo und Ravenna an	1454
Geburt Carpaccios	ca. 1460
Geburt Giorgiones	ca. 1471

Während der letzten drei Jahrhunderte venezianischer Geschichte erlebte die Stadt zwar erstaunliche Perioden einer künstlerischen Blüte, was freilich nicht hinderte, daß ihre Macht und Vitalität allmählich abnahmen. Obwohl Venedigs Verfassung die gleiche blieb, ging der Einfluß der Stadt zurück. Das war einerseits auf die neu heranwachsenden Weltmächte, andererseits auf die Verpflichtungen der Seerepublik zurückzuführen. Im 18. Jahrhundert gab sich die Stadt einem permanenten Karneval hin, bis schließlich Napoleon, der sich selbst zum Attila des Staates Venedig erklärte, die Seerepublik abschaffte.

Europäische Liga von Cambrai gegen Venedig	1508
Geburt Tintorettos	1518
Geburt Veroneses	ca. 1528
Baubeginn der Salutekirche	1630
Geburt Tiepolos	1696
Geburt Canalettos	1697

Zeittafel Venedigs Kolonien

1202	Der Vierte Kreuzzug unterwirft Zadar
1204	Eroberung von Konstantinopel
1204–10	Venedig nimmt Kreta, Euböa, Koroni und Methoni in Besitz; venezianische Bürger unterwerfen sich die Kykladen

Zur Zeit des Vierten Kreuzzuges waren die Venezianer zwar bereits mächtige Kaufleute, doch ihre Besitzungen in Übersee beschränkten sich auf einige Häfen an der dalmatischen Küste. Durch den Vierten Kreuzzug gelangte die Seerepublik in den Besitz von Festungen, Inseln und Häfen in der Ägäis. So wurde Venedig zu einer Großmacht.

1386	Venedig nimmt Korfu in Besitz
1388	Venedig erobert Nauplia
1420	Venedig beherrscht endgültig Dalmatien

Durch die Niederlage der Genuesen erlangte die Seerepublik eine Bewegungsfreiheit mehr, die Venezianer setzten die Expansion ihres Imperiums im 14. und 15. Jahrhundert fort.

1453	Türken erobern Konstantinopel
1464	Venedig nimmt Monemvasia in Besitz
1470	Türken erobern Euböa
1482	Venedig erwirbt Zakynthos
1489	Venedig nimmt Zypern in Besitz
1500	Türken erobern Koroni und Methoni Venedig nimmt Kephallenia in Besitz

Doch nun entwickelten sich die Türken allmählich zur Großmacht. Die Moslems eroberten Konstantinopel, und bald nahmen sie die ersten venezianischen Territorien in Besitz. Obwohl dies der eigentliche Wendepunkt der venezianischen Geschichte war, fuhr die Seerepublik fort, sich auf eine ganz und gar pragmatische Weise Besitzungen anzueignen. Dieser Prozeß dauerte bis Ende des 15. Jahrhunderts.

1540	Türken erobern Monemvasia und Nauplia
1566	Türken erobern Naxos und die Kykladen
1571	Türken erobern Zypern
1571	Schlacht bei Lepanto
1650	Türken belagern Iraklion
1669	Türken erobern Kreta
1684–7	Venedig vertreibt die Türken vom Peloponnes
1715	Türken erobern Tinos
1716	Venedig überläßt den Peloponnes den Türken
1785	Venezianer bombardieren Tunis
1797	Ende des venezianischen Imperiums

In den letzten drei Jahrhunderten seiner Geschichte befand sich das Seeimperium der Venezianer auf einem ständigen Rückzug. Obwohl die Türken in der Seeschlacht von Lepanto geschlagen wurden, und obwohl es den Venezianern gelang, die Türken in Griechenland für einige Zeit nach Osten abzudrängen, war es nun doch so, daß die großen Mächte des Westens und des Ostens der Seerepublik den Rang abliefen. Nachdem Venedig seine im östlichen Mittelmeer gelegenen Kolonien eine um die andere an die Türken verloren hatte, war die Lagunenstadt am Ende nur mehr ein Adriahafen wie alle anderen auch.

Bibliographie

Meine wesentlichen Recherchen für dieses Buch bestanden in langen Streifzügen durch die Meere, die einst die Venezianer befahren hatten. Der mit dem in diesem Buch behandelten Gegenstand vertraute Leser dürfte ohne Schwierigkeiten die Quellen jener weniger eskapistischen Gelehrten ausfindig machen, die mir eine Hilfe waren. Dem Neuling auf diesem Gebiet freilich seien hier einige der Bücher empfohlen, die ich am häufigsten konsultiert und am schamlosesten ausgeplündert habe:

Bradford, Ernle: *Die Griechischen Inseln,* München 1969. *Der Verrat von 1204. Die Zerstörung und Plünderung Konstantinopels,* München 1980.

Chambers, D.S.: *The Imperial Age of Venice,* London 1970; New York 1971.

Foss, A.: *The Ionian Islands,* London 1969; Levittown, New York 1970.

Freely, J.: *Naxos,* Athen 1976.

Freeman, E.A.: *Sketches from Subject and Neighbour Lands of Venice,* London 1881.

Gunnis, R.: *Historic Cyprus,* London 1938.

Hazlitt, W.C.: *The Venetian Republic: its Rise, its Growth, its Fall,* London 1915, 4. Auflage.

Hill, G.: *A History of Cyprus,* Cambridge und New York 1940–52.

Hodgkinson, H.: *The Adriatic Sea,* London und New York 1955.

Hopkins, A.: *Crete: Its Past, Present and People,* London und Salem, New Hampshire 1977.

Jackson, F.H.: *The Shores of the Adriatic,* London und New York 1906.

Jongh, B. de: *The Companion Guide to Southern Greece,* London 1972. *The Companion Guide to the Greek Mainland,* London 1979.

Lane, F.C.: *Venice, A Maritime Republic,* Baltimore 1973.

Lauritzen, P.: *Venice,* London 1978.

Lorenzetti, G.: *Venezia,* Rom 1956

MacLagen, M.: *The City of Constantinople,* London und New York 1968.

Miller, W.: *The Latins in the Levant,* London 1908. *Essays on the Latin Orient,* Cambridge 1921.

Murrays Handbook to Greece, London 1884.

Norwich, J.J.: *Venice, the Rise to Empire,* London 1977.

Paradissis, A.: *Fortresses and Castles of Greece,* Athen 1972–6.

Perocco, G. und Salvadore, A.: *Civiltà di Venezia,* Venedig 1973.

Runciman, Steven: *A History of the Crusades,* Cambridge und New York 1951–5.

Smith, Michael Llewellyn: *The Great Island,* London und New York 1965.

Spanakis, S.G.: *Crete,* Iraklion 1965.

Sumner-Boyd, H. und Freely, J.: *Strolling Through Istanbul,* Istanbul 1972.

Villehardouin, G. de: *Chronicle of the Fourth Crusade,* London und New York 1908, übersetzt von F. Marzials.

West, R.: *Black Lamb and Grey Falcon: The Record of a Journey Through Yugoslavia in 1937,* London 1942; New York 1955.

Young, M.: *Corfu and Other Ionian Islands,* London und New York 1971.

Yugoslav Lexicographical Institute, *The Yugoslav Coast,* Zagreb 1966.

Danksagungen

Die Museen, Firmen und Photographen, die die Abbildungen zur Verfügung stellten, sind im folgenden aufgeführt. Sie seien hier herzlich bedankt. Sollten sich diese Danksagungen als unzureichend erweisen, so entschuldigen sich Verfasser und Verleger dieses Buches im vorhinein. Auf keinen Fall war eine derartige Unzulänglichkeit von uns beabsichtigt. Sollte es Copyright-Besitzer geben, die hier nicht genannt und bedankt worden sind, so möchten wir diese bitten, sich mit dem Verleger oder Autor in Verbindung zu setzen, damit ihr Copyright honoriert werde. Es ist selbstverständlich, daß auch sie bei künftigen Auflagen des vorliegenden Buches an dieser Stelle bedankt werden.

Farbige Abbildungen

Gaetano Barone, Florenz: 176 oben links
Bodleian Library, Oxford: 17 unten
Corvina Archiv, Budapest: 96
Douglas Dickins, London: 144
A.F. Kersting, London: 144
Tim Mercer, London: 145; 160
Museum der Schönen Künste, Budapest (Alfréd Schiller): 96
Scala, Florenz: 17 oben (Museo Correr, Venedig); 32 (Palazzo Ducale, Venedig); 33 (Hagia Sophia Museum, Istanbul); 97 (Accademia, Venedig); 129 (Palazzo Ducale, Venedig); 161; 176 oben rechts (Schatzkammer von San Marco, Venedig); 176 unten (Basilika von San Marco, Venedig); 177
Tony Stone Asssociates, London: 81 oben; 128
ZEFA (Konrad Helbig), London: 80

Schwarz-weiß-Abbildungen

Gaetano Barone, Florenz: 172
Nick Birch, London: 135
Martin Bristow, London: 183
BBC Hulton Picture Library, London: 41; 61; 65; 71; 112; 125 links; 130; 134; 148
British Museum, London: 23
Olive Cook, Saffron Walden: 2; 175 rechts
Douglas Dickins, London: 98; 105; 159 links; 170 rechts
Giacomelli, Venedig (Palazzo Ducale, Venedig): 27
Sonia Halliday, Weston Turville (H.C. Birch): 93
Hamlyn Publishing Group, Feltham: 38; 39; 79; 173 rechts; 179 oben links
A.F. Kersting, London: 34; 47; 104; 150; 152; 156; 170 links
Mansell Collection, London: 1; 22 rechts; 43; 82; 155
Tim Mercer, London: 12; 14; 18; 19; 179 unten Mitte und rechts
Jan Morris: 60
Museo Correr, Venedig: 15; 91; 125 rechts; 144
Museo Storico Navale, Venedig: 7; 57; 69; 75; 103; 107; 114; 115; 118; 127 rechts
National Tourist Organisation of Greece, London: 136 links; 140 links; 140 rechts
Peter Phipp, London: 66 links
Rainbird Publishing Group, London: 31; 40; 49; 159 rechts
Scala, Florenz: 21; 22 links; 44; 54 (Palazzo Ducale, Florenz); 120; 127 links (Museo Correr, Venedig); 146; 162; 175 links (Palazzo Ducale, Venedig); 180 (Accademia, Venedig)
Sir John Soane's Museum, London: 9
Spectrum Colour Library, London: 85; 88; 100; 110
Tony Stone Associates, London: 66; 121; 131
ZEFA (Kurt Goebel): 136 rechts

Register

(Die kursiven Ziffern bezeichnen Abbildungen)

Rhône
Po
Donau
Save
TRIEST
VENEDIG
Capodistria
Pirano
Fiume
Parenzo
Istrien
Rovigno
Segna
Pola
Arbe
Zara
ITALIEN
ADRIATISCHES MEER
JUGOSLAWIEN
Sebenico
Trau
Spalato
Tiber
Lesina
Korsika
Korčula
Cavtat
Ragusa
Perast
MONTENEGRO
ROM
Cattaro
Cettigne
Budva
Dulcigno
ALBANIEN
Durazzo
Sardinien
Brindisi
Otranto
Str. von Otranto
Korfu
Paxos
GRIECHEN-LAND
Levkas
Ithaka
Nafpaktos
Kephalonia
Lepanto
Patras
Sizilien
Korinth
Argos
Zante
Nauplia
Syrakus
Morea
Modon
Sapientza
Koroni
Monemvasia
MITTELLÄNDISCHES MEER
Handelswege
0 50 100 150 200 250 km